第二届
世界考古论坛会志

Bulletin of the Shanghai Archaeology Forum

Volume II

中国社会科学院考古研究所
上海市文物局
中国社会科学院
上海市人民政府 上海研究院
上海大学

主编

中国社会科学出版社

图书在版编目（CIP）数据

第二届世界考古论坛会志 / 中国社会科学院考古研究所等主编 . ——北京：
中国社会科学出版社，2017.12
　ISBN 978-7-5203-1380-3

　Ⅰ . ①第… Ⅱ . ①中… Ⅲ . ①考古学 - 文集 Ⅳ . ① K85-53

中国版本图书馆 CIP 数据核字（2017）第 273393 号

出 版 人	赵剑英
责任编辑	张　林
责任校对	冯英爽
责任印制	戴　宽

出　　　版	中国社会科学出版社
社　　　址	北京鼓楼西大街甲 158 号
邮　　　编	100720
网　　　址	http://www.csspw.cn
发 行 部	010-84083685
门 市 部	010-84029450
经　　　销	新华书店及其他书店

印刷装订	北京君升印刷有限公司
版　　　次	2017 年 12 月 第 1 版
印　　　次	2017 年 12 月 第 1 次印刷

开　　　本	787×1092 1/16
印　　　张	21
字　　　数	413 千字
定　　　价	278.00 元

序

　　2015 年 12 月 14 日至 17 日，为期四天的第二届世界考古论坛在上海举行。本届论坛是由中国社会科学院与上海市人民政府联合主办，中国社会科学院考古研究所、上海研究院、上海市文物局、上海大学共同承办。参加这次论坛的国内外学者 150 余人，其中海外学者 80 人，来自 27 个国家和地区；来自中国大陆学者 70 人，多数是各省市自治区文物考古研究机构和大学考古文博学院的学术带头人。

　　在论坛的开幕式上，中国社会科学院院长王伟光、上海市市长杨雄和中国国家文物局局长刘玉珠分别致辞，王伟光院长还向英国剑桥大学伦福儒爵士颁发了终身成就奖，三位领导还向荣获第二届世界考古论坛重大田野考古发现奖和重大考古研究成果奖的项目代表颁发了奖章。获奖项目的代表分别在论坛上报告了各自的获奖成果。通过这些报告，使与会的中外学者得以了解这些考古项目取得的丰硕成果，并从这些考古项目秉持的理念、采用的方法中得到丰富的启示，对于推动世界考古学的发展具有十分重要的意义。

　　本届论坛的主题是"文化交流与文化多样性的考古学探索"。我们之所以确定这个主题，是基于如下考虑：

　　当今世界，经济全球化浪潮席卷世界。各种矛盾交织，各类冲突不断，人类面临着一个严峻的问题，如何正确处理不同文化乃至文明的矛盾和冲突，如何在全球化浪潮中既保护好各个民族和文化的传统特色，又相互学习、借鉴，共同推动人类社会的进步。

　　历史是现实的一面镜子，考古学的终极目标就是通过对过去人类社会历史经验的总结，为正确认识和解决当今世界面临的问题，找出面向未来的正确道路提供借鉴和启示，使人类社会可以少走弯路、少犯错误，避免重蹈覆辙。正是基于这一考虑，我们的论坛设计了这样的主题。

　　在论坛上，11 位学者围绕主题发表了自己的研究成果。这些成果虽然研究的区域和年代有很大的不同，但都紧紧围绕主题，既有实际的考古材料，更具有宽广的学术视野和敏锐的学术视角和问题意识，从各自的角度探索了如何保护和珍视多元文化的社会环境，充分显示出以与会学者为代表的世界各国的考古学者对当今社会的关注和运用考古资料为人类今后大

发展提供借鉴的意识。

　　鉴于首次论坛很多与会学者没有得到发表自己研究成果的机会，此次论坛增设了分组交流的环节。在分组讨论中，数十位学者介绍了他们最新的考古发掘和研究成果，涉及的区域和内容十分广泛。

　　此次论坛依然设置了公众考古讲座，请伦福儒教授等三位学者在上海大学面向公众做了讲座。

　　此次论坛上，邀请部分与会的外国学者就论坛今后的发展和运作方式进行了座谈，大家就论坛的颁奖仪式、论坛在国际学术界的宣传、吸纳更多年轻学者参与、加大专题讨论环节、设置中国考古学新成果专场、在论坛间歇年开展小型的专题研讨会等方面提出了许多很好的建议。论坛期间，还组织参加论坛的中外学者到上海市自然博物馆和上海博物馆参观。在大家的共同努力下，第二届世界考古论坛取得了圆满的成功。

　　在此，我要代表会议主办方对不远万里前来参加此次论坛的国外学者和在年末百忙中挤时间前来参加论坛的中国学者表示衷心的感谢！我还要特别感谢上海大学的领导和历史系的师生们以及宝山校区和延长校区乐乎楼的工作人员为此次大会的顺利召开而付出的辛勤努力！

　　论坛结束后，论坛秘书处把论坛各个环节的内容汇集在一起，形成这部会志。相关的各国学者为了会志的出版提供了大量帮助，在此一并致谢！

世界考古论坛 秘书长
中国社会科学院学部委员
2017 年 10 月

目 录

重大考古研究成果入选项目

世界考古学主题论坛演讲

世界考古论坛公众考古讲座

世界考古论坛
开幕式致辞

中国社会科学院院长王伟光致辞

尊敬的各位来宾，各位朋友，女士们、先生们：

上午好！

时光荏苒，光阴如梭。两年前的夏天，在上海市浦东新区的中华艺术宫，我们曾喜迎四海宾朋，圆满举办了首届世界考古论坛。首届论坛的成功召开，在国际考古学界产生了重大影响，通过对世界范围内重大考古发现和重要研究成果的评选以及各地古代文明的深入探讨和比较研究，有力地推动了国际考古学界的交流与合作，促进了全世界考古资源和文化遗产的保护和利用。

今天，作为中国社会科学院与上海市人民政府深度合作共建的成果，论坛已经迎来了它"人生"中的第二个生日。2015 年 6 月，中国社会科学院与上海市人民政府签署合作协议，共同建立了上海研究院，围绕中国特色社会主义改革发展的重大理论和现实问题，立足上海，着眼全国，以国际知名高端思想库、高端人才培养基地、高端国际交流合作平台和高端国情调研基地为目标。世界考古论坛以上海研究院世界考古研究中心为依托，必将更好地宣传考古成果、促进考古研究、打造彰显文化遗产现代意义的国际平台。

哲学社会科学的创新与交流，是社会发展的持续动力所在。在过去的几年中，中国社会科学院作为马克思主义的坚强阵地，哲学社会科学的最高殿堂，党中央、国务院的思想库、智囊团，全面实施创新工程，全院同人齐心协力，开拓进取，各方面工作取得了显著的进步和丰硕的成果。以考古所为例，进入创新工程五年以来，在田野发掘、专题研究、综合研究、科研管理、人才队伍建设等方面都取得了突破性进展，目前在全国各地近40个遗址开展考古工作，还走出国门，深入乌兹别克斯坦和洪都拉斯发掘古代遗址，很好地发挥了中国考古学的龙头作用。

在现代文明飞速发展和经济全球化日益增强的今天，如何保护世界各地人类文化和生活形态的多样性，已成为全世界面临的突出问题。如何在尊重和保护文化多样性的同时，加强不同文化乃至文明之间的交流和互鉴，也是全人类共同面对的一个重大课题。本次论坛的主题设置为"文化交流与文化多样性的考古学探索"，具有十分重要的现实意义。希望通过对人类历史经验的总结，为当今乃至今后人类社会的发展提供有意的启示和借鉴。

社会发展呼唤创新，文化建设更需要创新。世界考古论坛奖的评选，强调新思想、新理念，强调创新性，强调文化遗产对当今世界和人类共同未来的重要性，以此促进世界考古资源和文化遗产的保护，推动更加广泛的国际合作和交流，对于上海市加速建设国际化大都市的进程必将产生良好的助推作用。

预祝本届论坛圆满成功！现在，请允许我代表主办方宣布：第二届世界考古论坛开幕！

2015 年 12 月 14 日

上海市市长杨雄致辞

尊敬的王伟光院长、伦福儒勋爵，各位嘉宾，女士们、先生们：

上午好！

今天，第二届世界考古论坛隆重开幕，两年前，首届论坛成功召开的场景，仍然历历在目。首先，我代表上海市人民政府，对论坛的再次召开，表示热烈的祝贺！向与会的海内外嘉宾，表示诚挚的欢迎！

随着社会经济、科技和交通的飞速发展，当今世界不同区域间的沟通和人群往来日益密切。在这场全球化新浪潮之中，跨区域的文化互动、经济往来日益频繁，文化交流与文化多样性的重要意义逐渐凸显，对不同人群、族群和文化多样性的基本尊重是人类发展和世界和平的基础。本届世界考古论坛的主题是"文化交流与文化多样性的考古学探索",这是世界各国考古学家乃至社会各界应该特别关注的议题,对于我们应对全球化时代的诸多现实问题、促进多元社会和谐发展会提供有益的借鉴。

百年来上海的城市发展史,也是一部多元文化融合史,上海人民在包容文化多样性、促进文化交融方面,已经积累了丰富的经验与智慧。现在,在积极建设社会主义国际化大都市的进程中,对文化多样性的关注和文化交流融合的关注,是一个具有深远意义的世界性命题。本届论坛的主题,契合当代社会发展的诉求,有助于我们吸收人类历史上的宝贵经验,重视保护文化多样性,为上海创造更加美好的明天。感谢来自五湖四海的考古学家为我们带来如此重要的一场学术盛会。

最后,感谢本次会议的东道主上海大学,为论坛的顺利举办付出的辛勤劳动,预祝论坛取得圆满成功,祝各位嘉宾在上海期间生活愉快!

谢谢大家!

2015 年 12 月 14 日

中国国家文物局局长刘玉珠致辞

尊敬的伦福儒先生、王伟光院长、杨雄市长，尊敬的各位来宾，朋友们：

　　大家早上好！首先，请允许我代表中国国家文物局向第二届世界考古论坛的隆重召开表示热烈祝贺，并向来自世界各地的朋友们致以诚挚的问候。此次论坛，将为展示世界范围内重要考古发现和研究成果、增进国际考古学术交流，提供重要窗口和平台，也将为扩大考古学的社会影响和推动世界文化遗产的保护和利用，发挥积极作用。

　　作为历史悠久的文明古国，中国政府和人民十分珍视祖先留给我们的珍贵遗产，积极推进考古和文物保护工作。经过几代人的努力探索，中国的考古事业取得了令人瞩目的成就。我们组织开展了三次全国文物普查和多次专项调查，基本掌握 960 多万平方公里国土范围内重要文物埋藏情况，制定保护措施并不断强化文物安全，有效遏制了盗掘古遗址、古墓葬等违法犯罪案件的发展势头。作为发展中国家，我们把配合建设工程的考古工作作为首要任务，在举世瞩目的三峡水库、南水北调等重大建设工程实施前，调集全国考古队伍，抢救、保护工程沿线重要的地下文物，确保了建设活动的顺利开展，为当地人民保留了宝贵的历史记忆。我们积极做好城市考古，在当前中国快速推进的城镇化工作中，开展全面、系统的考古调查，寻找城市发展脉络，为建设规划提供科学依据，许多重要考古发现，如江苏隋炀帝墓、湖南铜官窑、浙江鸿山遗址等，为城市增添了一处处环境优美、富含文化底蕴的公共空间。我们将探寻人类和中华文明的发展历程作为一项国家任务，组织开展了中华文明探源、夏商周断代等大型课题攻关，推动实施了一系列跨区域、多学科合作的科研项目，河北泥河湾遗址、安徽凌家滩遗址、陕西石峁遗址等，都取得了重要发现，进一步完善了中国考古学的时空框架。随着我国经济社会的发展，文化遗产保护事业不断进步，我们积极推动考古工作转型升级，以适应新的需要。在这里，我们有三点经验与国际考古学界的朋友分享。

第一，将考古作为基础，广泛参与各项文化遗产保护工作。我们积极开展大遗址考古，推动一批具有示范意义的大遗址保护展示工程顺利实施，国家考古遗址公园的建设卓有成效，截至 2013 年，我国已经建成两批 24 个国家考古遗址公园。考古工作为大运河、丝绸之路、土司遗址申报世界文化遗产提供了有力的学术支撑。我们利用考古学手段，对古建筑、传统村落、工业遗产、文化线路开展调查、研究，深入发掘其历史格局、建筑特色和工艺技术，取得了很好的效果。

第二，高度重视出土文物保护，不断提升保护的技术手段。在对广东南海 I 号沉船考古工作过程中，我们创造性地采取整体打捞、干式清理方式，使出土文物得到更加及时、有效的保护；在江西墎墩海昏侯汉墓考古工作中，我们组织最优秀的文物保护队伍，建立专门的文物保护实验室，对出土文物进行最有力的保护；对于重要的古遗址、古墓葬，如秦始皇陵、乾陵等，我们采取原址保护，不对其进行考古发掘。

第三，推动开展中外合作、交流，不断拓展中国考古学的维度。近年来，我们与美国、德国等国家科研机构在山东、辽宁、甘肃、四川等省份开展合作考古项目，不断提高工作的深度和水平；中国考古科研单位也先后在蒙古国、乌兹别克斯坦、柬埔寨、肯尼亚等国家，与当地学者一道开展工作，为多元文化的发现与发掘贡献力量。在合作过程中，中外考古学者相互学习，取长补短，丰富了观察问题的视角，促进了研究的深化。目前，中国正在实施"一带一路"发展倡议，中国的考古学也将更加具有国际眼光和开放胸襟，我们真诚地欢迎世界各国学者来到中国，也期待中国学者能更多地出现在世界考古的舞台上。

作为上海这座国际化大都市新的文化名片，世界考古论坛云集了国内外众多知名学者，是世界考古学界的一次盛会。本届论坛，学者们将围绕"文化交流与文化多样性的考古学探索"的主题发表真知灼见，阐释对不同文明内涵与发展历程的新认识，这样的研究有助于我们更真切地把握人类文明的发展规律，更加从容地应对当今人类社会面临的共同问题。

预祝论坛圆满成功，祝各位来宾身体健康，工作愉快。祝愿中国考古学和世界考古学在今后的探索历程中取得更加丰硕的成果。

谢谢大家。

2015 年 12 月 14 日

重大田野考古发现

入选项目

重大田野考古发现奖获奖项目

USA 美国
Revealing North America's First Native City: Rediscovery and Large-Scale Excavation of Cahokia's East St. Louis Precinct
揭秘北美印地安人建立的最早城市：卡霍基亚遗址东圣路易斯区的再发现和大规模发掘

MEXICO 墨西哥
Exploring the Tunnel Underneath the Feathered Serpent Temple at Teotihuacan, Mexico
墨西哥特奥蒂瓦坎羽蛇神庙地下隧道的调查

ITALY 意大利
Gravisca Emporion - the of the Etruscan City of Tarquinia: New Excavati at the Sanctuary of Šuri a Cavatha
伊特鲁里亚古城塔尔奎 海港的格拉维斯卡希腊 站：苏里与卡娃塔圣所 新发掘

UKRAINE 乌克兰
Early Urbanism in Europe? The Case of the Trypillia Mega-sites, Ukraine
欧洲的早期城市化？乌克兰特里波耶文化巨型遗址

MONGOLIA 蒙古
Recent Studies at Noyon Uul Burial Mounds: Unknown Facts of Life of Central Asian Nomads
诺音乌拉古冢发掘新收获：中亚游牧人群的隐秘生活

CHINA 中国
Archaeological Investigation into the Tusi Sites in China's Southwest: Imperial Expansion and the Colonization of Frontiers and Borderlands
中国西南土司遗址考古调查和发掘：帝国扩张及其与边疆的动态关系

TURKEY 土耳其
A Very Early 'Palatial Complex' at Arslantepe, Malatya (Turkey): a New Trajectory to the Origin of the State
土耳其马拉蒂亚狮子山遗址最早的宫殿区：国家起源新说

TAIWAN 中国台湾
Five Thousand Years of Taiwan's Past Brought to Light by Rescue Archaeology
抢救性考古发掘揭示台湾5000年的历史

KENYA 肯尼亚
The Dawn of Technology: 3.3-million-year-old Stone Tools from Lake Turkana, Kenya
技术的黎明：肯尼亚图卡纳湖发现距今330万年石器

EGYPT 埃及
Discovering the Harbor of King Khufu at Wadi el-Jarf in Egypt
埃及瓦迪伊尔加尔夫第四王朝胡夫法老时期海港的发现

海龙囤遗址全景
（图片版权：周必素）

中国西南土司遗址考古调查和发掘：
帝国扩张及其与边疆的动态关系

周必素（中国贵州省文物考古研究所）
郭伟民（中国湖南省文物考古研究所）
方　勤（中国湖北省文物考古研究所）

中国土司制度主要推行于元、明、清时期的西南、西北等边疆少数民族地区，"土司"由中央政权委任当地族群首领担任，有与中央职官体系对应的职级，对中央履行一定义务，世袭、自主管理辖地，共推行 700 余年。中国西南土司遗址，处在我国西部高原区向东部丘陵平原的过渡地带，主要有司治、关囤、田庄、墓葬等，反映了土司行政、军事、经济、文化等的面貌和特征。

中国土司遗存考古工作开始于新中国成立之初，主要针对墓葬展开，至今已走过 60 多年的历程。2010 年以来在西南各省对土司遗址进行了比较系统的考古调查和发掘，尤其是湖南永顺老司城、湖北咸丰唐崖土司城、贵州遵义海龙囤三处土司遗址的发现和研究，将土司遗存考古工作推向深入。

在土司遗址系列考古工作推进过程中，以地层学、类型学为基础，并贯穿聚落考古学理念，以摸清遗存的先后及共时关系，全面认知土司遗址的文化形态与交流以及土司社会的组织结构、经济模式、宗教信仰等。基于土司遗址系晚期社会历史遗存，有大量的文献支撑和文化传承，故而可以采用三维激光扫描、高光谱扫描、激光雷达、航拍航测、RTK、全站仪、X 光探测等多种方法与技术，并将考古研究与历史学、民族学、民俗学、社会学、人类学等多学科相结合。

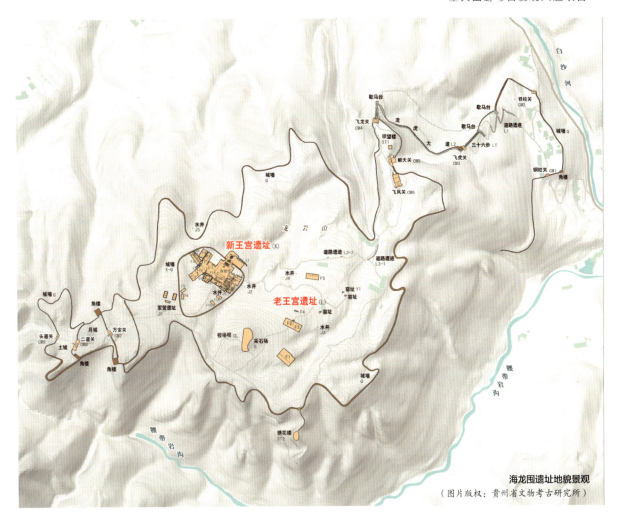

海龙囤遗址地貌景观
（图片版权：贵州省文物考古研究所）

播州土司遗址

　　播州，今贵州遵义所在地，始置于唐贞观十三年（639）。杨氏对播州的世袭统治开始于唐乾符三年（876）。元明时期，杨氏是贵州最重要的土司。杨氏最后一位土司杨应龙，在万历二十八年（1600）被朝廷所灭。万历二十九年（1601），明王朝对播州实行"改土归流"。由唐代至明代，杨氏家族实际统治播州传27代30世，长达725年。

　　1953年发现播州杨氏土司13世杨粲墓，1957年实施发掘。随后发现了高坪、新蒲、团溪杨氏土司墓地。20世纪80年代，开始对播州杨氏土司遗存进行系统调查，摸清了海龙囤、养马城等关囤遗址及田庄堰塘遗址的分布情况。目前已发现与播州杨氏土司相关的遗存100余处，主要有：杨氏领播早晚两期司治白锦堡、穆家川遗址；以海龙囤为核心的军事防御网络体系的关囤遗址；反映其经济模式的田庄堰塘遗址；已清理发掘并确认的杨氏土司墓葬9座，分别是杨粲墓（13世）、

海龙囤新王宫遗址
（图片版权：周必素）

杨价墓（14 世）、杨文墓（15 世）、杨铿墓（21 世）、杨升墓（22 世）、杨纲墓（24 世）、杨辉墓（25 世）、杨爱墓（26 世）、杨烈墓（29 世）。此外，还调查发现杨氏家族墓 4 座、播州宣慰同知罗氏家族墓地 2 处，以及数处疑似土司墓的大型石室墓。

1999 年，对海龙囤遗址进行首次试掘。2012 年 4 月至今，对海龙囤遗址进行发掘，较为全面地揭露出了"新王宫"和城垣、道路、关隘等的整体面貌。发掘揭示，"新王宫"是一组四周有封闭城墙、以中央踏道为中轴线的宏大建筑群。建筑因山取势，五级台基层层向上抬升，房屋即坐落其上，道路与排水设施纵横其间。2014 年 5—10 月，对养马城遗址进行勘探试掘，理清了城垣、城门的分布、结构以及城内衙署等建筑遗址的分布情况等。2014—2015 年，对新蒲杨辉墓等土司墓地进行了全面发掘，揭示出其墓地的整体格局。墓地位于湘江河及其支流沿岸，均依

海龙囤飞龙关
（图片版权：贵州省文物考古研究所）

海龙囤新王宫遗址出土青花瓷碗
（图片版权：贵州省文物考古研究所）

海龙囤新王宫遗址出土青花瓷碗
（图片版权：贵州省文物考古研究所）

杨辉墓正射影像

山傍水，极具风水观念。一般是附祖而葬，有墓垣、墓祠等地面建筑。有土坑石椁墓和土坑木椁墓两种形制，石椁墓一般有精美雕刻。遗物有成套金银器、陶瓷器、建筑构件等。

老司城遗址

老司城遗址，位于湖南湘西土家族苗族自治州永顺县灵溪镇司城村灵溪河东岸，系由彭氏第十一世首领彭福石于南宋绍兴五年（1135）创建。明王朝设立永顺宣慰司后，其得到了大规模的营建。清雍正二年（1724）废弃。它是永顺彭氏土司统治古溪州地区近六百年的治所。

老司城的考古工作始于 1995 年，1995-2014 年，共进行了四次考古发掘。逐渐揭露出老司城遗址的格局，包括核心区一主体区（中心城址）一外围区。核心区面积 25220 平方米，包括生活区和衙署区。主体区（中心城址）19 万平方米，包

杨粲墓石刻人像
（图片版权：贵州省文物考古研究所）

括城址核心区以及与核心区紧邻的街巷、中央文教区和贵族墓葬区，是彭氏土司居住、办公、教化和居民集中居住生活的地方。其中，生活区面积 16700 平方米，摸清了城墙的走向、结构，明确了生活区的城门及道路，基本厘清了生活区内的排水系统，初步掌握了生活区内建筑布局、主体建筑形制特点。衙署区面积 8520 平方米，厘清了第一级平台（外署或外衙）及第三级平台建筑遗迹的格局，勘探确定了衙署区的道路和排水系统。贵族墓葬区位于衙署区东南侧的紫金山，面积约 15400 平方米，摸清了老司城土司不同等级的墓葬及其分布，重点发掘了明代中晚期土司的墓葬，明确了紫金山墓地的墓垣及神道、石像生，主要有砖室墓、石室墓两类，墓葬一般成排分布，较大的墓葬一般位于中部靠后，然后从上到下、从中间往两侧发展。遗物主要有砖、瓦、石质建筑构件、金银器以及在本地烧制的釉陶器、景德镇订烧的官窑瓷器以及来自景德镇或本地烧制的民窑瓷器等。外围区 25 平方千米，包括祖师殿建筑群、观音阁、俞家堡建筑群、监钦湾建筑区、碧花山庄、栈道、哨卡以及其他外围建筑遗存，为老司城遗址功能攸关和互补区域。

杨辉墓出土陶俑

杨辉墓出土陶俑

杨辉墓腰坑

杨辉墓腰坑出土四神之一

杨辉墓腰坑出土四神之二

杨辉墓腰坑出土四神之三

杨辉墓腰坑出土四神之四

杨价墓银温碗

杨价墓正射影像

杨价墓出土螭龙纹金杯盘

老司城遗址核心区（生活区、衙署区）
（图片版权：郭伟民）

老司城遗址核心区右街
（图片版权：郭伟民）

老司城遗址核心区
（图片版权：郭伟民）

老司城紫金山墓地出土金银器之一

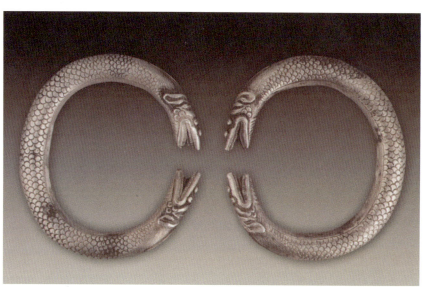

老司城紫金山墓地出土金银器之二

老司城紫金山墓地出土金银器之三

老司城紫金山墓地出土金银器之四

老司城紫金山墓地出土银器

老司城紫金山墓地出土金器

唐崖土司遗址

　　唐崖土司遗址，位于湖北省恩施州咸丰县尖山乡唐崖司村唐崖河西岸，为覃氏长官司治所。设立于元至正十五年（1355）。清雍正四年（1735），接受清政府改土归流，土司城址废弃，唐崖辖地并入新设的咸丰县，其间有兴废和升降，18世土司世袭统治380年。

　　早在1978年，经考古调查确认为明清时期土司遗存。1986年系统调查确定

唐崖土司遗址全景
（图片版权：方勤）

了该遗址的分布范围、布局及主要遗存类型。2011 年，启动以申遗为背景的考古
工作。同年 9—12 月，对唐崖土司遗址进行调查勘探、对遗址衙署区官言堂遗址
进行初步发掘。2013 年 3—6 月，对唐崖土司遗址进行了全面系统的调查与勘探，
对衙署区的大衙门、内宅等遗址进行了重点发掘，出土了大量建筑构件和青花瓷
器等遗物，从而摸清了唐崖土司遗址的基本结构、布局和文化面貌。其主要遗存
年代为明代中后期至清初（17 世纪至 18 世纪初），占地约 80 公顷，为土家族唐
崖覃氏土司治所。

内宅

官言堂

大衙门

月台

门楼

牌坊

唐崖土司城衙署遗址
（图片版权：方勤）

唐崖土司遗址周边群山环绕，分布在由玄武山、朱雀山、白虎山、青龙山围成的狭长沿河地带内。西面为玄武山，玄武山向北延伸至唐崖河与青龙山隔河相对，两山之间为狭窄的河谷陡崖，东面为唐崖河，朱雀山沿唐崖河呈南北向分布，南部山体为白虎山，白虎山东端与朱雀山形成陡峭的峡谷。遗址包括城址、墓葬、狩猎区及外围设施等。其中，沿唐崖河河谷往上至玄武山顶，形成以张王庙、小衙门、衙署区、墓葬区为代表的四级缓坡台地。城址是遗址的主体，位于遗址东部，四周有城墙围合，与壕沟一起构成双重防御体系，随地形呈不规则梯形，面积约35公顷。以上、中、下三街，三条下河道，三条横道构成遗址的主干道路网，并以此展开布局。城址内除了最核心部分衙署区，还有宗庙区、苑囿区、军事区、墓葬区、普通居民区、采石场等。墓葬区主要分布在遗址西部、城址内西部及城垣周边，发掘揭示的明代墓葬12座、清代墓葬2座，均为石室墓，有四室、三室、双室和单室四类。遗物有石质、陶质建筑构件和青花瓷器等。另外，在遗址外围两公里内还分布有同时期的一些遗迹或墓葬。

土司遗址考古发现和研究的学术意义

通过系列考古工作，摸清了土司遗存以司治（衙署）、关囿、墓葬、宗教遗存等为主体的遗址格局，具备鲜明的民族特色和地域特征，是13—20世纪中国

唐崖土司城衙署牌坊
（图片版权：方勤）

西南部多民族，山地文化多样性、独特性的体现，揭示出土司制度的社会组织结构、军事理念、文化面貌、经济制度等独有特征，以及土司制度和统治权力的高度自治。

以海龙囤、老司城、唐崖土司遗址为代表的中轴线对称分布的中央官式建筑规模宏大、格局完整、遗物丰富，在历史时段、行政级别、功能构成、聚落形态、建筑风格等方面具备和中原文化的共性特征，体现了中国西南土司在意识形态上的国家认同。

土司墓葬高等级高规格。墓园格局及墓葬形制规整、规模宏大，出土器物成套成组，以金银器为大宗，类型多样，是深入认识宋元明时期土司的丧葬制度、丧葬礼仪和文化艺术及交流的重要材料。

土司遗址见证了古代中国作为统一多民族国家，对西南多民族地区独特的"齐政修教，因俗而治"的管理智慧，是中国"因俗而治"管理理念的物化体现，在相当长的历史时期有效维护了中国多民族国家的统一和稳定，对当今世界各地民族自治管理模式可提供一定的借鉴意义。

土司遗址年代从宋代延续至元明清时期，是我国羁縻·土司制度时期的实物遗存，它完整地见证了我国少数民族地区政策由唐宋时期的羁縻之治到元明时期土司制度再到明代开始的"改土归流"的变迁。提供了推行羁縻之治以来，中央如何开发、经营与管理西南边疆，边地又是如何逐步汉化而与华夏渐趋一体等问题的实证。

中国西南土司遗址的系统发掘和成功申遗，为从考古学角度全面深化对中国土司制度和土司文化的研究，探讨元明清时期中央与地方的互动关系提供了新的材料和视角，有利于方兴未艾的"中国土司考古"的整体推进。

项目负责人简介

周必素，研究馆员。1991年毕业于四川大学历史系考古专业。现任贵州省文物考古研究所所长、中国考古学会理事、中国考古学会宋元明清专业委员会副主任委员。主要从事播州杨氏土司遗存以及西南地区宋元明时期墓葬的考古学研究，参与和主持过的田野项目有遵义海龙囤遗址、遵义新蒲播州杨氏土司墓地、高坪土司墓地、团溪土司墓地等。其中，遵义海龙囤遗址、遵义新蒲播州杨氏土司墓地的考古发现分别荣获2012年、2014年全国"六大""十大"考古新发现。近年来，致力于推进播州土司遗址的申遗以及田野考古工作。

周必素

郭伟民，湖南省文物考古研究所研究员、所长。为中国考古学会常务理事，湖南省考古学会理事长。先后参与或主持发掘的主要田野项目有沅陵五强溪库区楚墓与楚城遗址；湘潭堆子岭遗址；澧县城头山遗址；沅陵高坪遗址、两岔溪遗址；沅陵虎溪山一号汉墓；岳阳云溪道人矶遗址；醴陵黄土坝遗址、澧县鸡叫城遗址，等等。承担多项省部级研究课题。主持湖南大遗址考古与文物保护研究工作，参与和承担永顺老司城遗址、长沙铜官窑遗址、澧县城头山及澧阳平原史前遗址文物保护工作。多个项目获全国十大考古新发现与国家田野考古奖。研究领域涉及中国新石器时代考古、湖南先秦考古与文化遗产保护，已发表学术论文50余篇，出版学术专著3部。

郭伟民

方勤，研究馆员。1991年7月毕业于北京大学考古学系。现任湖北省博物馆馆长、湖北省文物考古研究所所长。是中国博物馆协会副理事长、中国考古学会理事、湘鄂豫皖四省楚文化研究会常务副理事长。主持的郭家庙考古发现荣获2014年十大考古发现。主编了《枣阳郭家庙曾国墓地》《礼乐中国——湖北省博物馆馆藏商周青铜器》《纪南城考古发现》等多部专著，发表了《凤舞九天 光耀千秋——基于考古发现的楚文化观察》（刊《人民日报》2015年3月1日第12版）、《曾国历史的考古学观察》（刊《江汉考古》2014年第2期）等专业论文多篇。国家重大科研课题叶家山曾国墓地考古研究专家组成员和子课题主持人。

方勤

墨西哥特奥蒂瓦坎羽蛇神庙地下隧道的调查

塞尔希奥·戈麦斯·查韦斯（墨西哥国家人类与历史研究所）

希乌达德拉（Ciudadela）遗址是古特奥蒂瓦坎（Teotihuacan）文明最重要、最大的建筑群之一。从 2003 年开始，我们实行了一个宏大的项目，旨在对希乌达德拉建筑群进行探索和保护。由于多年来羽蛇神庙遭受了严重损坏，所以我们有责任将它保护好。为解决有关特奥蒂瓦坎仍未解开的疑问以及保存其建筑，我们对这个重要独特的建筑群的一部分进行了数个季度的发掘。不同于其他研究者对于功能、用途及希乌达德拉建筑群所在空间特征的研究，我们项目组开发了一个新的解释范例。

大型广场研究已经提供了关于希乌达德拉建筑群建造过程的相关信息。基于严谨的地层学发掘，我们得知希乌达德拉遗址所在地最初是一块农田。之后在特兹凯立（Tzacualli）和米考特立（Miccaotli）时期，这块区域被第一圣殿的部分建筑占据，但随后就被特奥蒂瓦坎人摧毁而建造了耸立至今的雄伟建筑。

在这块大场地之下，朱莉·噶兹左拉（Julie Gazzola）发现了早于希乌达德拉的一些建筑遗址。这些建筑遗址的特征表明其主人是社会地位较高的贵族，并且它们可能从属于第一圣殿。其中一座建筑长 120 余米，可能是用作球类运动的场所。其他建筑则包含壁画、神庙、祭坛、大型庭院和房间。这些建筑的方向与

羽蛇神庙城堡鸟瞰
（图片版权：Sergio Gómez Chávez）

羽蛇神庙立面
（图片版权：Sergio Gómez Chávez）

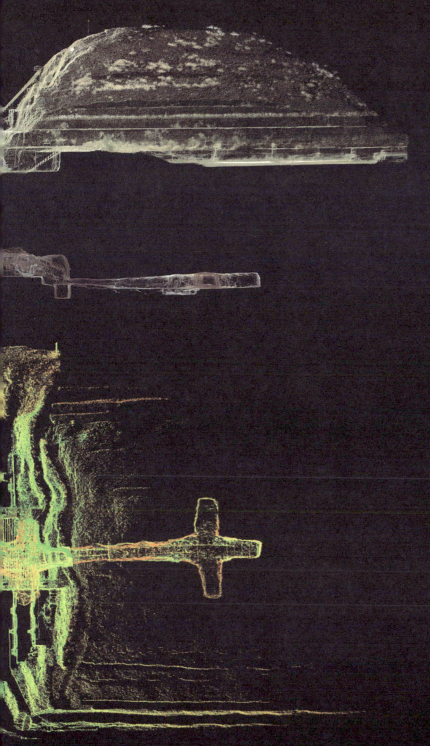

TEMPLO DE LA SERPIENTE EMPLUMADA

羽蛇神庙及地下通道的剖面与平面图
（图片版权：Sergio Cómez Chávez）

三维激光扫描所示羽蛇神庙的地下通道
（图片版权：Sergio Cómez Chávez）

特奥蒂瓦坎的普遍方向——北偏东 15°17"——存在 3°-5° 甚至三十几度的
差别。这个结果给我们带来了惊喜，因为它改变了过去关于城市方向和城市发展
的观点。

　　田野发掘也证实了希乌达德拉广场有意被设计和建造成水淹形式以形成一个
反映平面。这面"水镜"暗示着原始海洋，远古之初，圣山就是自此处浮现于世。
这些信息表明希乌达德拉曾作为仪式场所和神话展示场所，那些神话有关宇宙起
源和形成，有关重生。所有这些仪式代表着远古时代和创世诸神的重现。

　　2003 年，在对建筑遗址进行保护工作时，附属于羽蛇神庙祭台的台阶前面有
重大发现。由于一场不期而遇的大雨，地面被冲出一个坑，并露出一个直径为 0.83
米的深洞。借助一根绳子和几名工人的帮助，通过小洞进入 14 米深的洞底，我意
识到，这是一个地下通道，其东连羽蛇神庙，西达大广场的中心。

　　地道已经被泥土和刻凿过的石块填满，以阻止后人进入，推测可能是特奥蒂
瓦坎人所为。毫无疑问，要探索这个地道，我们需要计划一个严谨的发掘策略，
同时还要有充足的资金确保研究的进行。

　　2004 年、2005 年和 2010 年，我们使用探地雷达（GPR）确定了地道长
100—120 米，其东端终点位于羽蛇神庙的中心。通道中的反常区域提示这里可能
有大型密室：一间位于中部，更大的一间则在通道终点。

机器人首次进入地下通道
（图片版权：Sergio Gómez Chávez）

为探索地道，我们考虑了一系列的理论设想。

第一，特奥蒂瓦坎人认为神将宇宙垂直分为三个层面（天界、人间和冥界），将地平面以上划分出基本方向，它们的界限象征着世界的尽头或边角，特奥蒂瓦坎城就是这种创世神迹的化身。对特奥蒂瓦坎人而言，这座城市就是他们宇宙观的再现。

第二，羽蛇神金字塔代表"圣山"。圣山不仅仅是世界之轴，还分别是宇宙三个层面间及地球各个方向之间交流的轴心。同时，它是从原始海洋中升起的"初始之山"，标志着神话时代的开始，纪年和历法的发端。

第三，原始圣山之下是神圣洞穴，是通往冥界的入口。神圣洞穴充满财富和繁茂的种子，居住着神明和创造性力量，他们维持着宇宙的秩序。因此，地道是冥界的符号。

第四，根据中美洲的宇宙论，冥界有其自身的神圣的方位。

第五，地道的主要入口通常位于西侧。根据不同的信息来源和神话传说，西侧的冥界入口，被中墨西哥人和玛雅人称为托拉洛肯（Tlalocan）、米克特兰（Mictlan）或西瓦尔巴（Xibalba），即"死亡地域"，作为连接现实的地道和想象中的"冥界"。

最后，第六个假设认为，为展示权力的合法性，人们长期在这个通道中举行

地下通道内的发掘
（图片版权：Sergio Cómez Chávez）

各类授予神权的仪式，接受或传递地道内遗留下的仪式过程中所使用的物品。

2010 年，我获得了一笔科研经费来研究这个地下密道，于是组建了一个由专家和民工组成的考古队。我们将主要探索区域放在之前推测的地道入口处。发掘面积开始时约 100 平方米。发掘到两米深时，我们在凝灰岩层中发现了一个约 5 平方米大的坑。经过几个月的工作，我们发现这里可以通往地道，证实了之前的猜测。

为提高研究策略，我们使用了不同的科技手段，例如，利用精确到毫米的激光扫描仪记录和测量全部遗迹和出土物。在第一次的测试中，激光信号穿透地道 37 米，第二次则达到了 73 米，这与我们运用探地雷达（GPR）得出的数据相吻合，都证明了金字塔底下有一条长长的地道。

地道内的第一幅照片是由一个安装了摄影机的小型远程控制机器人传回的。这个机器人可以进入通道 37 米，运行平稳自如。2013 年，我们使用了第二个机器人，这个机器人由国家理工学院学生制作，装备有一台红外摄像机和一台小型激光扫描仪。这个机器人成功地穿行了地道的后 30 米。

在地道内，我们发现了 20 多面原本用于阻止进出的厚墙体。当特奥蒂瓦坎人放置或取走密室内的物品时会毁坏其中一部分墙体。而整个密道被逐步填满，这让我们猜测他们的侵入是为了将一些很重要的东西埋藏在密道尽头。此外，我们确信自己是 1800 年来第一批进入地道的人，而这期间地道未曾被盗掘或改变。

2013 年，发掘到达了地道 65 米处，证实了地道两侧密室的存在，密室的顶部和壁面似乎用金属矿物粉（如黄铁矿、赤铁矿、磁铁矿）进行了装饰。密室在火炬的映衬下熠熠生辉，仿若繁星之夜或是波光粼粼的水面。在南部的前厅，我们发现了 400 多个金属球，这在之前的考古发掘中从未见过。而在两个侧室后面，地道下斜至距地表 3 米处，并且至少在随后 35 米中，地道向东继续下斜。在地道的尽头，我们发现了三间分别面向北、南、东的密室，与之前雷达探测的结果相符。

2015 年，我们的发掘在距地表 13—17 米处进行，约位于地道 103 米处，至此，我们已经移走了约 1000 吨泥土和石块，发现并记录了 75000 余件器物，并对它们进行分类、研究、保护。

我们的研究团队由来自墨西哥和国外的各学科各机构的专家组成。动物骨骼和植物遗存的保护由墨西哥国家人类与历史研究所（INAH）提供资金支持，并由其下设的动物考古和植物考古实验室负责研究。动物考古学家已经从遗存中鉴定出大量水禽、大型猫科动物、海贝个体以及甲虫翅膀。植物考古学家已经鉴定出 15000 余种植物种子、花粉、植硅体。

在发掘过程中，我们发现了上千件由玉、蛇纹石、绿岩、孔雀石、泥岩、绿

男女玉石立像
（图片版权：Sergio Cómez Chávez）

发掘过程中露出的人像
（图片版权：Sergio Cómez Chávez）

来自危地马拉的贡品（出土了数千陶器、玉器贡品）

（图片版权：Sergio Cómez Chávez）

出土的供奉祭神器物
（图片版权：Sergio Cómez Chávez）

出土的陶器、贝壳和黑曜石等供奉祭神器物
（图片版权：Sergio Cómez Chávez）

长石、绿松石、板岩、黑曜石、水晶以及液态汞制成的物品，还有上百件圆板和黄铁矿镜。我们发现了四件特殊绿岩制成的拟人雕刻、大量巨型贝壳（这些贝壳一部分刻有字符，一部分被制成乐器）、橡胶球、贝壳项链、玉石项链、黄铁矿项链。此外，还有许多不明用途的陶器。我们还发现了保存完好的人皮碎片和4000余件木制品、木残件。

我们对无机材料进行了无损微量元素分析。在卢浮宫研究和保护实验室对绿岩和其他矿物进行了粒子激发 X 射线荧光（PIXE）分析。

我们在墨西哥国立大学加速质谱实验室对有机物（木、骨等）进行了放射性碳同位素分析。我们还在应用物理和技术中心对其他有机物（橡胶、琥珀等）做了红外和拉曼光谱分析。

地质学研究表明特奥蒂瓦坎人在地下水位以下打通地道以重现冥界的水状况。地道的后 30 米更深，这样更有利于储存代表冥界的"圣水"。根据神话，冥界自有其神圣地域，那里有着许多河流、湖泊与海连通，还有山脉、天空，以及满天繁星。

总之，我们推测希乌达德拉建筑群中曾举行过仪式化的政治行为。统治者被神授予权力并传递给他的继任者。仪式行为起到宣传和政治辩护的作用。

仪式和政治行为在这个大场景中赋予了占据城市经济和政治主导权的政府和统治集团合法性。从"仪式"的范围和意义来说，在塑造并赋予了社会及群体思想意义的联系的复杂系统中，仪式是理想的沟通媒介。

礼仪用具在宗教仪式和仪式化政治行为中起到维持和重建权力结构的作用。羽蛇神向统治者授予神权，以使他们的政权合法化。因此，我们相信，希乌达德拉的主要建筑有重大意义，在城市真正的中心圣殿里举行仪式和政治活动代表了宇宙轴心的地位，并且是宇宙的象征。

羽蛇神金字塔象征圣山，是宇宙各层面和区域的纽带和联合体。地下的密室和创世神话有关。羽蛇神庙下面的地道代表"冥界"——一个黑暗、阴冷、潮湿的地方，也正是统治者接受和传递权力的地方。

对于特奥蒂瓦坎人而言，希乌达德拉与众不同，因为它是一个涉及宗教活动、重现天神事迹的地方。因此，特奥蒂瓦坎人试图在这个原始场景中通过祭祀、牺牲、杀殉等活动，打开通往冥界之门。

通过综合研究，我们有机会了解当时人的思想观念以及独一无二的世界观。

项目负责人简介

塞尔希奥·戈麦斯·查韦斯，墨西哥考古学家、教授。自1987年始，任墨西哥国家人类学与历史研究所专职研究员。他在特奥蒂瓦坎已指导了数个研究项目，并组织了一系列学术活动。已发表70余篇关于专业手工业生产、农业系统、国外考古、民族互动等方面的学术文章，还出版过关于城市结构和组织、书写系统、古代特奥蒂瓦坎的口语等不同研究方向的著作。此外，还发表过多篇关于文化遗产保护的论文。2004—2007年，在墨西哥国立人类和历史学院攻读人类学博士学位。2005年、2006年，在巴黎第四大学索邦学院（Sorbonne，Paris Ⅳ）和法国高等社会科学学院进修。2006年，获"最佳特奥蒂瓦坎研究奖"。2002年伊始，负责领导"城堡计划"，该计划旨在针对特奥蒂瓦坎三大建筑群之一的羽蛇神庙城堡开展考古研究与保护工作。

Sergio Cómez Chávez
塞尔希奥·戈麦斯·查韦斯

欧洲的早期城市化？ ——乌克兰特里波耶文化巨型遗址

约翰·查普曼，碧希尔卡·盖达尔斯卡（英国杜伦大学）

库库泰尼—特里波耶文化："旧欧洲"最后的文明

库库泰尼—特里波耶文化（Cucuteni-Tripyllia group）是马丽加·金芭塔丝（Marija Gimbutas）所谓的"旧欧洲"分布最广、持续时间最长的文化之一。其存续时间跨越两千年（公元前4800—前2800），空间分布范围达20万—25万平方公里。自19世纪发现库库泰尼和特里波耶遗址以来，经过长期研究，总结概括出该文化三大特征：

（1）日常起居的生活遗存在这两个文化类型的内涵中都占有主要地位；

（2）二者的文化内涵没有明显的等级分化；

（3）在特定区域里，特里波耶文化的诸遗址（即"大遗址群"）的发展并不均衡，这一现象在不同类型文化的其他遗址中均不存在，库库泰尼类型的遗址则完全不存在分化现象。

居址、雕像和彩陶在特里波耶文化和思想领域长期扮演着重要角色。特里波耶文化房址展示了一种广泛传播的审美原则：以矩形空间为基础，在建造房屋过程中贯穿纪念性和几何形的秩序概念。几何秩序在特里波耶文化中具有重要意义。

田野工作中发现的典型坟丘
（图片版权：Kirrily White）

我们在同类型文化的陶器与其他高等级遗物上面也能看到几何形图案，而居址的宏大规模将其作为视觉文化符号展现在高低起伏的黄土景观之中。

特里波耶人生活方式的第二个特点是陶土烧制的人形雕像。丹·莫纳（Dan Monah）在对雕像堆积的埋藏环境进行研究时发现：一方面，遗址中出土的完整雕像虽少，但全部发现在一些可被解读为神龛的特殊结构之中；另一方面，残缺的雕像（通常是使用过程中故意被打破后又重新使用）大量发现于房屋、灰坑或文化层。既有证据表明，那些完整的和残缺的雕像在仪式中全部具有实用功能，尤其是在"房屋之死"仪式的各个阶段。

2012年所发掘的特里波耶最大的集会建筑
（图片版权：Mark Houshold）

第三个关键特点是装饰陶器。特里波耶文化陶器的器型与装饰图案被用于类型学研究及文化谱系的建立。陶器是丧葬活动中"焚烧房屋"仪式时的主要随葬品，不难想象，绘有精美图案的物品，是其拥有者的身份地位的象征。

罗兰·弗莱切（Roland Fletcher）在 1995 年出版的著作《聚落发展的极限》（*The Limits of Settlement Growth*）一书中，将特里波耶大遗址作为其"农业聚落扩展极限全球模式"理论的唯一例外。特里波耶遗址的发展模式无疑是一个具有全球意义的现象。对中心遗址及其腹地进行有针对性的调查，无疑会帮助我们更好地理解聚落复杂化问题。特里波耶中心遗址面积可达 320 公顷，结合测年数据可知，它是欧洲公元前四千纪最为庞大的遗址。戈登·柴尔德（Gordon Childe）认为这不仅意味着史前社会的复杂化，更有可能是独立的城市化进程，这种进程在东欧的发生，与中国和近东地区的新月地带几乎同时。

第一次方法论革命：考古发现与初步阐释

随着地球物理学与航空摄影技术的进步，乌克兰和俄罗斯的研究者引领了特里波耶遗址群第一阶段的研究。从 1967 年起，他们采用地磁遥感、田野发掘和碳十四测年等三种方法对特里波耶遗址进行了研究。其中，遥感（航空磁力测量）影像显示：该遗址应当进行过整体规划。考古发掘则提供了遗迹与聚落的建筑与构造信息。早期将遗址遥感与试掘相结合，主要收获有以下四点：（1）这些遗址较欧洲同时期遗址规模更大；（2）这些遗址确有独特的布局，而且这不是特殊的大气或地面条件造成的错觉；（3）对特里波耶文化期的遗址及其房屋进行测年；（4）确认这些大遗址具有相同的规划与空间布局——由五大元素构成。

在这些原则的指导下，宏观的遥感数据针对聚落规划进行具体分析，并通过发掘结合细节进行综合研究。

第二次方法论革命：新地球物理学的诞生

利用新地球物理学方法，对两个超大规模遗址进行了探查。根据新的地球物理学平面图，建立了一个新的特里波耶遗址群整体布局。这些平面图极为详尽，引发了两个大型遗址研究的新课题：从现在开始，我们不仅能够对整个遗址的规划进行研究，还能够考察单体建筑和建筑群的结构。根据新的地球物理平面图，分辨出了一些新的遗迹类型：如未经焚烧或略经火烧的房屋、灰坑、集会厅、壕沟、手工作坊（包括窑址）以及道路。遗迹的分类使地区级别的聚落规划分析首次成为可能。这表明我们能够通过对小型居住单元的研究，理解其对更高层级聚落规划的贡献。不仅如此，地球物理平面图同样能够通过对过火烧遗迹进行定位，来确定探沟的开掘位置，以便采集用于 AMS 放射性碳测年的有机物样本。通过对超过 80 个样本的成功测年，本项目目前正在利用"贝叶斯模型"对测年结果进行分析，从而在遗址群研究史上首次提供一个确切的遗址时空框架。

涅别丽芙卡（Nebelivka）的地球物理平面图

该图表明，区域内存在一条闭合的环壕，壕沟环绕的面积达 236 公顷，壕沟内共发现 1500 多个遗迹单位，可以被分为 60 个区，它们分别组成 14 个居住区，每个居住区中都有一两座异常巨大的建筑，即"聚会大屋"。遗址的基本规划包括一道壕沟、内外两组同心圆状建筑以及向外辐射的街道。其中，外侧的壕沟很浅，似乎并不具有军事防御功能，而更像带有某种象征意义。

于是，建筑之间出现了三组空间：壕沟与外侧建筑之间的空间，是庭院；两

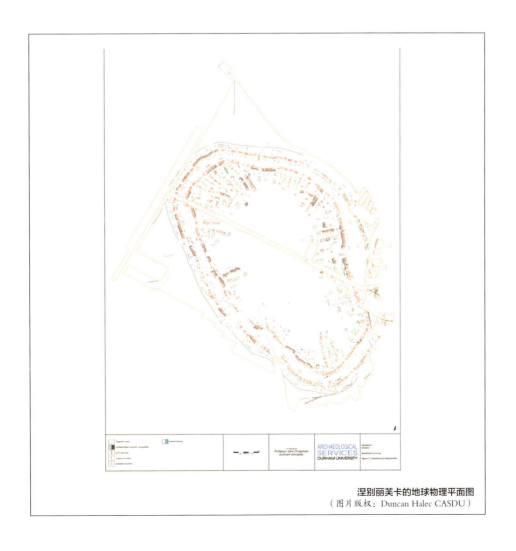

涅别丽芙卡的地球物理平面图
（图片版权：Duncan Halec CASDU）

被有意烧毁的房址B17
（图片版权：Mikhailo Videiko）

组环形建筑之间的空间，是庭院和农田；第一层环形建筑围成的一个面积达 65 公顷的巨大空地，它的作用目前尚存争议，可能是用于牲畜圈养或存放季节性采集的食物，也可能二者兼而有之。实际上，在邻里与各个居住区之间，存在着巨大的差异。同时，大量证据表明，在不违背总体规划的前提下，通过由下至上的途径，可以创造一个巨型遗址的规划。

"巨型建筑"：聚会大屋

通过 2009 年的地球物理学研究，在特里波耶遗址群中确认了一处迄今为止规模最大的建筑遗迹。2012 年，为了配合"巨型结构"的研究，我们对这座建筑进行了考古发掘。当年的工作重点主要集中在这座过火建筑 37 x 20m 的内部空间，而不是它前面的 27 x 18m 的庭院。建筑的两端均有带屋顶的小房间，而中间部分是一个封闭的用于议事的庭院。我们意外发现，除了一件金制的发饰和少量的石器之外，这座建筑内很少发现高等级的遗物，出土了大量装饰陶器、少量雕像和动物骨骼，却几乎没有铜器。这里同样没有明确的存储设施或罐等容器。这座规模巨大却罕见高等级遗物的建筑为我们提出了遗址的核心问题：从物质层面上，这些遗址并未反映社会的分化。但是，在没有秩序或者说没有等级结构的情况，如此规模巨大且人口数以千计的聚落是如何运转的？

涅别丽芙卡IB层的花粉和木炭钻孔剖面研究

布鲁斯·阿尔伯特（Bruce Albert）博士从距离遗址边缘仅 0.5 公里处提取的岩芯中采集到了孢粉和木炭样本，并对涅别丽芙卡大遗址进行了环境研究。他惊奇地发现，人类活动对遗址区环境的影响相对较小，小到和居址使用时期之前和之后几乎没有差别。

没有明确证据表明这一时期存在繁荣的农业或畜牧业。与此同时，预想中因遗址废弃时故意烧毁房屋而留下的巨大燃烧层并未出现。阿尔伯特博士识别出了七次火灾事件，其中只有三次发生在遗址存续期间。人类活动对遗址环境影响很低这一结论对我们研究特里波耶遗址群人口规模的方法提出了挑战。

特里波耶聚落模式

为了探究当地史前聚落的模式，我们以涅别丽芙卡方圆 10 公里的范围为核心，再向外 10 公里范围内的峡谷为扩展区域，开展了有针对性的高密度的区域系统调查。出人意料的是，在以涅别丽芙卡遗址为核心半径 5 公里范围内没有任何特里波耶文化遗址分布（仅发现了一块带装饰的残陶片）。距离最近的同期聚落也在 10 公里之外。这让人很难想象这个大遗址存在"腹地"概念，更像是一个巨大的荒芜地带中的一个被遗弃的中心区。

没有任何迹象表明这个大遗址存在等级分化，它的周围没有任何为其提供后勤支持的小型遗址。

意义

上述聚落规划、"巨型结构"的发现及其特点、孢粉与碳十四年代序列、聚落模式等四项研究结果，均指向同一方向：大遗址的居住密度远比我们想象的要低。这说明遗址的人口远比我们想象的要少，或者他们具有与想象中不同的居住模式：可能是季节性的或者特殊的、具有朝圣地性质的遗存。

我们认为，该遗址并不具备数以万计的大规模人口永久或长期定居的证据。相反，我们设想，聚落中有一小群永久居民在维护该遗址的神圣性或重要性，为了迎接大规模的、季节性的，或是为了宗教或某种特定目的聚集而来的人群而做准备。那些定期到涅别丽芙卡来进行集会的人群应当来自超过 20 公里以外的地区，他们在对当地环境没有造成巨大破坏的情况下，协助建设和维护这个特里波耶遗址。

结论：关于城市化模式的思考

在探寻如何解释特里波耶大遗址及其起源、发展和衰落的同时，本课题力求有助于全球早期城市化问题的探讨。与中国的龙山时代和早商遗址相同，"低密度城市化"是对特里波耶遗址群的贴切描述。对涅别丽芙卡的理解，促使我们打破传统城市起源研究方法的思维桎梏。当前我们这个大遗址的特征可概括为"低密度、小规模常住居民附带大规模季节性集聚人口的无等级差别的城市遗址"。如果我们的理解正确，这将是一个与传统概念中的城市（例如乌鲁克）不同的新型城市化模式。本课题的最终目的是通过对这种"低密度城市化模式"的研究获得对城市化理论研究的启示。

综上所述，我们的大遗址群研究项目在五个方面取得了成果：（1）利用当代物探技术首次获取了完整的大遗址平面图；（2）梳理了这一高度集中的聚落的规划形成过程；（3）对特里波耶文化的公共建筑（即"聚会大屋"）的识别，以及对该类遗迹的最大遗址进行发掘；（4）获取了系统的以 AMS 放射性碳数据为基础的遗址年代序列；（5）获取了精确测年的孢粉序列，它揭示了一处大遗址中的居民活动对环境的影响。我们的第六项研究正在进行，即更深入地理解欧洲古代文明城市化的新模式。在第二届世界考古论坛上讨论这些问题，将成为这一项目研究历程中重要的一步。

项目负责人简介

约翰·查普曼，伦敦大学博士。1996 年在英国杜伦大学开始教学工作，2012 年成为该校欧洲史前考古学教授。他曾在伦敦大学与约翰·南德里斯博士合作，在东南欧开展维因查文化（Vinča Culture）的研究工作。在完成了罗马尼亚史前盐业考古研究与田野工作之后，查普曼开始接触乌克兰的材料，从而开展了特里波耶大遗址群研究项目。在他的学术生涯中，查普曼始终关注着巴尔干地区史前考古，堪称英国巴尔干史前考古研究的元老级人物，同时也是欧洲的顶级考古学者。他的田野工作遍及塞尔维亚、克罗地亚、匈牙利、罗马尼亚、保加利亚和乌克兰等地，并在上述所有国家开展了广泛的博物馆藏品研究。他运用这些材料撰写了很多研究著作，包括 5 部专著和 7 部合著，此外还编纂了 10 部研究领域内的相关书籍。他在理论研究领域学渊识精，对巴尔干半岛考古材料博闻广识，这使得他的研究能够推进对巴尔干半岛史前晚期社会的深刻解读。

John Chapman and Bisserka Gaydarska
约翰·查普曼和碧希尔卡·盖达尔斯卡

约翰·查普曼是《欧洲考古学杂志》的第一任主编（1995—2001），并于 2003 年成为欧洲考古学会（EAA）的终身会员。2007—2011 年担任了史前学会副会长。1995 年被选为伦敦古物学会和塞尔维亚科学院伦敦分院院士。2011 年成为保加利亚科学院国家考古研究所的荣誉研究员，2014 年，还获得了罗马尼亚阿尔巴尤利亚大学的荣誉博士学位。

碧希尔卡·盖达尔斯卡，毕业于保加利亚索菲亚大学，并在杜伦大学获得博士学位。除了在她的祖国保加利亚，碧希尔卡还在罗马尼亚、希腊、土耳其和乌克兰参与了多项田野考古研究和博物馆研究项目。她的研究方向包括考古学理论与方法、地理信息技术在考古学中的应用、加速器质谱法（AMS）测年、景观考古学和交叉学科研究等。碧希尔卡的主要著作包括《保加利亚东南的景观、物质文化与社会》（考古出版社 2007 年版）和《部分与整体：史前语境中的碎片》（与查普曼合著，奥克斯博书局 2006 年版）。

揭秘北美印第安人建立的最早城市：卡霍基亚遗址东圣路易斯区的再发现和大规模发掘

托马斯·艾默生（美国伊利诺伊大学伊利诺伊州考古调查所）

卡霍基亚（Cahokia）是欧洲人到来之前美国本土最早、最大的政治中心。这一早期中心及其附属遗址位于肥沃的密西西比河洪泛平原和高地，靠近今天美国大陆中部的圣路易斯市。几条主要河流在此交汇，造就了此地丰富多样的地形地貌。在历史上，这一区域通常被人们称为"美国底部平原"（American Bottom）。

卡霍基亚的出现标志着考古学上的密西西比文化（Mississippian Culture）的开端。密西西比时期的农业发展进入全盛，出现大型村庄聚落、诸如酋邦等复杂的社会政治组织形式、大型纪念性土制建筑物，并建立起一个广阔的贸易网络，同时还出现了丰富的象征与宗教艺术形式，以及不断加强的政权暴力体系。这些在公元 1050 年前后形成的文化模式一直在美国东部的温带森林和草原地区占主导地位，直到 16 世纪欧洲殖民者的到来。部分学者认为，卡霍基亚是这些分布广泛的密西西比遗址文化的母体。

在通常所谓的大卡霍基亚地区（Greater Cahokia），我们识别出至少三处大型祭祀区域。卡霍基亚和与其相邻的两处市民礼仪场所——东圣路易斯（East St. Louis）和圣路易斯（St. Louis）——形成一道绵延 14 公里的东西向狭窄长廊，

东圣路易斯区图
（图片版权：Thomas Eugene Emerson）

构成大卡霍基亚地区的政治管理中心，或者叫都城区（Capital Zone）。东圣路易斯土墩遗址环抱密西西比河河岸，1811 年，这里据称发现了 45 个土墩和不计其数的小型人工台地，形成一个约 1 英里的半圆形区域。从圣路易斯的 26 个土墩金字塔开始，这些土墩耸立在河岸两侧，经由一系列连续的土墩和居址，向东延伸至卡霍基亚集中堆积的 120 个甚至更多的土墩遗迹。卡霍基亚的祭祀区由高达 30 米的宏伟中央金字塔和面积超过 20 公顷的大广场组成，周围环绕公共活动场所、寺庙、贵族建筑和居民区。我们推测这三大祭祀区域在公元 11 世纪和 12 世纪是组成城市政权之重要力量的社会和政治大本营。

公元 800 年之前，大量小型农业村落散布于这片区域，还缺乏统一的社会、政治与宗教管理。公元 11 世纪中期发生的大事件——罗曼期（Lohmann phase，1050—1100 年）的"大爆炸"标志着卡霍基亚的诞生。接下来的一个世纪里（斯特林期，Stirling phase，1100—1200 年），一个大卡霍基亚地区的政治管理中心覆盖了 14.5 平方公里的区域。它包括超过 200 个土墩——今天美国本土最大的土墩、带台阶的僧侣墩（Monks Mound）即为其中之一，大量礼仪广场、纪念柱、取土坑、稠密的贵族与平民聚居区，以及超过 15000 人的人口。围绕着这一中心区域，有数以千计的单户农庄及附属性的市民礼仪活动中心。在卡霍基亚发展的高峰期（1500—1300 年），人们在距离僧侣墩 25 公里或一天脚程的地方新建了 14 个多墩中心。考古学家们推测这一大都市区容纳了 4 万—5 万人。人口增长模型显示，考虑到前密西西比时期相对较低的人口密度，只有来自广阔地域不同族群的大规模移民才能带来如此大量的人口，而锶同位素研究也确认了大规模移民的存在。到公元 1300—1350 年，大卡霍基亚地区衰败并被废弃。

尽管之前的文献记录了大量前哥伦比亚时代的土木工事、许多寻宝式的古物发掘和 20 世纪早期的科学发掘，地方学者还是不愿意承认大卡霍基亚地区的政治

东圣路易斯发掘区鸟瞰
（图片版权：Thomas Eugene Emerson）

规模和社会复杂性。"美国底部平原"地区的史前晚期本地政权通常被认为是大量分散而独立的组织形式,与公元 16 世纪第一批欧洲探险者在美国东南部地区观察到的情况类似。卡霍基亚为统一政权或实质上已然形成城市的可能性遭到质疑。

学者们在这一问题上犹疑不决,在很大程度上是因为由古至今圣路易斯的发展给大卡霍基亚造成大规模破坏,今天的圣路易斯市已有近 300 万居民。至 19 世纪末期,圣路易斯祭祀区域已被完全破坏,东圣路易斯祭祀区有超过 45 个土墩被夷为平地。而在卡霍基亚,只有中心区域留存下来,今天成为国家遗址公园。考古学家也只是在卡霍基亚进行过小规模调查,在另外两个区域还没有任何活动。20 世纪 60 年代,一条穿过东圣路易斯遗址中心区域的州际高速公路计划便是遗址破坏工事的明证。

21 世纪初期,东圣路易斯区的道路工程亦带来大量的建设和破坏,但伊利诺伊大学还是在此地有重大发现:遗址中央祭祀区的部分核心区域仍然封存在现代基建路面和建筑地面下,保存完好。发掘揭露出 79 座建筑及 100 多道围墙、篱笆和柱廊,一片小型仓储建筑群,55 根纪念柱(其中一根带有人牲遗骸),5 处土墩的地基,以及断代为密西西比时期的许多篱笆残片。由此,这次发掘成为东圣路易斯遗址可能仍然在现代城市的碎石堆下封存完好的第一个证据。

2008 年,伊利诺伊州立考古调查组(Illinois State Archaeological Survey,ISAS)开始发掘位于东圣路易斯区一处废弃的现代工业区地下 3 米、面积达 300 公顷的未探索遗址区域。在历经近 40 个月、前后有上百名组队成员参加发掘后,共揭露出中央祭祀区核心区域之外 14 公顷的居址区,发现近 6300 件文化遗存,其中包括近 1400 座建筑、55 根纪念柱、19 个大型祭祀坑、许多人类遗骸以及一处脊顶墩(ridge-top mound)的地基。这样大规模的居址和祭祀景观为了解大卡霍基亚的发展与衰落提供了新的视角。虽然我们最近才开始对近百万件器物进行分析和田野实测地图、照片、笔记等资料的整理,一些结论已经显而易见。

"大爆炸"理论得到验证:经过规划的东圣路易斯

我们的同事蒂姆·波克塔博士(Dr. Tim Pauketat)很早以前便提出了关于大卡霍基业地区崛起的"大爆炸"假论,即它是一个突发的历史事件,而非缓慢而漫长的进化历程。在考古学的时间轴上,卡霍基亚是突然出现的,而东圣路易斯遗址完美地阐释了这一点。公元 1050 年之前,东圣路易斯只有一些小型农业聚落,它们以家庭为单位形成茅屋群落,沿卡霍基亚湾河岸分布,此时还没有出现公共的、贵族的或礼制组织存在的任何证据。到 1050 年,这些小型村落突然被遗弃,并被新的、经过规划的庞大社区所替代。

在一代人的时间内,随后的密西西比罗曼期统治扩大至整个东圣路易斯地区,

外来器物
（图片版权：Thomas Eugene Emerson）

兼并了之前无主的空地。在这一区域南北轴线的大概中心位置有一大型脊顶墩，周围环绕祭祀堆积和多样的丧葬活动场地。建筑的标准化朝向，以及神圣建筑与住宅的特意区分，说明主持建造者在动工之前已有一番宏观规划，此片区域绝不像早期村落那样自发形成。特殊建筑、纪念柱、露天广场和土墩的精心安排，构成了东圣路易斯区的主要特征。在罗曼期不到一代人的时间里，这里从之前林地村落生活的数百到一千人，迅速增长到一万到一万两千人。

包含专有产品和专业化作坊的贵族聚居区

对卡霍基亚遗址的发掘虽然也揭露出居住区域，但并没有发现贵族使用的或外来的材料与建筑。东圣路易斯的情况则大大不同，特别是在物质文化、建筑和组织形式都趋向同一的斯特林期。礼制和贵族建筑被严格安排，与其他特殊用途的建筑一起，聚集在被抬高的脊顶区域。

织物遗存
（图片版权：Thomas Eugene Emerson）

　　贵族和礼制建筑的密度在特殊建筑集中发掘区最南端明显增长。包括分布在紧凑网格内的平面矩形贵族住宅，大、中、小型的圆形桑拿浴室和贵族集会厅，储存常见材料和多余食物的小型仓房，以及可能是贵族寺庙或神殿的"T"形建筑。很多建筑都属同一时期，显现出前所未有的仪式与贵族活动之间紧密的空间联系。

　　大量专门化的海贝饰品、玄武岩斧、烟斗石耳环和宗教雕像作坊都属于斯特林时期，而更引人注目的发现当属那些精美的贵族用品与外来物品，包括大型石刀、石锄、铜制品、珍稀动物、彩色颜料和矿物，以及来自密西西比河下游河谷地区的箭镞和陶器。

　　在大卡霍基亚地区，仪式用品的密集出现、专门化的作坊和建筑，以及数量丰富的外来贵重材料，均为东圣路易斯所独有。这种贵重的和宗教属性的物品以及建筑的集中似乎说明了该地与相邻区域间严格的等级区分，显示出社会与政治阶层的强烈分化。

EAST ST LOUIS MOUND GROUP

1150 AD

Drawn By: Glenn Baker 2012

公元1150年卡霍基亚遗址东圣路易斯区的复原示意图

（图片版权：Glenn Baker，2012年）

东圣路易斯与卡霍基亚的衰落

公元 1200 年前后，大卡霍基亚地区突然人口锐减，许多祭祀场所被废弃，土墩建造活动明显减少，浴室、寺庙、贵族"T"形建筑、纪念柱和包括雕像与象征性陶器在内的宗教圣物纷纷消失。长期以来，造成这些转变的因素一直不甚明了，直到东圣路易斯遗址的发掘。1200 年前后，一场波及范围甚广的毁灭性大火横扫了这一地区，此后人们再也没有回来重建家园。宗教清洗和暴力冲突都可能是引起这一毁灭的原因。虽然起因不甚明了，这场灾难的结果却是决定性的：大卡霍基亚地区的第二大祭祀区遭到了永久性破坏，同时发生的还有宗教行为的彻底转变和人口的急剧减少。至于它到底是天灾（自然的偶发的事件）还是人祸（政治或宗教动乱），仍无法确认。

总而言之，已经进行的几次大型发掘显示，这片区域在破土动工之前经过精心的布局和规划，将贵族、丧葬、宗教和家庭进行了各自独立的空间划分。此外，我们的研究揭示出盛行于大卡霍基亚居民中的主要等级区分，而在邻近的其他贵族聚居区，也发现了贵重物品群。最后，我们现有证据说明大卡霍基亚地区在公元 1200 年前后发生的剧变可能与毁灭东圣路易斯区的灾难密切相关。我们对东圣路易斯区的初步研究证实了早期的一些假设——大卡霍基亚是存在于公元 11-14 世纪的独特的北美本土城市政权，由此颠覆了长期以来关于北美洲城市化历程的一些理论。

项目负责人简介

托马斯·E.艾默生为美国伊利诺伊大学草原研究中心（Prairie Research Institute）伊利诺伊州立考古调查组（ISAS）主任和人类学兼任教授。毕业于威斯康星大学，并致力于环境考古研究。主持了美国北部和挪威系列田野考古项目之后，作为首席考古学家在伊利诺伊州历史保护署任职十年。1994年在伊利诺伊大学获得了主持运输系统考古项目的职位，并在2010年被任命为新成立的伊利诺伊州立考古调查组首任主任。2013年荣获伊利诺伊州首位州立考古学家称号并成为东圣路易斯考古遗址移位保护项目首席研究员（2008年至今）。最近还获得联邦公路管理局颁发的杰出环保奖（2011年）和人类环境倡议模范奖（2010年），并获2014年度伊利诺伊州立考古调查组终身成就奖和美国中西部考古联盟授予的杰出终身成就奖以及由国家职业考古学家注册局颁发的2014年度麦吉姆西—戴维斯杰出服务奖。

Thomas E. Emerson
托马斯·E.艾默生

托马斯·E.艾默生博士目前已经写作或编辑了18本著作和125篇论文和书的章节。他最近在卡霍基亚遗址的研究主要集中于人口迁移在锶同位素上的证据（《考古科学》第44卷）、仪式中黑色饮料的消费（《美国国家科学院院刊》第109卷）、烟斗石地理溯源（《美国古物》第78、68、65卷；《考古科学》第39卷）以及美国大陆中部族群形成过程、宗教和战争方面的探索。

发掘区全景
（图片版权：Sonia Floriane Harmand）

技术的黎明：
肯尼亚图卡纳湖发现距今330万年石器

索尼娅·佛罗莉安·哈曼德（美国石溪大学）

传统人类进化学观点认为，石器制造与气候干旱化、萨瓦那草原扩张时期出现的人属成员（Homo）有关。1964年，奥都威峡谷发现了比南方古猿更接近晚期人属的化石，他们与最早的石器文化——奥都威文化有关，因此被命名为一个全新的物种：能人（Homo habilis）。这一命名的前提是：人类演化谱系中只有我们这一支系获得了认知上的飞跃，可以通过互相敲击石块的方法打出有锋利刃缘的石片，这是我们得以成功演化的基础。

随后的一系列发现将奥都威石器的年代提前至距今260万年。埃塞俄比亚的戈纳（距今256万年）、哈达尔（距今236万年）、奥莫（距今234万年）等遗址，特别是肯尼亚的洛卡拉雷2C地点的发现，显示出这些早期的石器制造者在计划的深度、打制的灵巧性和原料的选择等方面已经具备了相当高的造诣。埃塞俄比亚距今339万年的迪基卡遗址发现表面有切割痕迹的动物骨骼，为探讨距今260万年前人类的石器使用行为提供了线索。有观点认为，对骨头或植物性食物等的敲砸行为可能是人类在更早阶段使用石器的关键组成部分，但这些行为目前尚无法被识别。这些人工制品很可能因为它们与已知的奥都威石器毫不相似、出现频度较低、原料过于原始等方面而无法被辨识出来。

发掘团队
（图片版权：Sonia Harmand）

　　2011 年，图卡纳湖西部考古项目（WTAP）开始在肯尼亚北部图卡纳湖西岸的那初奎组洛迈奎段堆积进行考古调查与发掘工作，以了解早期人类的石器制造行为。2015 年 5 月，WTAP 宣布在洛迈奎第三地点（LOM3）发现了距今 330 万年的遗址。该遗址出土有原地埋藏的石器，时空分布上与生存在茂密丛林中的上新世古人类化石有关。这些发现在地理上和年代上的分布均与肯尼亚人扁脸种的标准化石 KNM-WT 38350 相同，这一区域内发现的其他化石也一般被认为属于这个种。LOM3 的年代学背景来自那初奎组洛迈奎段沉积物内部的凝灰岩放射性元素测年，也从遗址的古地磁和沉积速率等方面进行了估计。

　　洛迈奎第三地点是一个被山间小溪侵蚀形成的小丘。尽管整体上仍属于原地埋藏遗址，LOM3 的考古材料也被认为受到轻微的搬运和二次堆积过程影响。关于遗址保存状况的精确阐释源自发掘过程中的观察，最合理的可能性有两种：遗址保存完好、多数遗物为原地埋藏；或是遗址经过轻微的搬运，并在原始位置附近再次堆积。基于 2011 年和 2012 年发现的石器材料，目前整个组合有 149 件表面采集和原地埋藏的人工制品，其中包括 83 件石核、35 件石片（包括完整的和残片）、7 件被打击过的石制品（可能是石砧）、7 件石锤（包括完整的，残件和有可能

遗址发现者
（图片版权：Sonia Harmand）

哈曼德发现的石器
（图片版权：Sonia Harmand）

发掘现场的石器
（图片版权：Sonia Harmand）

作为石锤使用者）、3 件有加工痕迹的鹅卵石、2 件劈裂的鹅卵石，还有 12 件人工痕迹不太明确、缺少可鉴定特征的石制品。主要石料为玄武岩和响岩，其次是粗面响岩，这些石料都可以在当地的古河道中获取。最初在距离遗址不到 100 米处发现的砾岩资源则显示各种尺寸的鹅卵石和断块都可以在本地区内发现，其中最大的石料长期持续被选择。

LOM3 发现的石片和石核在技术和形态上人工特征都非常明显，石锤能够提供足够的、目的明确的打击力，以剥取一系列相邻的或叠加的单向加工石片，有时加工深度可达石片内部，之后可以转动石核继续剥片或直接翻转石核进行两面加工。然而，尽管有大量石片被成功剥离，但是大部分石片片疤末端呈折页状或阶梯状，说明仍然未完全掌握打击动作的精度，因为从石核台面上保留的痕迹来看，有许多重复的打击是因为打击点距离石核台面边缘过远而未能成功剥片造成的。人工制品的尺寸和可见的打击相关特征显示，LOM3 的古人类将石核剥片和打击行为结合起来，并对人工制品有多样的使用方式，如石砧、石核既可以用来生产石片，也可以作为敲砸工具。将单一工具用作多种不同用途的行为显示出了一定程度上的技术多样性，这不仅仅远早于任何已知的石器技术，也与其他灵长类使用的单一用途的石制工具有着非常明显的区别。LOM3 石器组合可能代表了一个从假设中的早期人类的简单敲砸行为向晚期的奥都威石器制造者的石片打制行为过渡的技术阶段。

LOM3 发现的石器刷新了考古记录，把我们目前认知的年代提早了 70 万年。由于这些石器比目前已知年代最早的人属化石（距今 280 万年）还要早，LOM3 的石器引发了一些有关人类演化过程中关键适应的模式和节奏的新问题，并且需要我们重新去研究早期人类类人操作能力出现的时间以及重构认知的意义等。

项目负责人简介

索尼娅·佛罗莉安·哈曼德博士是纽约州立大学石溪分校人类学系的副教授，图卡纳湖西部考古项目的负责人之一，早期石器时代考古专家。她的研究项目主要围绕着石器制造产生的时间、方式、原因和人类对它的使用展开。自1998年以来，主要致力于重建早期人属这一考古资料非常匮乏的时段的石器技术。2011年，她在肯尼亚北部的年度田野工作发现了目前已知年代最早的考古遗址，距今330万年。此外，哈曼德教授与她的团队还一同就石器制造和使用过程中涉及的生物力学开展研究，并与灵长类考古学家共同合作。2009—2012年，哈曼德教授任法国国家科学研究中心（CNRS）研究员。

Sonia Floriane Harmand
索尼娅·佛罗莉安·哈曼德

格拉维斯卡俯视
（图片版权：Lucio Fiorini）

伊特鲁里亚古城塔尔奎尼亚海港的格拉维斯卡希腊贸易站：苏里与卡娃塔圣所的最新发掘

卢奇奥·费奥里尼（意大利佩鲁贾大学）

格拉维斯卡贸易站是古代最重要的海港之一，是公元前 7 世纪末至罗马时期地中海东西部间商品、理念和人群往来的交叉口。格拉维斯卡海港距离塔尔奎尼亚（古称塔尔克纳，Tarkna）约 10 公里，后者是伊特鲁里亚最重要的城市之一，坐落于发端自博尔塞纳湖的马尔塔河谷地，数百年来一直是主要的政治权力中心。长期以来，格拉维斯卡的确切位置一直是个谜，直至 1969 年，马里奥·托雷利和南伊特鲁里亚考古局开始系统发掘工作，先是发现了建于公元前 181 年罗马殖民时期的一些重要遗存，一年后发现了一座希腊圣所。

左图：拉科尼亚陶杯；中图：阿芙洛狄忒铜像；右图：格里芬正面头像

（图片版权：Lucio Fiorini）

北侧圣所俯视
（图片版权：Lucio Fiorini）

　　希腊圣所的发现，说明格拉维斯卡贸易站极可能拥有自己的圣所，与埃及以丰富遗存和文书闻名于世的瑙克拉提斯相似。格拉维斯卡海港比瑙克拉提斯早一个世纪，它实际上是一片保护区——在神的庇护下，来自遥远地中海东岸的希腊商人得以在伊特鲁里亚地区进行贸易。因此，在该海港建造希腊圣所是有特殊意义的：一方面，一个安全的环境有利于贸易活动的顺利进行；另一方面，它也被当作供奉场所，拜谒者携礼而至，久而久之，这些贡物成为伊特鲁里亚剑士的财物。

　　考古发掘研究成果表明，在公元前 6 世纪，格拉维斯卡的建设进程出现了转变；与此同时，商人活动也发生巨大变化，这两者之间应有密切联系。公元前580 年，来自福西亚（位于今土耳其北部）的希腊商人建立了格拉维斯卡贸易站，并在此建造了第一座供奉阿芙洛狄忒的祭拜小庙。奠基之时，福西亚人给女神供奉了丰富的祭品，祭祀仪式非常独特，在祭拜小庙后来的仪式庆典中无有过者。祭品中有三件珍品，年代可追溯至公元前 7 世纪末至前 6 世纪初：一件是所谓伊奥利亚式彩绘野山羊纹球腹碗，样式奢华，产地可能在福西亚；一件是珍贵的铜罐，上饰精致的透雕格里芬正面头像；一件是手持矛、盾的阿芙洛狄忒铜像，产地可能在拉科尼亚，被认为是礼拜用像。

　　在这个祭拜小庙周围的最新考古发现是 20 多个用于熔化铜、铁的冶炼炉。这项重要发现是理解以下问题的关键：圣所贸易的性质，用伊特鲁里亚铁器交换希

新圣所
（图片版权：Lucio Fiorini）

腊奢侈品，以及希腊人选择阿芙洛狄忒作为贸易站守护神的原因。对希腊人而言，阿芙洛狄忒就是赫菲斯托斯的妻子，而不是想象而已。赫菲斯托斯发明了"融合"一字，既包括异性的交融，也包括合金的成分混合。

萨摩斯是爱琴海东部的一个希腊岛屿。公元前 550 年，来自萨摩斯的商人也来到了格拉维斯卡，建造了一座大一些祭拜阿芙洛狄忒的神庙。考古发掘揭露的一座建筑可能是祭拜赫拉的神庙，它与祭拜阿芙洛狄忒的神庙基本同时。这时的希腊贸易站进入了发展期：来自地中海各个中心的、琳琅满目的财货汇聚于此，又在神的庇护下由此转运至塔尔奎尼亚及其领地。这里有科林斯式的精致手工艺品，有尼罗河三角洲能工巧匠们加工的贵重物品，有造型简洁的陶器，特别是来自希腊东部的陶器和爱奥尼亚的杯子。在公元前 6 世纪中期的后半段，格拉维斯卡的贸易量呈指数增长，阿提卡（即雅典地区）产品大量涌入，在数量上达到伊特鲁里亚历史之最。上述贸易的中间商包括塔尔奎尼亚贵族派遣的伊特鲁里亚奴隶，希腊东部豪族派遣的代理人（主要成员也是奴隶），到公元前 6 世纪末又有爱琴海诸岛富商。在众多希腊和伊特鲁里亚的贡品中（目前已知 60 余种希腊贡品），其中一件表面保留着"帕克提耶斯"之名——帕克提耶斯是克罗伊斯的财政官，希罗多德对其生平有所记载。另一件贡品上书"埃依纳的索斯特拉特"，此人向埃依纳的阿波罗奉献了一只刻有铭文的大理石锚。希罗多德也记载了索斯特拉特的事迹，并称据他所知，索斯特拉特是最富有的希腊商人。

希腊贸易站的出现很快便吸引了当地人的目光。随着人口集聚，伊特鲁里亚的格拉维斯卡城在海港北侧逐渐成形。公元前 520 年前后，在以前的圣所稍北，人们建造了一座新的圣所，供奉伊特鲁里亚冥界的两位地府神祇——卡娃塔和苏里。

这座圣所位于佩鲁贾大学和伊特鲁里亚南部考古局的最新发掘区域。圣所原以赭色海洋沉积岩制成的厚石板铺就，分为两片神域，其中有两座祭坛：祭坛 δ 尺寸较大，约为 7.10 x 5.90 米，平面呈长方形，如今只剩下三个石堆；祭坛 ε 较前者小，尺寸为 2.26 x 3.26 米，也是基座朝南、呈长方形。两座祭坛旁各有一座火坛，但建造年代比祭坛早，说明至少在公元前 6 世纪中期，该处已被奉为圣所。由于没有发现贡品，这里之前祭祀的是何种神灵还难以确定，但 1994—1995 年在新圣所北缘窖藏中发现的一批用品和还愿物，提供了一些线索。贡物研究确认圣所内供奉着两位神祇，其中一位是男性，接受金属祀物，另一位是女性，这一点可通过赤土陶器一眼辨识出来。此庙与皮尔基南部圣所有许多相似之处，皮尔基发现的大量奉献铭文都指向一对神祇：男神名苏里，大概相当于希腊的阿波罗神；女神名卡娃塔，相当于冥界之后珀尔塞福涅。如果这一比较成立，格拉维斯卡北部圣所供奉的应当也是这两位本地神灵，卡娃塔和她的男性配偶苏里。伊特鲁里亚人和希腊商人可能都视他们为崇拜对象，先是珀尔塞福涅，后来是以冥界形象出现的希腊阿波罗神。这两位神祇掌管外国人与当地社会的融合。

公元前 480/470 年之后，格拉维斯卡走向没落。其衰败可能有两个原因：第一，公元前 474 年，伊特鲁里亚人在库迈海战失利，遭受重创；第二，商业活动越来越多地集中在塔尔奎尼亚城内：这是一项针对希腊的、彻底收缩进口贸

（图片版权：Lucio Fiorini）

港口复原
（图片版权：Lucio Fiorini）

易的重要举措。在古风时期和后古风时期，伊特鲁里亚社会采取各种形式对进口活动实施限制，希腊人逐渐失去立足之地，即便是暂住也十分困难。与此同时，作为反映人口流动和地区关系的重要指标，格拉维斯卡不同信仰之间的互动似乎也随之中断。

从公元前 480/470 年至公元前 420 年，格拉维斯卡的建设活动陷于停滞。公元前 420 年，一个变革期出现了，格拉维斯卡整个祭祀区的面貌焕然一新。之前的沼泽地和不宜居住的区域，现在被规划成新区，一条主道连接海港和新区，将祭祀区划分成几个部分，每一部分献给不同的神祇：东部有祭祀赫拉和阿芙洛狄忒的圣所 γ、祭祀阿多尼斯的圣所 Δ；西部有祭祀德墨忒尔（相当于伊特鲁里亚神维阿）的圣所 β、祭祀阿波罗（相当于伊特鲁里亚神苏里）的圣所 α；还有所谓的北部圣所，祭祀卡娃塔。在修建新区之前，原来砌筑祭坛的石砖和古风时期北部圣所的铺地石板都被彻底而有序地拆除（现在只能通过盗贼所挖的沟渠来推测古风时期北部圣所的形制，其中一些正是在原有沟渠的基础上挖成）。新祭祀区在海港的早期祭祀区上重建起来，此时仅被伊特鲁里亚人频繁使用，就像其他与健康和丰收相关的伊特鲁里亚和意大利圣所一样。

公元前 4 世纪，圣所又经过两次改建。第一次改建可能是因洪水时常泛滥而修建了排水系统，第二次改建为公元前 4 世纪末期，此时距其毁亡已不远——公元前 281 年，罗马大军占领了塔尔奎尼亚及其领地，破坏了整个圣所。

本文简要介绍了格拉维斯卡的历史，近年的发掘工作让我们有机会一窥其奥。从考古学角度研究祭祀区的演变，有助于更好地理解伊特鲁里亚地区的经济和社会变动。在考察这一广大地域的地理地质情况时，我们运用了新的地物勘探手段和无人机（UAV）、航拍等先进技术，并使用传统传感器和现代红外传感器（RGB）来获得归一化差分植被指数（NDVI）。为了达到既定目标，只有以科学细致的考古理论与方法来指导发掘，才能在祭祀区遭彻底毁坏、现只残存少量墙体的情况下，复原北部祭祀区在公元前 6 世纪末时的原初形制，还原其发展演变序列。

项目负责人简介

　　卢奇奥·费奥里尼是意大利考古学家，佩鲁贾大学考古研究方法助理教授。从2006年起，他担任塔尔奎尼亚格拉维斯卡祭祀区发掘项目的学术指导，该项研究的目的在于了解遗址的地理特征，探讨物质遗存及其背后的经济、文化、社会和宗教属性。除此之外，费奥里尼还担任过其他重要的伊特鲁里亚与罗马遗址的发掘领队，如切尔韦泰里（2003—2004年）、古比奥（2003—2005年）和科拉左内（佩鲁贾附近的一个罗马遗址，2012—2013年），并在发掘过程中应用了最先进的现代技术。他的研究兴趣包括：田野考古技术、古代冶金产业及其与意识形态的联系，古代图像、象征学及其与希腊彩绘人物瓶和伊特鲁里亚绘画的关系。他参与过几个展览的组织策划，同时身兼学术顾问、研究文章和考古图录的撰写人。

Lucio Fiorini
卢奇奥·费奥里尼

埃及瓦迪伊尔加尔夫
第四王朝胡夫法老时期海港的发现

皮埃尔·塔莱（法国巴黎索邦大学）

自2001年以来，由开罗法国考古研究所和巴黎索邦大学组建的联合考古队一直致力于探索法老时期埃及在西奈半岛以及红海南陲密域蓬特的远征。在过去的15年里，我们在红海之滨发现了两处不为人知的古海港，第一个在苏伊士湾南部埃因苏克哈那，最近又在瓦迪伊尔加尔夫（瓦迪即干谷）发现了另一个海港，位于前者南100公里左右。第二处遗址年代在公元前2600年，可能是目前已知的世界最古老的海港。与此同时，我们还在西奈半岛南部调查并发现了几处铜矿和绿松石矿点。这些矿藏正是古埃及多数远征的最终目标。该项目旨在更好地理解自法老时代以来，埃及人组织大规模的远征、航海以及与其他文化的交流方式。

遗址概况

瓦迪伊尔加尔夫遗址位于阿拉巴谷（埃及东部沙漠的北半部分）的南部入口，扎法拉纳以南24公里处；同时地处南加拉拉山脚，近戴尔谷，由此可达著名的圣保罗修道院。该遗址最初在1823年被英国探险家约翰·嘉德纳·威尔金森爵士发现；到20世纪50年代，苏伊士运河地区的法国飞行员弗朗索瓦·比才和芮内·沙卜

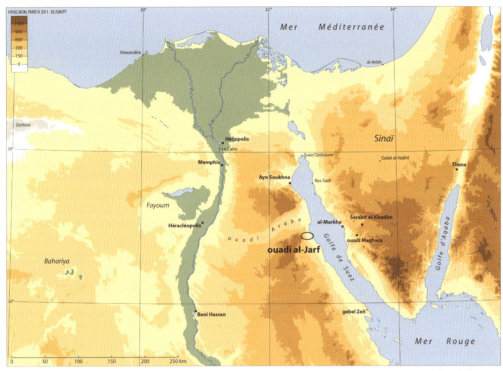

瓦迪伊尔加尔夫港位置图
（图片版权：Pierre Tallet）

• 莫里梭再次发现了它。基于前人留下的资料，20世纪末期，由我队重新探寻该遗址，并于2011年6月开始首次发掘。这次田野工作意义重大，通过发掘我们绘制出整个遗址的平面图，并清楚了各个组成部分。遗址东西长6公里，从东部沙漠的山脚直到红海沿岸。包含了以下诸部分。

1. 仓储系统。规模结构堪比最近发现的另外两处红海地区法老时期港口（埃因苏克哈那和加瓦西斯干）。这处遗迹比起另两个港口更为发达，建有30余座仓库。其中17座围绕一座小岩丘呈辐射状分布，另有9座（可能还有更多尚掩埋于沙下）挖建于一个南北向的小型山谷中。仓库平均长20米、宽3米、高2米，部分长达30米。在入口处，考古人员清理出残存的制作精细的封门系统：在门边放置一块厚板，这样入口通常就比较窄。这种做法比在斜坡上放置大石块来得先进。

2. 埃及古王国时期的营地。位于窖穴区以东，从这里石灰质山脉的末端可远眺广袤的红海滨海平原。其中建造最完善的一座营地包含多座石质设施，外接一南北向的墙体以控制进出建筑群的通道，还有一条天然的东向排水沟也起到此作用。

3. 位于古王国营地与海岸间的平原腹地，间隔着自大海绵延而来的潮涌，发现了一处掩埋于沙体之下的巨型石质矩阵（60×30米，内部分为13个横向空间）。

4. 最后一组建筑群濒临海岸线。在退潮时仍能看到一个L形的防堤，除了

瓦迪伊尔加尔夫遗址的考古营地
（图片版权：Pierre Tallet）

东西分支的末端尚在岸边水面之上，其他部位已完全没于水下。这座防堤由岸边开始，从水下向东建造，长 200 米左右。随后急转向西南，此段长 120 余米，建造得并不十分规整。从可见部分来看，它由大块建材和石灰石十分规整堆砌而成，防堤的建造保护了 2.5 公顷的码头区。我们在退潮时采用潜水艇探测了该建筑在港口的功能：在防堤东西向分支的南部隐蔽处，发现多达 20 只石灰石船锚，原封不动沉于水下。其附近发现至少 12 个大罐，这种大罐在遗址别处亦有发现，由此可判断这些设施均为同时期所建。

最后，瓦迪伊尔加尔夫港这一系列设施与苏伊士湾另一侧的埃尔—马克哈遗址密切相关，遗址就位于前文提及的防堤对面。多伦多大学考古队在此处发现一环型防御建筑，是瓦迪伊尔加尔夫的远航队登陆点。该遗址出土的陶片为本地所产，在整个西奈半岛沿岸一线均有发现，并占压倒性数量，亦可为证。

自 2011 年，我们对遗址先后进行了 5 次发掘，雇佣了 70 名埃及工人，以及一支 10—15 人的国际科考队。我们决定先发掘最具特色的区域：洞穴聚落（此种形态可能是红海地区法老时期港口建制的主要特征之一）和结构独特的堤防区。

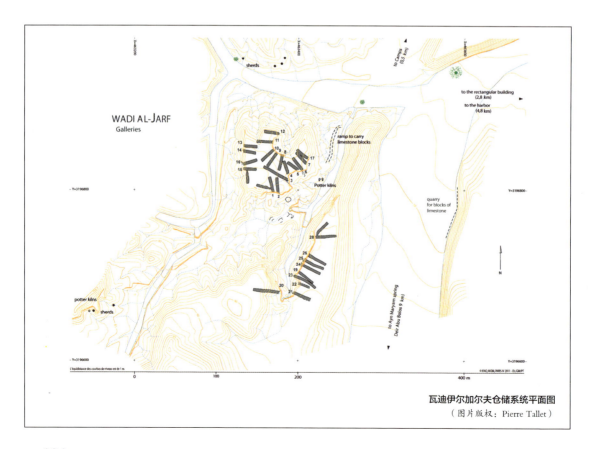

瓦迪伊尔加尔夫仓储系统平面图
（图片版权：Pierre Tallet）

海边的营寨遗迹和石锚堆积
（图片版权：Pierre Tallet）

港口

在 2013—2014 年的考古调查工作中，我们把重点放在离海岸 200 米处的遗迹上。在发掘开始前，地面上已可见一个船锚和许多围墙遗迹。考古人员在约 1000 平方米的范围内发掘了两处连续的遗址，年代在第四王朝时期（公元前 2600—前 2550 年）。年代最早的是两个巨型石质建筑，每个长 30 米，宽 8—12 米。两处聚落平行分布于南北向的轴线边，背向北面为内部空间遮挡了长年的海风和潜在的淤泥危险。在这两个石头建筑间的空地，发现一处保留在原址的、埋有 99 个船锚的窖藏。有些船锚上还保存着配套绳索。其中一大批带有朱墨题记，示意其原本归属哪艘船只。2015 年，我们发掘了码头，其构造精良，令人赞叹。登岸处位于码头北部，以石灰质卵石堆砌成轻微的凹面，长 5 米左右，凹陷程度正好与带有铁链的大石块契合，内侧由黄泥土相粘连的小型石块砌成。

发掘的码头遗迹
（图片版权：Pierre Tallet）

仓储

自 2011 年以来的五次发掘后，30 座窖穴中已清理了 17 座。其中 3 座内发现有未经扰动的陶器堆积，这些数量众多的陶器是当地烧制的贮存罐，很可能用于储水，陶罐上通常还刻有所属工团的团名。其他窖库似乎是用来放置在红海上远航而损坏的船只，基本都受到扰动，推测在当时已经被完全移走，但我们仍发现了上百件木头残片、船桨残片和残余绳索，表明船只原先保存于这些洞穴中。

工作人员对位于窖穴前的土坡亦做了系统发掘，提供了有关这些仓储各阶段使用的大量信息。所有仓库为同时期修建，至今仍留有挖建的痕迹，建筑垃圾被用来在入口处堆筑斜坡并建造功能性平台。在遗址的最后使用阶段，为封闭这些窖穴亦做了大量工程。四边形的石灰岩块，每块重达几吨——与用于建造金字塔的石块几乎等积，被用来在入口两端修造斜坡。随后，每座窖穴入口正中放置大石块，由此正式封闭。这些石块是被架在木质滑轨上（材料取自船只零件），运用一滑动泥块，由绳索拖曳而摆放进来的。整个系统类似闸门原理。大部分石灰石块都有巨大的标记，由朱墨写成，年代可追溯至胡夫统治时期，由此给窖穴的存封时间界定了清晰的年代上限。最值得注意的是，在不同的石块上有规律地出现

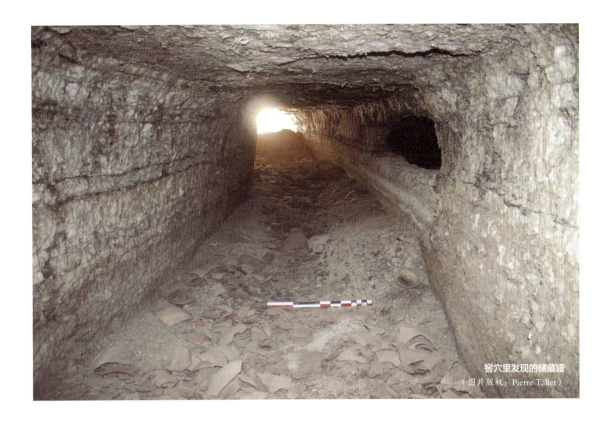

窖穴里发现的储藏罐
（图片版权：Pierre Tallet）

一个特定施工队，取自国王出生时的名字："＜名为＞胡夫＜的船＞的护送队带着它两个蛇形标记"，表明停泊此处的一艘船的船首很可能饰有皇家标记。

胡夫法老时期莎草纸文档的发现

2013 年及之后的发掘带来了惊天大发现：在清理仓库 G1 和 G2 时，发现了数百件胡夫王国时期的纸莎草文档残件。这是迄今为止所发现最古老的埃及文档。其中一部分散落在地表，但大部分存放于 G1 的两块大石块中狭窄的空间里，这显然是在仓库最后封存前放进去的。很可能这里本来就是档案存放处，这些莎草纸被一卷一卷地存放于这个窖藏中。继 2013 年、2014 年和 2015 年的发掘以来，近 800 件不同大小的残片被裱入 100 个玻璃框，递交给埃及文物局。其中一部分保存完好，有些甚至可以复原到 1 米长。

大部分莎草纸文献可追溯到胡夫统治末期。在保存最好的一个样品里，有"第十三次牲畜统计"的字样，即胡夫统治的第 27 年，也是他统治期间最常见于文献的年份（每两年统计一次牲畜数目）。这是埃及目前已知纪年最早的文档。残片可

能是一组船员的档案，主要包括两种文件。

一种为大量表格，记录每日或每月从不同区域，包括尼罗河三角洲运来的食物。这类档案是古王国时期最常见的文献，从中可看出埃及政府自第四王朝开始已有完备的结构和较高的效率。

另外一种，超过 300 片大小不一的残片（有些超过 50 厘米），是记录每日活动的日志。日志的记录者督察官梅勒的名字重复出现了数月之久。最令人惊讶的是，这种日志记录的并不是瓦迪伊尔加尔夫港的活动，而是以列表的形式记录数个月以来的日常工作：一栏记录与吉萨金字塔营建的相关事宜，另一栏记录尼罗河对岸采石场的工作情况。日志里也会定期汇报石块从图拉采石场经尼罗河以及相关运河的运输情况。这些石块需 2—3 天的运输到达被称为"胡夫地平线"的金字塔施工现场，很可能是用于金字塔的外部修建，选取的都是质量上乘的材料。梅勒还记录了他去往后勤部和管理中心的一次重要活动。胡夫罗舍，似乎是在吉萨平

原上的一个中间站。日志格外提到，该站由一名叫安可哈耶夫的高官管理，他是胡夫同父异母（或同母异父）的兄弟，是他的长官，并在胡夫晚期管理一切与国王有关的工程。同批档案中的其他日志亦提供了同团队船员完成的其他任务活动，尤其是地中海沿岸一处港口的修建。

瓦迪伊尔加尔夫港发现的这批文件，说明一些曾修建王陵的专业技术团队也在该港口负责一些设施的营建。由于吉萨金字塔的建造需要大量的铜金属制作的工具，瓦迪伊尔加尔夫港口很可能作为其附属地，以供应南西奈的矿产。

仓储系统的"闸门"及戳记
（图片版权：Pierre Tallet）

发现的纸莎草文档
（图片版权：Pierre Tallet）

结语

历经 5 次发掘，我们对瓦迪伊尔加尔夫港的认识日渐清晰，资料均与远航队的组织、港口设施的布局、建构建制和短暂的使用有关——大部分材料属于胡夫统治时期，他的名字出现在陶罐、建筑材料和纸莎草文件中。迄今有关古埃及早期历史的文献非常稀少，这次纸莎草的发现使得可供研究的文字材料足足多出一倍。对它们的进一步研究，将首次对法老时期的行政运作系统，以及专制统治下所进行的一些大型工程形成内在、深刻的认识。

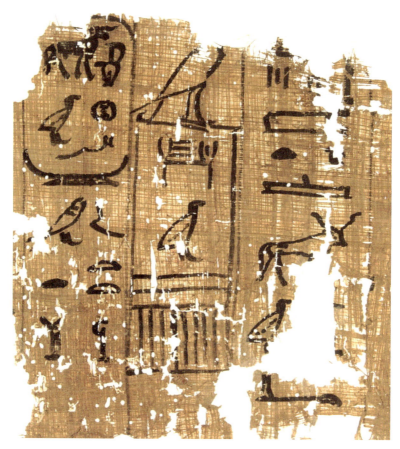

带有"第十三次普查后（的）年"字样的莎草纸文档残片

（图片版权：Pierre Tallet）

项目负责人简介

皮埃尔·塔莱，1966 年生于波尔多，曾任职于巴黎高等师范学院。他于巴黎索邦大学研修埃及学，并于 1998 年取得博士学位，论文内容为古埃及的葡萄酒。他是开罗的法国东方考古研究院（IFAO）研究员，并数次在埃及参加田野工作：利比亚沙漠中的绿洲（达克拉，拜哈里耶）；西奈半岛和卢克索地区（卡纳克神庙，代尔－埃尔－梅迪纳村，古尔纳公墓）。他目前是巴黎索邦大学埃及学副教授，并是"法老世界"研究团团长，该项目是法国国家科学研究中心（CNRS）下属 UMR 8167（东方与地中海部，联合研究单位）的一部分。自 2011 年以来一直主持瓦迪伊尔加尔夫港口遗址的工作，该遗址位于苏伊士湾西岸，是目前已知的世界最古老港口，并发现了目前已知最早的纸莎草文献，年代在胡夫统治时期。该遗址的发掘工作由格雷高里·马鲁阿德（芝加哥东方研究院副院士）和达明·莱斯尼（里昂东地中海研究所研究员）共同主持。

Pierre Tallet
皮埃尔·塔莱

从北看狮子山遗址的最早宫殿区
（图片版权：Marcella Frangipane）

土耳其马拉蒂亚狮子山遗址最早的宫殿区：国家起源新说

马塞拉·弗兰基潘（意大利罗马第一大学）

狮子山遗址（Arslantepe）坐落于土耳其马拉蒂亚平原，距幼发拉底河河岸不远处。这座高30多米的土丘遗址，由数千年来层累叠压的聚落遗迹构成。这个遗址名由"狮子"（arslan）和"小山"（tepe）两个词语组成，可能是由于此处地表曾有两座石狮雕像镇守着一座公元前一千纪的宫殿大门。

由塞尔瓦托·普吉立斯和阿尔巴·帕尔米耶里（Alba Palmieri）领导的意大利考古探险队早在1961年就开始了在狮子山遗址的发掘工作。

尽管狮子山遗址早在公元前六千纪到公元前五千纪就有人类居住，但是它真正成为一个繁荣的经济、政治、宗教和行政中心的翔实证据出自公元前四千纪的地层，此时正值美索不达米亚最早的城市在幼发拉底河和底格里斯河沿岸兴起之时。在狮子山遗址发现了纪念性公共建筑、陶器、金属武器以及成千上万的精美印章，这些发现揭示的是最早的宫殿区以及早期国家的诞生，从而说明最早的城市和国家不只限于美索不达米亚地区，还包括安纳托利亚东部的山区。毫无疑问，公元前五千—四千纪，以等级分明的大家庭组织以及集约和再分配经济为特色的南美索不达米亚式的城市和国家向北发展；意大利在狮子山遗址的发掘则揭示了各地区在和美索不达米亚国家社会碰撞交流过程中，尽管它们根植于同样的文化传统，但形成等级森严的集权社会，而且有各自的发展途径。

狮子山遗址的集会建筑与庭院遗迹
（图片版权：Marcella Frangipane）

数十年间，意大利考古队运用严格的地层学方法对狮子山遗址开展了长达几十年的大面积发掘，建立横跨公元前四千纪、三千纪、二千纪的建筑居住层位序列，不仅深入了解了狮子山遗址的形成历史，更重要的是揭示了西亚地区、整个幼发拉底河上游和安纳托利亚东南部最早的原始古国的形成和发展关键时刻的历史。

大量考古发现表明狮子山遗址在公元前四千纪初叶开始凸显其重要性，此时新兴的精英阶层通过管理礼仪性的再分配实践着他们最初的权力。公元前3900年—前3450年（狮子山遗址Ⅶ期到铜石并用时代晚期3-4），居址范围扩展到整个土丘。建造在古山丘最高处的宏伟建筑，为公共或私人所有，表明拥有宗教特权的至高无上的首领居住并统治着一个明显独立的社会功能区。这里矗立着一座巨大的纪念性神庙C，与精英阶层居住地相邻。非比寻常的是这座庙宇建于石板和泥土构筑的平台之上，具有典型的美索不达米亚"三重台基"式建筑风格，还有宽敞的中央大厅和相对较小的侧室。神庙C内发现了上千件批量生产的碗，以及数个带有印章图案的封泥，见证了在仪式上向众人分发膳食的管理行为。新生权力中枢似乎是通过宗教职能和意识形态领域的影响增强自身力量，然而同时也得益于精英阶层享有在仪式和宴飨中控制食物再分配的特权。尽管出土陶器、印章设计和壁画都显示出强烈的当地风格，与严格意义上的美索不达米亚系统相去甚远，然而正如美索不达米亚地区一样，庙宇不再仅仅只是一处礼拜场所，也是诸多公众活动和经济活动的中心。考古学分析还表明，作为可以与神灵沟通的媒介，当地首领通过这样的公共角色不仅获得了政治权力和威望，还控制着食物的流通，调节自身社会制度使之与当地情形相适应，最终导致了社会及经济不平等的出现。

狮子山遗址博物馆公元前四千纪宫殿入口
（图片版权：Marcella Frangipane）

狮子山遗址008号储藏室出土的陶器
（图片版权：Marcella Frangipane）

近年来，对狮子山遗址的研究进一步表明，在公元前四千纪的最后几个世纪中（狮子山遗址ⅥA期—铜石并用时代晚期5），一种基于资源的集约化和再分配而产生的政治化经济的快速发展，加速了社会分化以及政治权力增强的进程，从而催生了一种独具特色的、早熟的"国家组织"形态。

神庙C在公元前3400年已被废弃。与此同时，一座由形态和功能各异的建筑组成的巨大复杂建筑群取而代之。这座建筑群占地超过4000平方米，延伸至居住区南区的大部分，反而使得居住区范围比前一阶段缩小。这处庞大的建筑群由两座小神庙、储藏室、庭院、走廊、代表性建筑、行政区域以及贵族住所构成。尽管该建筑群为了逐步扩张，建造期发生在几个前后相继的阶段，但整座建筑群

狮子山遗址出土的标准化生产的陶碗
（图片版权：Marcella Frangipane）

在最初规划时应被视为一个整体而进行设计的。我们可以将它视为第一个已知的公共"宫殿"的实例，聚落首领在此居住并开展多样的公共活动（包括宗教、经济、政治和行政活动）。

最早的中心位于建筑群北部，也是整个建筑群中较高的部分。中心由一处巨大的庭院、一条附有装饰的入口廊道、一座相对较小的神庙（神庙 B）和一座宏伟的建筑（37 号建筑）组成。其中，37 号建筑连接了庭院和住宅区。此外，随着划分不同的活动区和新设中央机构功能区的需求不断增长，其他建筑也相继建造，大大拓展并深入改造了公共空间。

此时的公共区域不再只是一个举行各种仪式活动的圣地，而是由彼此相互关联又各具特色的建筑物构成，有意作为世俗活动的场所。特别是一些特定的区域用于经济和行政活动，这些活动一般涉及很多人，很可能是定期依照惯例举行的。中央集权的经济管理模式主要基于剥削劳动力，并且很有可能以食物或三餐作为报酬。这个推论的依据主要有：宫殿储藏室的空间太小，不适合存储大量货物；没有发现大量储存的粮食，却发现数个曾盛有经加工过的食物的容器；以及发现

从南看狮子山遗址的宫殿区
（图片版权：Marcella Frangipane）

陶印泥
（图片版权：Marcella Frangipane）

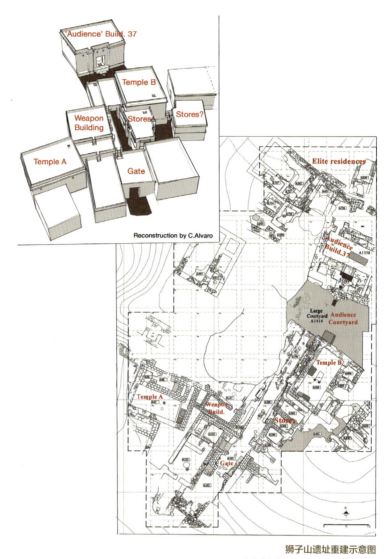

狮子山遗址重建示意图
（图片版权：Marcella Frangipane）

一百多个批量生产的碗，推测可能是为了分配食物。同时，在一些小型储藏室中发现了大量的动物骨骼，主要是绵羊，说明了肉食也要参与再分配。因此，这些都表明大批民众会定期来到宫殿获取食物或者三餐，不仅仅是因为偶然的仪式活动，而是来获得一种特定的"工资"。

宫殿中发现了 5000 多件封泥残片，其中 2200 个残片上还有可以识别的 220 个印章图形，这表明与宫殿的公共机构保持交流互动的人数众多。对这些封泥进行跨学科综合分析证实，当地加盖印章的封印手续和复杂的行政管理活动都在宫殿内举行，是一种在书写发明之前核算和记录交易事务的手段。除此之外，在行政官员的控制下，每日的食物流通在小型储藏室内进行。行政官员负责保留这些被除去的废弃封泥作为交易完成的"收据文件"。在储藏室中发现了 130 多个封泥 e（ cretula，

铜剑与箭头
（图片版权：Marcella Frangipane）

拉丁语），一些发现于地板上靠近被封印的容器旁，一些被搁置在室内一角，其他的发现于倒塌的地层中，可能曾被临时放置在较高的地方，随后掉落下来。

在宫殿狭窄的走廊里发现了 2000 多枚封泥残片，依次倾倒成几堆。每一堆的特点是封泥上戳印着同类的印章图案，以及加盖相同封印的物品，包括壶、囊袋、篮子、门等。这处倾倒场所代表了封泥的废弃处理过程：封泥事先依照封印对象（被封印的物品）和封印执行官员（印章图案）归类清点，随后废弃。因此，去除的封泥被搁置一旁，日积月累形成了一种临时"档案"，然后它们被分门别类清点记录，最终被丢弃在废弃的房屋或区域中，形成特殊的废弃堆积。

相关研究证明狮子山遗址诞生了最早的中央集权的行政机构和真正的官僚组织。为数众多的官员负责货物的提取，某些情况下也负责管理储藏室，官员之间也反映出了复杂的等级组织差异。

2013—2015 年的最新发现表明，宫殿的核心是由一个大型庭院和壮观的、具有纪念性质的 37 号建筑组成。庭院有一个较长的走廊，引导人们进入宫殿区；37 号建筑位于庭院的北部边缘，矗立在宫殿造访者的面前。该建筑入口将其后方与居民区连接起来，同时，在入口处有一座涂抹灰泥带有三级阶梯的平台，可能是一个"王座"的基础，这个"王座"无论从庭院、宫殿入口还是走廊的各个角落都能看见。平台之前有两座低矮的泥土台，这两座台子似乎标记了那些觐见国王或首领并向其表达敬意的人们的固定站位。宫殿这一区域显现了权力的实践以一种世俗而直接的新形式出现，伴随着井然有序、非宗教性的仪式。我们有充分的理由认为这个地方正是政治首领（也许是国王）给普通大众以觐见机会的场所，这可能正代表了世俗国家的首次出现。

狮子山遗址的宫殿画壁
（图片版权：Marcella Frangipane）

　　这里发现的 12 件矛和 9 把剑均由砷铜制造，是目前所见最早的铜类器物，有助于了解军事设备的出现和不同战斗方式的编排。同时也说明权力的特点产生了变化，开始通过武力实施。

　　早期的权力军事化现象可能是对不断加剧的内外部冲突的应对。一方面，几个世纪以来与阿尔特兰特坡遗址中央机构和平相处的山地高加索人群，越发向幼发拉底河流域逼近，这可能对当地产生了一种难以承受的压力；另一方面，由于人口的持续增长带来经济需求的增加，中央权力集团正如美索不达米亚平原一般，既没有根基良好的等级社会结构作为支撑，也没有广阔肥沃的领土作为后盾。没有证据能证明狮子山遗址或幼发拉底河中上游河谷地区存在真正的城市化进程。城市化的缺失，既是狮子山遗址早期国家组织的特征，也是其缺陷。

　　这样一来，社会制度的崩溃不可避免。宫殿毁于一炬，难以重建。狮子山遗址的权力历史进入了一个新的阶段，充满了波动、突变和倒退。公元前两千纪，在赫梯王朝的影响下，新的政治复兴终于出现。在之后的铁器时代早期，伴随着中央安那托利亚帝国的瓦解，一个当地王国（新赫梯美里德王国）的出现最终将政治复兴推到顶峰。

项目负责人简介

　　马塞拉·弗兰基潘是罗马第一大学古物部近东史前和远古史教授。毕业于其任教的罗马第一大学，先后在该校担任研究员/助教、副教授和正教授职位。2000—2003 年，曾任国家东方考古学研究院主任。

　　1973—1976 年，弗兰基潘教授和墨西哥国家人类学历史研究院史前部门合作，对墨西哥特奥蒂瓦坎山谷的库安纳兰遗址进行了为期三年的发掘。她还参加过一些意大利新石器时代、铜石并用时代和青铜时代遗址的发掘，并担任过埃及前王朝晚期的开罗市马蒂遗址的田野发掘指导。

　　从 1976 年开始，弗兰基潘教授以联合发掘指导的身份参与了罗马第一大学在土耳其狮子山遗址—马拉蒂亚遗址进行的"意大利安纳托利亚东部考古调查"的田野考古项目，当时这个项目是由塞尔瓦托·普吉立斯和阿尔巴·帕尔米耶里领导的。1990 年，她成为该项目负责人，领导了土耳其狮子山遗址—马拉蒂亚和乌尔法等遗址的发掘和研究工作。

Marcella Frangipane
马赛拉·弗兰基潘

　　弗兰基潘教授协管了"古代近东地区城邦的起源和官僚机构的作用"和"安纳托利亚和爱琴海地区最早的集权社会对经济进行集约式控制的形式"的国家级项目。2001 年，弗兰基潘教授成为了柏林德国考古研究所的通讯院士，2011 年，她获得了土耳其马拉蒂亚大学的荣誉博士称号，2013 年又成为美国国家科学院的外籍院士。2017 年当选意大利林赛国家科学院院士，荣获罗东尼艺术大奖（Rotondi Prize for the Saviors of Art）。此外，自 2011 起，弗兰基潘教授开始担任 Origini 杂志的主编。

诺音乌拉古冢发掘新收获：
中亚游牧人群的隐秘生活

娜塔莉亚·博罗斯马克（俄罗斯科学院西伯利亚分院考古与人类学研究所）

诺音乌拉墓地位于距蒙古共和国首都乌兰巴托市约 120 公里处，遗址处于高山森林地带，海拔超过 1500 米，是一处著名的匈奴墓葬遗存。从 20 世纪 20 年代中期开始，科兹洛夫（P.K. Kozlov）发现并对其作了初步研究。由于当地属于北蒙古高原气候，自然环境恶劣，人迹罕至，加之气候干燥，而且墓葬埋藏深度有的超过 18 米，气候及埋藏深度等因素有助于古代遗物的保存，出土遗物为我们了解匈奴文化提供了珍贵资料，对该遗址的田野发掘和研究为匈奴考古学的发展作出了巨大贡献。

尽管科兹洛夫的发掘研究已经过去好多年，但是鉴于诺音乌拉墓地在匈奴考古研究中的重要地位，近年来，俄罗斯科学院西伯利亚分院考古与人类学研究所的南阿尔泰考古队与蒙古国考古学家在诺音乌拉墓地开展了联合研究，继续俄国考古学家的工作。我们与蒙古国参加田野发掘的学生共同完成了这一发掘工作，在此要向他们每天的辛勤劳动及其对考古研究的真诚兴趣致以诚挚的感谢！

墓葬发掘中，我们采用手工发掘的方式，以观察墓葬结构的细节。这次发掘的墓葬有长方形墓园，长轴南北向，墓道从墓园南侧围墙延伸出来，墓葬中心部分被古代盗洞破坏。通过地磁探测，我们发现墓葬边界及墓葬内部均由石砌构造，

诺音乌拉古塚第22墓表层发掘现场北侧俯视图
（图片版权：Natalia V. Polosmak）

但地磁物探仅能到达上层填土，墓葬下部结构经田野发掘才得以明确。

俄蒙联合考古队在诺音乌拉墓地共发掘了四大四小八座匈奴古墓，前期规划采用的综合发掘技术揭示了匈奴贵族墓葬的每一个细节。发掘的墓葬深度分别是18、16、13、5及3.5米，墓葬平面尺寸最大20×19米，最小3.1×1.6米。与已知匈奴墓葬相比，此次发掘的墓葬规模并非最大，但无疑属于精英阶层的墓葬，反映了本地匈奴墓葬的典型特征，其墓坑周围均有五层阶梯，其上铺石块；墓坑底部有双墓室，其四周用木结构加固；墓坑最后用挖出来的土回填。

出土遗物表明，男性墓墓室上部随葬汉式涂漆"轺车"，其上装有伞盖。墓室用松木构筑，木墙立于松木板上，其上抹以蓝色湖底淤泥及木炭。墓室在古代已遭盗掘。另一座墓室出土了一件完整的木棺，其结构与已知汉墓木棺相似。各墓中很少发现人骨，几乎不可能开展相关的体质人类学研究。不过，对人骨的古DNA分析表明，四座大墓中葬有两男两女；小墓中出土的人骨还在研究之中。

墓室及木棺中出土有装饰品、衣物残片、漆盘及毡毯残片等。大部分随葬品出土于内外椁室之间。男性墓东西走廊中还出土装饰精美的马具、装饰神兽（如独角兽或龙）的银牌，以及匈奴墓葬中常大量出土的发辫，通常被认为是马饰的替代品。

石砌墓道和汉式"辒车"痕俯视图

双椁一棺南侧俯视图（盗洞痕迹明显）
（图片版权：Natalia V. Polosmak）

头椁东北角的遗存状况
（图片版权：Natalia V. Polosmak）

棺椁俯视图
（图片版权：Natalia V. Polosmak）

此次发掘还出土了大量令人惊叹的珍稀遗物，包括绣花毛毯、长袍残片、裤子、鞋子及为数众多的丝绸残片（其上有刺绣或纺织纹样）。这些随葬的纺织品极其珍贵。纺织品通常不易保存，从科兹洛夫发现的织物残片来看，其保存相当好，这或许与当地自然环境有密切关系，而保存较差的标本可能是由墓室中的地下水侵蚀导致。

这次对匈奴墓葬的田野发掘和研究表明，匈奴社会上层阶层墓葬是整个时代匈奴文化遗存的宝库。其中的遗物不仅代表了世界上最早的游牧文明，也代表了直接或间接与匈奴相关的古代文明。这些文明包括中国（汉王朝）、帕提亚、花剌

清理后的汉式"轺车"
（图片版权：Natalia V. Polosmak）

子模及中亚的巴克特里亚，还有塔里木盆地的绿洲王国。这批匈奴墓葬中还出土了与古埃及和罗马相关的遗物。

　　此次在诺音乌拉的田野发掘为我们提供了一大批特色多样的考古遗存，有利于开展进一步的多学科研究。已有的分析数据有助于复原古代技艺，推定典型独特器物的来源及制造目的，或者复原其原始状态。这次匈奴墓葬中系统采集的400多个碳十四样品将被用作复合树轮测年，将为诺音乌拉山所有包含木制遗存的古代墓葬提供年代参考的浮动校正曲线。

　　对这批匈奴贵族墓葬的研究表明，古代中原汉文化对游牧人群影响深远。大

贴花羊毛毡毯残片
（图片版权：Natalia V. Polosmak）

量随葬品来自中原汉地或由汉地工匠制作，多由汉王朝官方制作，有明显的汉文化影响因素，包括漆耳杯、刺绣、丝织品、纱、金或玉装饰品、涂漆轺车、玳瑁发簪、饰有汉字的铜镜和漆棺。当然其中也含有一些来源不明的遗物，包括银或铜马具（如铜马镳、当卢）等。这些遗物大部分是汉王朝皇帝给予匈奴单于的礼物，进而被单于分配给内部各首领；还有一些低等级的民间作坊生产的物品则可能是来自南部边界属于汉人的战利品；当然有些物品也可能是在匈奴境内由汉朝工匠用汉地技艺制造的。也有很多随葬品是由西方输入的，包括有高质量的毛织物和毛纺织品，以及产自地中海周边地区有很高艺术价值的珠宝。这些物品通常来自汉王朝的"丝绸之路"，而这段路线在某些时期常由匈奴来强力掌控。

　　丰富多样的随葬品为我们了解匈奴部落的生活提供了大量信息，尤其是定居点及农业在其生活中的角色问题。很多学者认为，匈奴定居点主要居住着来自农业区的移民或战俘，他们与匈奴不同种。诺音乌拉墓葬的考古材料为匈奴粮食的来源与消费提供了新的资料，这是新的发现，通常用粟的有无来指示游牧社群是否有定居生活。诺音乌拉墓室底部发现了丰富的植物遗存，包括脱粒谷物及植物残骸。经克罗留克博士检测，谷物包括粟和狗尾草。我们认为匈奴墓葬中出土的谷物不足以表明其在草原游牧人群生活中的重要性，不能过高估计谷物在匈奴食谱中的作用。如粮食短缺不能与牛群损失相关联。与其他游牧部落相似，匈奴族群的日常饮食可能更多以乳、肉产品为主，植物性食物来源主要是周围环境中的多种野生植物。匈奴人不需要耕种谷物，且他们对耕种毫无兴趣这一点在学术界可能更为认同。

　　总结此次对诺音乌拉古墓的发掘都能提供哪些有价值的信息呢？匈奴贵族墓葬代表着当时最为标准的土木工程，其地上结构明显不如地下构造精美。五层台阶向下一直延伸到墓口，墓室内有特殊的平台，该结构仅见于第 20、31、22 号墓中，且有一条墓道通往墓葬上部。我们推测升降机被用于吊放构筑墓室的原材料及装有墓主的木棺。墓葬结构与中原地区周、秦及汉初的墓葬相似。精致的地下构造需要精湛高超的技艺，这种大型土木工程不可能由游牧人群实施。挖填如此巨大且深的墓坑，也是一项复杂的工作。墓坑的填埋按照一定的程序进行：墓室中搭建木质结构，每级台阶铺石，以使将土填入墓坑时不引起坍塌。墓室中的木质结构包括松树原木搭建的双室，以及铺地板和支撑顶部的木柱，这些都需要具备专业技能的工匠及必要的工具才能完成，如锯、刨、凿、斧等，这些特征都指向高水平的木工技术。墓室的修整也体现了高超的技艺：木椁表面涂抹有一层专门的蓝色湖底淤泥，它可以将墓室密封隔绝；木炭层则用于吸收潮气。这一制作传统早已见于西汉马王堆 1 号墓，以及其他汉地的各等级墓葬。诺音乌拉墓群中，该墓葬结构见于第 20、31、22 号墓。松木棺木板通过 X 形刻槽榫卯结构咬合在一起，这也与中原汉墓中的木棺相似。诺音乌拉的木棺常常放置于两条平行的原木上，两条原木与墓室松木交叉，这点也与中原汉墓相近，如第 20 号墓的木棺通体涂漆，其上有装饰性纹样。另一特征是盖在木棺上的丝毯，且不仅限于高等级匈奴墓葬中。对墓葬结构的分析表明，匈奴墓葬建造过程中有汉地工匠的参与，匈奴墓葬的结构并不能说明游牧人群的习俗与技艺，相反说明他们对汉文化与汉王朝墓葬制作技术的吸纳，不过这个过程可以从农耕汉人与游牧人的长期密切接触中得到解释。当科兹洛夫第一次看到诺音乌拉墓葬与随葬品时，他坚信自己发现了中原汉地汉王朝皇子的墓葬，这并非毫无缘由。

　　匈奴首领和高等级贵族墓葬出现在一个历史变革时

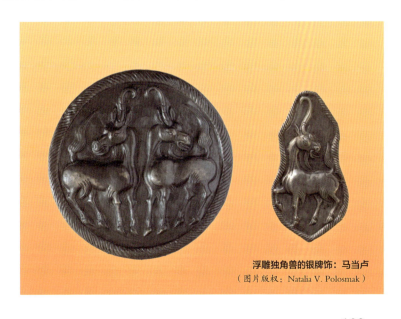

浮雕独角兽的银牌饰：马当卢
（图片版权：Natalia V. Polosmak）

中国丝织物残片
（图片版权：Natalia V. Polosmak）

叙利亚羊毛毛毯残片
（图片版权：Natalia V. Polosmak）

带毡靴的裤腿
（图片版权：Natalia V. Polosmak）

期，其墓葬结构类似于秦与汉初贵族墓葬。大规模的匈奴墓葬足以让游牧人群瞠目结舌，但在建造过秦始皇陵与马王堆汉墓的中原汉人看来，它规模尚小，不足为奇。这足以说明匈奴贵族墓葬的精美、豪华程度都是相对的，匈奴人群的物质资源相对于中原汉地明显贫乏。匈奴首领的墓葬明确表明两大文明在其发展的强盛期与军事冲突过程中扮演着显著不同的角色。

总而言之，我认为蒙古草原城市定居文明的缺失，丝毫没有降低匈奴在中亚史乃至世界史中的重要地位。生活方式的不同并不意味着落后。正如蒙古历史学家名著《蒙古全史：从世界霸主到苏维埃卫星国》的作者巴巴拉（Baabar）所言：游牧人群对"建造"的概念是漠然的，他们既不建造高楼，也不知道其建造技术。

需要注意的是，墓葬中充斥着来自中原汉地的高等级随葬品（其象征意义与表明特权的性质远大于其本身的价值）的匈奴贵族墓葬表明，匈奴牧人生活品质的高低更多是建立在其对自身掌控的资源上，而非与中原汉地的经济联系。

针对古代匈奴部落日常生活方式信息的研究，并没有太多文献资料可循，由于本次匈奴贵族墓葬出土了非常丰富的自身遗物及偶然获得物品，因而对这批墓葬的研究包含了丰富的信息。

项目负责人简介

　　娜塔莉亚·博罗斯马克，考古学家、历史学博士、俄罗斯科学院研究员，俄罗斯科学院西伯利亚分院考古与人类学研究所学术带头人。2005年，她因阿尔泰山区巴泽雷克遗址（公元前6—前3世纪）的田野发现与研究，荣获俄罗斯联邦国家科技成就奖。2006年，她又以高水准的考古调查，荣获俄罗斯国家文化遗产保护奖。博罗斯马克先后独力或合作完成著作170余种，其中包括8本专著。在东、西西伯利亚、阿尔泰、图瓦、蒙古等考古研究领域，连续工作30余年，取得了骄人成果。她对阿尔泰山区乌科克高原"冻土墓"的研究更是举世闻名。近年来，博罗斯马克主要致力于研究蒙古北部的匈奴贵族墓葬，她的田野考古工作，对考古学、民族学、中亚与西伯利亚古代艺术研究均具有重要参考价值。

Natalia V. Polosmak
娜塔莉亚·博罗斯马克

抢救性考古发掘揭示台湾5000年的历史

臧振华，李匡悌（台北中研院史语所）

台湾的历史相当复杂，早在 17 世纪之前，已经有一些中国商人、渔民和旅行者来到台湾。1624 年荷兰人占领了台湾西南海岸一带，两年后西班牙也进驻了台湾的北部海岸，但没多久就被南边的荷兰人击败而退出。1661 年，郑成功（世称"国姓爷"）率军队从澎湖群岛进攻台湾，翌年赶走了荷兰人，奉明正朔，开始中国人在台湾的统治。不过，郑氏家族的治理仅仅维持了 21 年（1662—1683 年），1685 年归入清朝版图，此后大批中国移民进入台湾垦殖。至 19 世纪中叶，已经蔓延到除中央山脉外的台湾全岛。到了 1895 年，清廷在甲午战争中战败并将台湾割让给日本。1945 年，日本在第二次世界大战中投降，1945 年将台湾归还给中国。

在台湾有文字记录的 400 年历史中，主要包含了荷兰人、西班牙人、中国人和日本人这四大族群在台湾活动的历史。而在这些族群进入台湾之前，岛上的原住民主要是说南岛语（马来—波利尼西亚语族）的族群。由于台湾的历史时期不超过四百年，要建构岛上 17 世纪以前的人类历史，则必须依赖考古学的研究。因此，保护考古遗产对台湾而言，尤其重要。

然而，近年来由于建筑科技的进步和土地开发速度的加快，大量的考古遗址遭受到前所未有的破坏。因此，保护珍贵的考古遗产，已经成为台湾考古学者在学术

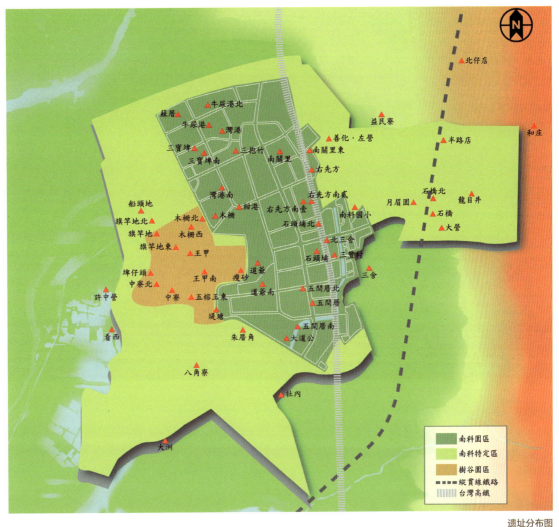

研究之外的另外一项重要使命。下面所述南科考古抢救计划即是一个很好的案例。

为了促进高阶技术产业的发展，并提供台湾南部经济发展的动力，"行政院"于 1995 年决定选择台南市的安定、善化及新市三个乡镇之间 1043 公顷的土地作为台南科学园区的建设基地（简称 TSP 或南科）。这一决定，显然对该地的考古遗产造成了极大的威胁。在南科开发和建设的过程中，如果没有对这些考古遗址积极进行保护与抢救，则许多珍贵的考古遗产势必遭到毁灭的命运。因此，考古学家必须争分夺秒地与建设项目展开时间的竞赛，赶在遗产被挖土机毁坏前抢救出来。

在此情况下，中研院史语所的考古队，临危授命，承担起抢救南科考古遗址的任务。随着工程建设的快速发展，越来越多的考古遗址陆续被发现。考古队员们必须忍受台湾南部的艳阳，在漫天尘土之中，年复一年地为了抢救考古遗产而努力。

发掘现场

（图片版权：臧振华、李匡悌）

　　在 1995—2010 年近 15 年的日子里，中研院史语所的考古队在南科及其周边
地区将近 3000 公顷的土地上，前后进行了五个阶段的抢救工作，总计发现了 58
处考古遗址，并在其中 34 处进行了大规模的发掘，总面积达到 12 万多平方米。

　　这一次的南科抢救性考古发掘工作，其历时之久、耗费人力之多、发掘面积
之广，在台湾考古学史上无疑是空前的。正因为如此，此次出土的考古遗物与遗
迹数量庞大、类别繁多。在遗物方面，包括陶器、石器、玉器、骨角器、铁器、
铜器及玻璃器等文化遗物，以及植物种子
和动物骨骸等生态遗物，总数达到数百万
件。在遗迹方面，主要包括墓葬、建筑遗
存、沟渠和灰坑等，其中墓葬数目高达
2000 处以上。目前，根据已发掘的考古
遗迹遗存，我们可以辨认出 10 个考古文
化阶段，涵盖距今约 5000 至 300 年前的
历史。这些考古材料的多样性及其在时间
与空间上的变异性，不仅是为台湾南部地
区人类居住与开发的过程提供了丰富而具
体的资料，也为台湾所有史前史，包括东
南亚和太平洋地区的文化发展史提供了至
关重要的证据。

人骨

（图片版权：臧振华、李匡悌）

114

　　鉴于南科考古的重要性，台湾"行政院国家科学委员会"（今台湾"科技部"）从 2006 年 12 月 1 日起开始提供经费支持，进行出土文物的处理，编目与分析等工作，并将南科的抢救考古带入发掘后的阶段，规划为期 10 年。

　　除了耗费人力的文物处理和编目，发掘之后的阶段最重要的工作是对考古出土的材料，进行分析和解释。为此，特别组成了多学科的科研合作团队，包括植物学、化学、地质学、遗传学、古生物学、孢粉学、岩石学、体质人类学和动物学，以尽其所能从考古记录中揭示更多的证据，来解释与重建台湾南部人类的生活方式及其在过去 5000 年间的变迁。迄今，已经进行的分析项目包括碳十四年代测定、古代地质和地理环境重建、居住方式和聚落模式分析、制陶技术研究、石器采料来源分析、人类古食谱分析、人体骨骼的健康指标和古 DNA 分析、出土的米和粟粒的形态和遗传研究，以及考古脉络中的仪礼分析等。

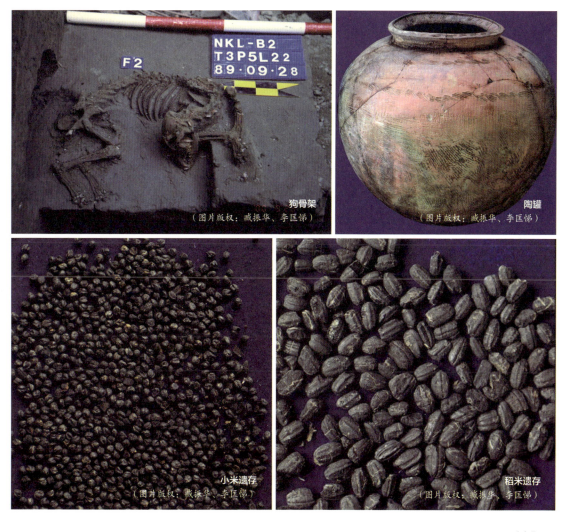

狗骨架
（图片版权：臧振华、李匡悌）

陶罐
（图片版权：臧振华、李匡悌）

小米遗存
（图片版权：臧振华、李匡悌）

稻米遗存
（图片版权：臧振华、李匡悌）

除了上述的各种分析的成果，南科考古最重要的成就之一，是两处台湾新石器时代早期大坌坑文化遗址——南关里与南关里东的发现与发掘。这两处遗址出土的考古资料非常丰富，不但充实了台湾新石器时代早期人类生活方式的了解，包括稻米与小米的农业耕作及狗的畜养，同时也提供更多有关古代南岛民族由亚洲大陆向太平洋岛屿扩散的新证据与新理解。

南科抢救性发掘在公众考古方面的表现，也相当出色。在抢救性发掘的过程中，考古学者与开发者之间，从开始的矛盾冲突逐渐转变到协调合作，使现代科技与古老文明产生了良好的交会，碰撞出了灿烂的火花，考古遗产让台南科学园区的内涵变得更为精彩。另外，配合抢救性发掘举行了一系列服务学生和当地居民的公众考古活动，也成功地提升了社会大众对文化遗产保护的意识，并强化了社区认同度。

为了妥善保存南科抢救出土的文物，并进一步发挥其教育推广的效果，考古学者结合各方力量，已经成功促请政府批准在南科兴建一座遗址博物馆，预计于2016年开馆营运，将给南科的抢救性发掘工作谱出一个完美的结局。

发掘现场
（图片版权：臧振华、李匡悌）

项目负责人简介

臧振华博士，南科考古计划主持人，"中央研究院"院士，现任中研院史语所特聘研究员，研究兴趣主要集中在台湾与东南亚等地的史前考古学及文化遗产管理，是台湾地区资深的考古学家之一。在过去的40多年里，曾领导超过10个大型考古项目，并出版了11本专著，主编专著12本，发表100多篇期刊文章，31篇会议论文，35份研究报告以及50篇科学论文，对台湾地区考古学研究及史前史的重建有重要的贡献。

Cheng-hwa Tsang
臧振华

李匡悌博士，南科考古计划共同主持人，现任中研院史语所研究员，在台湾地区进行田野考古超过30年，研究兴趣主要集中在使用诸如同位素分析和形态学测量，以及古DNA等研究技术，研究台湾和周边地区的史前聚落和生活模式。也有兴趣研究环境考古、动物考古以及饮食与古代食物资源采集策略之间的关系。

Kuang-ti Li
李匡悌

重大考古研究成果

入选项目

重大考古研究成果奖获奖项目

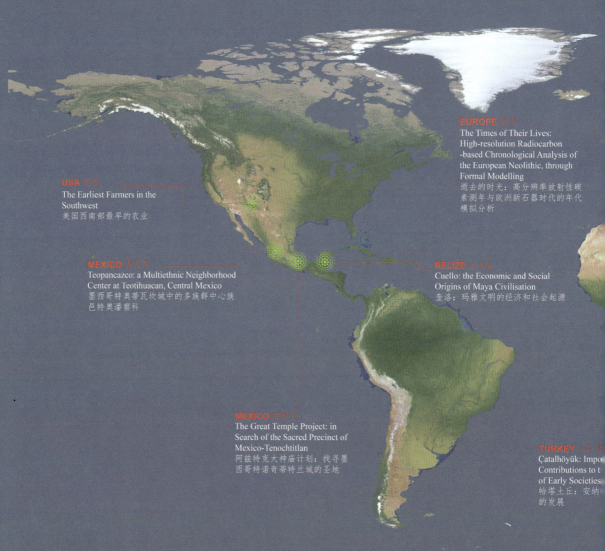

EUROPE 欧洲
The Times of Their Lives:
High-resolution Radiocarbon
-based Chronological Analysis of
the European Neolithic, through
Formal Modelling
逝去的时光：高分辨率放射性碳
素测年与欧洲新石器时代的年代
模拟分析

USA 美国
The Earliest Farmers in the
Southwest
美国西南部最早的农业

MEXICO 墨西哥
Teopancazco: a Multiethnic Neighborhood
Center at Teotihuacan, Central Mexico
墨西哥特奥蒂瓦坎城中的多族群中心族
邑特奥潘察科

BELIZE 伯利兹
Cuello: the Economic and Social
Origins of Maya Civilisation
奎洛：玛雅文明的经济和社会起源

MEXICO 墨西哥
The Great Temple Project: in
Search of the Sacred Precinct of
Mexico-Tenochtitlan
阿兹特克大神庙计划：找寻墨
西哥特诺奇蒂特兰城的圣地

TURKEY 土耳其
Çatalhöyük: Impo
Contributions to t
of Early Societies
帕塔土丘：安纳
的发展

SIA 欧亚
tion Genomics
aze Age Eurasia
陆青铜时代人
体研究

文

EURASIA 欧亚
**From First Farmers to First Cities: New
Insights into the Agricultural Origins of
Urban Societies in Western Eurasia**
最早的农业到最早的城市：从农业实
践的发展探讨欧亚大陆西部城市社会
的起源

EURASIA 欧亚
**Three Global Human Migrations in Eurasia: the
Origin of Humans and Peopling of Southwestern,
Southern, Eastern and Southeastern Asia and the
Caucasus**
亚欧大陆人群的三大迁徙：人类的起源及其在西
南亚、南亚、东亚、东南亚及高加索地区的迁徙

CHINA 中国
**The Origin and Spread of
Broomcorn and Foxtail Millets**
黍和粟的起源与传播

恰塔土丘：安纳托利亚早期社会的发展

伊恩·霍德（美国斯坦福大学）

安纳托利亚地区对于早期社会发展做出了重要贡献，恰塔土丘（Çatalhöyük）是其中具有代表性的遗址。它对于土耳其以至于全球遗产而言极为重要，亟须精心保护，并且应当对公众进行细致的展示。然而，与地中海东岸很多遗址一样，遗址中的泥砖和抹灰墙的保护是个难题。

20世纪60年代初，詹姆斯·梅拉特（James Mellaart）对恰塔土丘遗址进行了发掘。学者们一致认为该遗址具有独特的世界性意义。著名的《柯林斯土耳其指南》（*Collins Guide to Turkey*）作为诸多赞誉者之一，将恰塔土丘誉为"土耳其最重要的考古遗址"。恰塔土丘作为早期聚落中年代最早的大型遗址之一，已经出现了精致繁复的壁画艺术。壁画中的壮观图案，为我们打开了一扇通往9000年前人类生活场景的时空之窗。与此同时，恰塔土丘遗址也是我们解开全球农业和定居社会起源之谜的一把钥匙。

我们当前正在恰塔土丘开展的国际项目的研究内容全面涵盖了现代考古发掘与保护工作，也积极推动遗址的旅游开发。恰塔土丘遗址考古发掘与保护项目经土耳其文化旅游部批准，于1993年启动。该项目由一个国际团队承担，负责人是斯坦福大学的伊恩·霍德博士，得到了安卡拉不列颠研究所（the British Institue

恰塔土丘77号建筑范围内墓葬台地周围的牛角
（图片版权：Ian Hodder）

at Ankara）的支持，并且与很多大学和研究机构开展了密切合作。我们的工作目标是在遗址范围内开辟新发掘区进行大规模揭露，并且对出土的壁画和雕塑进行复原、保护与展示。按照计划，工作将持续 25 年时间。

最终，我们将向土耳其文化旅游部提供一个经过精心规划的遗产地点（获取更多关于恰塔土丘遗址管理规划的信息，请浏览 www.catalhuyuk.com）。我们将向游客提供多元化的遗址体验。一座保护实验室已经建成，该实验室掌握最新的技术手段，计划对出土的抹灰墙、雕塑、纺织品、木器、陶器进行保护处理，并运用虚拟现实技术和交互视频的方式在科尼亚博物馆展出这些文物。遗址的部分区域正在搭建遮盖物，这样一来，房址便得到了保护，游客还可以在一座新石器时代村落中漫步。一座实验性的房屋已经建立起来，作为游览入口使用。遗址的全部开发潜力可以通过提供一系列的游客体验项目而逐渐得到体现。

我们主要的研究方向是将遗址中的壁画和象征符号置于真实的环境、经济与社会背景中。核心课题包括：遗址的起源和早期发展问题；社会与经济组织方式及其在社区中的变化；牛的驯养、农业的繁荣、绵羊畜牧业的发展；陶器使用早期的社会背景；社区生活中的世俗化；与区域内其他遗址的贸易和社会关系等。

恰塔土丘遗址位于土耳其中部的科尼亚附近，时代为公元前 7100—前 5500 年。遗址由两个土墩组成。东部的主要土墩面积约 13 英亩，高 21 米，包含 18 个文化层。大部分时间里，东部土墩遗址中无比拥挤地居住着 3500—8000 名居民，房屋相互挤压，人们穿过屋顶进入彼此的房屋，因此没有发现道路。房址内部往往绘有表达叙事内容的精美壁画，主要表现两个主题：身着豹皮的人们对公牛和其他动物进行围猎及挑弄；秃鹫啄食无头尸体的肉。房屋还发现有金钱豹和熊的浮雕，带有牛头骨和公牛角状装饰的柱头。聚落的特点在公元前七千纪的下半叶发生了明显变化，缺乏象征性表达的多室房屋占据了主导。这些房址一般拥有一个主要的大房间，周围被一些小房间围绕，并且出现了街道级别的出入口。

在 20 世纪 60 年代早期，恰塔土丘遗址进行发掘之前，考古上几乎找不到证据表明新月地带之外有早期农业发展或城镇村落的存在。因此，英国考古学家詹姆斯·梅拉特在恰塔土丘遗址的发现引起了学界广泛的兴趣。最初，遗址的重要性主要体现在它巨大的规模和较早的年代，并且位于近东"文明的摇篮"之外。它的另一个无可争议的亮点在于它的艺术。莫蒂默·惠勒爵士（Sir Mortimer Wheeler）将其描述为"引人入胜而又略显恐怖的艺术"，尽管如此，它使得该遗址"代表了社会向更高等级发展而获得的一项杰出成就"。

现在我们知道，恰塔土丘遗址在安纳托利亚和黎凡特地

北侧发掘区
（图片版权：Ian Hodder）

南侧发掘区
（图片版权：Ian Hodder）

区既不是最早的，也不是最大的农业遗址。然而它却是新石器时代席卷近东地区的文化与经济变革中最主要的参与者之一。它在安纳托利亚具有战略性的地理位置，使它成为了新石器文化向欧洲及更远地区传播的桥头堡。恰塔土丘遗址因其巨大的规模、超长的延续时间（超过 1500 年）、壁画、浮雕、雕塑和其他设施所展现的浓厚艺术气息以及遗址良好的保存状态而闻名于世。恰塔土丘遗址的重要性在于，它为我们理解人类社会迈向"文明"的早期步伐，包括早期定居农业生活，以及从定居村落向城市群演进的全过程，提供了珍贵信息。

因其重要意义，恰塔土丘遗址于 2012 年列入联合国教科文组织《世界遗产名录》。该遗址符合两项"突出普遍价值"，即标准 iii：能为已消逝的文明或文化传统提供独特的或至少是特殊的见证。作为世界上第一批城镇中心，恰塔土丘遗址是人类文化发展摇篮期的一个杰出例证；同时它还符合标准 iv：是一种建筑、建筑整体、技术整体及景观的杰出范例，展现历史上一个（或几个）重要阶段。恰塔土丘遗址因其巨大的规模、浓厚的艺术气息和完好的保存状态，成为

327号墓壁上的涡纹浮雕
（图片版权：Ian Hodder）

新石器时代的人们组织平等社会的最佳证据，也说明了安纳托利亚地区对于早期社会发展的重要贡献。恰塔土丘遗址是中东地区列入《世界遗产名录》的唯一一个新石器时代遗址，也是全世界范围内少数几个列入《世界遗产名录》的新石器时代遗址之一。

　　本研究项目集合了来自 22 个不同国家和地区的 160 名学者，并且得到了很多研究机构、商业机构和私人机构的资助。目前已经出版了 11 部介绍初步研究成果的专著，另有 9 部已经列入出版计划，此外还包括数以百计的发表于学术期刊的文章和几部畅销书（比如巴特尔著《女神与公牛》，还有伊恩·霍德的《金钱豹的故事》）。本项目致力于高水平的合作研究，以及在田野记录中运用新的数字科技，现在更多地使用平板电脑而不是纸张来进行田野记录。这些新的科技成果的引入，得益于本项目长期对研究方法与时俱进的追求。

项目负责人简介

伊恩·霍德曾求学于伦敦大学学院考古系，于 1975 年在剑桥大学获得博士学位。曾在利兹大学短期任教，后返回剑桥大学从事教学工作直至 1999 年。在此期间，成为考古学教授，并被推选为英国科学院院士。1999 年始，他在斯坦福大学担任人类学系唐勒维家族讲座教授（Dunlevie Family Professor）和斯坦福大学考古中心主任。从 1993 年起，他主要在英格兰东部的哈德纳姆和土耳其恰塔土丘开展大规模发掘工作。曾荣获瑞典考古学会颁发的奥斯卡蒙特留斯奖章、英国皇家人类学研究所赫胥黎纪念奖、古根海姆奖、布里斯托尔大学和莱顿大学的荣誉博士。主要著作包括《考古学的空间分析》（剑桥大学出版社 1976 年版）、《动态符号》（剑桥大学出版社 1982 年版）、《解读过去》（剑桥大学出版社 1986 年版）、《欧洲的驯化》（布莱克威尔出版社 1990 年版）、《考古过程》（布莱克威尔出版社 1999 年版）、《金钱豹的故事：拨开恰塔土丘的谜雾》（泰晤士河哈得孙出版社 2006 年版）以及最新出版的《人与物交织关系的考古学》（威利·布莱克威尔出版社 2012 年版）。

Ian Hodder
伊恩·霍德

欧亚大陆青铜时代人群基因组研究

艾斯克·威勒斯勒夫（丹麦哥本哈根大学）

考古发现印证了新石器时代之后欧亚大陆发生过重要的文化变迁。公元前3000年，欧洲温带地区东部的新石器时代农耕文化被代表全新家庭、财产和个人关系的早期青铜时代颜那亚文化大规模取代，这一更迭从匈牙利到乌拉尔地区之间迅速展开。公元前2800年，作为一种新的社会和经济形式，可能源于颜那亚文化的绳纹器文化（或独墓文化、战斧文化）在欧洲温带地区兴起，并从文化层面完全征服了新石器时代的农民。早期青铜时代的西亚和中亚，采集—狩猎者依然占据优势，但阿尔泰山脉和米努辛斯克盆地例外，那里盛行与颜那亚文化关系密切的阿凡纳羡沃文化。公元前2000年，辛塔什塔文化出现在乌拉尔山地区。这些人技艺非凡，会制造战车、培育训练马匹、制作复杂的新式武器。这些创新很快传遍欧洲并传向亚洲，并导致安德罗诺沃文化在亚洲兴起。公元前1500年前后的青铜时代晚期，安德罗诺沃文化逐渐被莫斯科卡亚、卡拉苏克、克里亚克夫文化取代。导致欧亚大陆青铜时代这些重大文化转变的是人群迁徙还是族群间的文化扩散，印欧语系的传播与文化转变伴生还是更早，对这些问题，学界一直存在争议。

从生物遗存提取的基因能反映古代人群特有的信息，这些信息是无法从当代

距今3500-3100年丹麦青铜时代典型墓群

（图片版权：Kristian Kristiansen）

人身上提取出来的。然而，目前古基因研究局限于单个人或少数个体，因为退化的古 DNA 特性使得测序分析费时且昂贵。为了克服这一缺陷，我们通过以下方式得到的内源 DNA 平均提高了四倍：一是对牙齿牙骨质层取样，而不是牙本质层；二是增加"预消化"步骤以去除表面污染物；三是为古 DNA 提取研发了新的结合缓冲液。这使我们获得了 101 个欧亚个体的低覆盖率的基因序列（平均深度 0.01—7.4×，总体平均等于 0.7×）。他们的时间跨越了整个青铜时代，还有部分新石器时代晚期和铁器时代的样本。我们的数据集包括 19 个基因组，平均深度 1.1-7.4×，将现有欧亚在 1× 覆盖率以上的古基因组数量提高了一倍。

对比我们的基因数据与先前发表的古代及现代人的数据，我们发现了青铜时代欧洲基因结构的信息：欧洲北部和中部人群混合了早期采集—狩猎者和新石器时代农业族群的基因，又在青铜时代初期输入了高加索人的基因。这与考古学发

（图片版权：Eske Willerslev）

现颜那亚文化从东欧大草原扩张到欧洲的情况相吻合。这个基因融合构筑了绳纹器文化及相关文化人群的结构。尽管欧洲晚期新石器和青铜时代文化如绳纹器文化、大口杯文化、乌尼蒂茨文化、斯堪的纳维亚文化人群的基因十分相近，但仍能区分它们各自与颜那亚文化在基因层面的亲疏远近：绳纹器文化表现最明显，匈牙利最不显著，欧洲中部的大口杯文化居于中间。绳纹器文化和颜那亚文化人群构成了一个非青铜时代亚美尼亚人的分支，说明欧洲青铜时代基因图谱的高加索基因部分起源于草原而不是南高加索地区。以前的研究证实，在新石器时代，南欧人从新石器时代农民那里吸收了大量基因。尽管后来这一情况弱化，我们仍然发现意大利铜器时代的雷梅德洛文化没有高加索基因部分，而与新石器时代人群的基因接近。因此，这个地区要么未受到颜那亚文化扩张的影响，要么雷梅德洛文化比颜那亚文化更早扩展至南欧。高加索基因在青铜时代晚期明确出现在黑山地区。绳纹器文化同辛塔什塔文化人群亲缘相近，说明两者基因来源相似，尽管先前有人假设辛塔什塔起源于亚洲或中东。尚无明确证据断定出辛塔什塔文化人群直接来自向东迁徙的绳纹器文化人群，还是因为两者和草原人群共有一个相同的祖先。考虑到欧洲新石器农民祖先血统在绳纹器文化和辛塔什塔文化中均存在，但不见于早期颜那亚文化人群，前一种假设较为可能。

亚洲在青铜时代的变迁以大规模人口迁移和替换为特征。早期青铜时代，萨彦—阿尔泰地区的阿凡纳羡沃文化与颜那亚文化的人群基因别无二致，确证颜那亚文化除了向西扩张到欧洲，还向东扩展，穿越草原。因此，颜那亚移民导致了超远距离的基因流动，将早期青铜时代的西伯利亚阿尔泰地区与斯堪的纳维亚联系了起来。青铜时代晚期兴起于中亚的安德罗诺沃文化，与辛塔什塔人群基因相近，而与颜那亚文化和阿凡纳羡沃文化人群迥然不同。所以，安德罗诺沃文化代表了辛塔什塔基因在时间和空间上的延伸。亚洲青铜时代末期，安德罗诺沃文化被卡拉苏克和莫斯科卡亚文化和铁器时代文化取代。根据人类学和生物学研究，铁器时代文化中出现多种族并与东亚人逐渐融合。而从中亚采集的铁器时代个体样本仍然显示，与今天生活在这里的人相比，他们明确拥有欧亚大陆西部的祖先。有趣的是，萨彦—阿尔泰地区青铜时代奥库涅夫文化的样本与今天印第安人的基

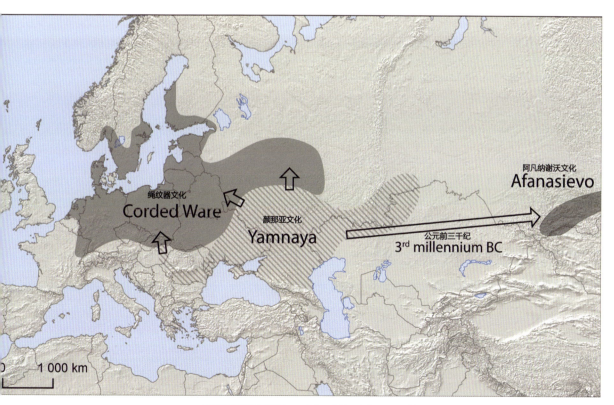

欧亚青铜时代早期颜那亚文化、绳纹器文化、阿凡纳谢沃文化分布。箭头所指为颜那亚文化扩张方向
（图片版权：Kristian Kristiansen）

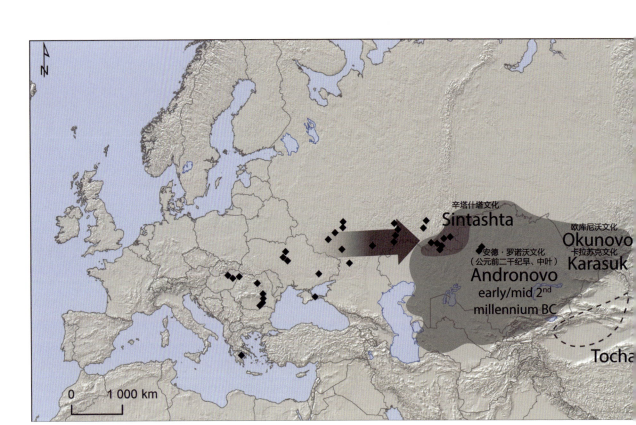

欧亚青铜时代中、晚期辛塔什塔文化，安德罗诺沃文化，欧库尼沃文化，卡拉苏克文化分布。箭头所指为人口向东迁徙

（图片版权：Kristian Kristiansen）

因相近，证实了此前颅骨测量学的研究结论。这意味着，奥库涅夫文化代表的群体与旧石器时代晚期贝加尔湖马耳他（Mal' ta）狩猎采集族群相关，后者曾向印第安人传播了基因。

历史语言学家认为，印欧语系的传播必须伴生于具有社会或人口优势的移民。这种扩张被考古学家支持，因为他们发现公元前三千纪欧亚大陆的考古材料有惊人的相似之处。早期青铜时代，颜那亚人从东欧大草原到北欧和中亚的传播的基因证据也与印欧语系扩张的假设相符。与近期的基因发现相反，我们只有以青铜时代亚美尼亚人和旧石器晚期马尔它人作为人口潜在来源时，才在颜那亚文化中找到很弱的族群混合证据。这可能由于我们集中缺少以东部的狩猎采集人群作为人口潜在来源的数据。现代欧洲人与马耳他人有一些基因的联系，后者已被视为欧洲祖先的第三个来源（北欧亚祖先，简称 ANE）。我们并非虚构一个欧亚大陆北部的古代族群，而是发现北欧亚祖先很可能来源于与马耳他人有共同祖先的颜那亚文化。

常染色体、线粒体 DNA 和 Y 染色体数据清楚地显示，青铜时代末期欧洲和中亚人群的基因与今天的欧亚基因在结构上存在一定程度的接近，而青铜时代末期之前则不是这样。我们的研究显示，今天欧亚大陆人类基因图谱的基础大多在青铜时代晚期通过模式复杂的扩张、混合和替代形成。许多当代欧亚人与当地青铜时代人的遗传分化程度低于早期中石器和新石器时代。当代南欧人如撒丁岛人、西西里人则明显例外，他们与新石器时代农民的遗传分化程度最低。一般来说，古代欧洲不同时代和文化背景族群间的遗传分化程度高于现代欧洲不同族群之间。例如，中石器时代采集—狩猎者和青铜时代绳纹器文化的个体遗传分化程度为 0.08，几乎与当代东亚人和欧洲人的遗传分化程度相当。这表明基因库发生过重大变化，也显示欧亚大陆古老族群的基因比现代人群更加复杂。遗传基因差异显著的组成部分在青铜时代后通过人口增长进一步扩散，种群间持续交流，才产生了西部欧亚人现在较低的遗传分化程度。

我们的数据规模允许我们研究与提供重要表型性状或推定发生积极选择相关的 104 个基因变异情况。专注于四个长期研究的基因多态性，我们发现与欧洲人皮肤色素沉淀相关的两个单核苷酸多态性的等位基因频率快速增加。rs1426654 派生的等位基因从极少数增长到相对稳定，经历了中石器时代到青铜时代之间约 3000 年的时间。rs12913832 是决定眼睛是蓝色还是棕色的主导因素。研究结果表明，中石器时代采集—狩猎者已有蓝色眼睛。我们发现，青铜时代该基因在欧洲人个体出现的概率中等，但东欧草原人群普遍缺失，说明他们的棕色眼睛更普遍。对与乳糖耐受有关的 rs4988235 的发现更令人惊奇。尽管今天北欧人乳糖耐受力较高，但在青铜时代该基因仅见于 10% 的个体，说明这个基因的积极选择比预想的晚很多。为进一步研究它的分布，我们使用 1000 个基因组三期数据集作为参照，估算了所有古代个体 rs4988235 周边两个兆碱基内的所有单核苷酸多态性。结果表明青铜时代欧洲人派生的等位基因仅有 5%（基因型概率 > 0.85），证实了欧洲人 rs4988235 的低频度。青铜时代的欧洲人中，绳纹器文化人群和与之密切相关的斯堪的纳维亚人乳糖耐受力最高。有趣的是，青铜时代草原文化尤其是颜那亚文化在古代人群中衍生等位基因频率最高，这可能是乳糖耐受力潜在的草原来源。

近几十年来一直争论的问题是，青铜时代发生的这些重大文化变迁是人群还是观念的流动所致，印欧语系的扩张是否与之相伴，或者发生在更早的农业传播过程中。我们的结论是，这些文化转变与移民有关，但与以前的认识有本质区别：颜那亚或阿凡纳羡沃文化一直扩张到中亚和萨彦—阿尔泰地区，可能没有多少地方因素，而由此产生的欧洲绳纹器文化却是与当地新石器人群融合的结果。乌拉尔附近神秘的辛塔什塔文化与绳纹器文化的基因相似，因此很可能是后者向东迁移到亚洲的分支。这种文化传播到阿尔泰地区演变为安德罗诺沃文化，并逐渐被

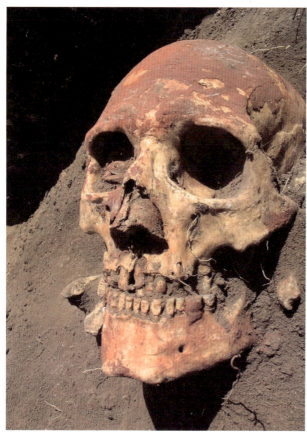

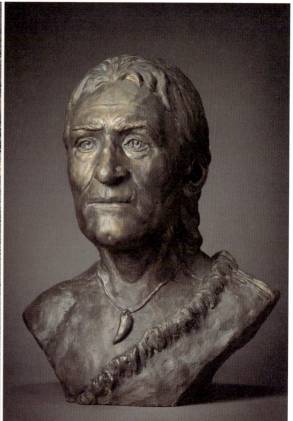

萨马拉地区用赭石涂红的颜那亚人头骨
（图片版权：Natalia Shishlina）

颜那亚人头骨复原
（图片版权：Alexey Nechvaloda）

后来东亚族群文化（莫斯科卡亚文化、卡拉苏克文化）融合和替代。青铜时代早期的移民运动很可能是印欧语系传播的背景，这与建立在考古学和历史语言学数据基础上的认识一致。根据我们的研究，公元前 3000 年前后阿尔泰附近的阿凡纳羡沃文化可以为吐火罗语这一最古老的印欧语系语言在中国塔里木盆地的神秘出现提供解释。有西方（颜那亚文化）人种祖先的阿凡纳羡沃人可能使用某种印欧语，并将其向南传入新疆和塔里木盆地。需要指出，尽管我们的结论支持文化变迁、移民和语言模式间的互动关系，但这样的关系不能凭空设想，必须不断通过案例加以论证。

项目负责人简介

艾斯克·威勒斯勒夫，任教于剑桥大学进化和生态学系，也是哥本哈根大学吕贝克基金会教授，地理遗传学中心主任，进化遗传学家。主要研究人类进化和传播、巨型动物灭绝和环境 DNA。因进行最古老人类基因测序、主持第一次大规模古人类基因组研究以及建立环境 DNA（现代和古代生物体，如高等植物和动物中的 DNA 可以直接从沉积物、冰、水等环境样本中提取）研究新领域而声望斐然。他曾作为一名探险者和毛皮猎人在西伯利亚度过了青年时代。之后在 2004 年，他在丹麦建立了第一个古 DNA 实验室，并在哥本哈根大学获得理学博士学位。33 岁时成为哥本哈根大学正教授，是当时丹麦最年轻的正教授。2015 年，他获得剑桥大学教职。威勒斯勒夫发表了超过 200 篇同行评审论文，其中 41 篇发表于《自然和科学》（其中 28 篇作为第一作者或通讯作者）。他还通过多部电影、流行书籍和采访向公众传达了他的科学工作。

Eske Willerslev
艾斯克·威勒斯勒夫

卡拉玛
（图片版权：Anatoly Panteleevich Derevianko）

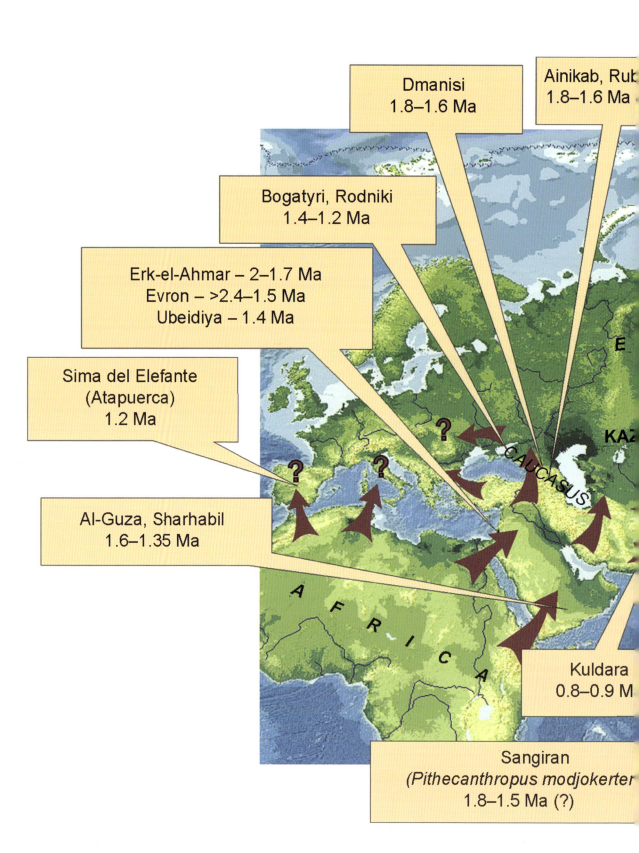

Dmanisi
1.8–1.6 Ma

Ainikab, Rub
1.8–1.6 Ma

Bogatyri, Rodniki
1.4–1.2 Ma

Erk-el-Ahmar – 2–1.7 Ma
Evron – >2.4–1.5 Ma
Ubeidiya – 1.4 Ma

Sima del Elefante
(Atapuerca)
1.2 Ma

Al-Guza, Sharhabil
1.6–1.35 Ma

Kuldara
0.8–0.9 M

Sangiran
(Pithecanthropus modjokerter
1.8–1.5 Ma (?)

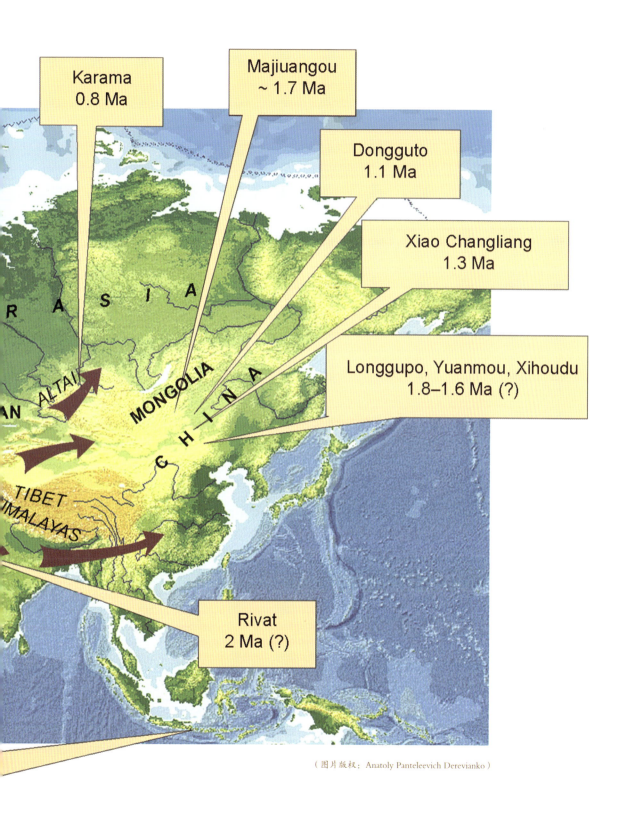

Karama
0.8 Ma

Majiuangou
~ 1.7 Ma

Dongguto
1.1 Ma

Xiao Changliang
1.3 Ma

Longgupo, Yuanmou, Xihoudu
1.8–1.6 Ma (?)

Rivat
2 Ma (?)

（图片版权：Anatoly Panteleevich Derevianko）

欧亚大陆人群的三大迁徙：人类的起源及其在西南亚、南亚、东亚、东南亚及高加索地区的迁徙

安纳托利·杰烈维扬科（俄罗斯科学院西伯利亚分院）

智人属源自非洲，这是遗传学家、人类学家、考古学家和其他研究人类起源学者们的共识。然而，由于旧石器时代南方古猿遗存的碎片化和稀缺，人类学家对由原始人到智人这一以智力进化为目标的演化链条尚无共识。一般认为，南方古猿阿法种、非洲种和其他一些种是人类的直系祖先。南方古猿生活在森林边缘和森林区域内各种类型的环境和生态区中（即稀树草原）。这促使古猿采取不同的生存策略，强化记忆能力，也使向后代传授技艺和知识成为需要。一些晚期的南方古猿很可能已经有能力制造简单工具了。

讨论普通动物、灵长类和南方古猿的工具制造行为就非常棘手了，通常很难就此达成共识。首要困难在于对概念的理解，那就是对工具一词的界定。灵长类能够利用各种天然材料的例子有很多，但这并不能证明动物是在有意识地制造工具。

可以确认的最早的石器发现于东非大裂谷东北部，年代距今 260 万—230 万年（或距今 250 万—220 万年），主要地点有阿沃什河中游（如 Kada Gona, Bouri, Hadar）、图卡纳湖（如 Omo，West Turkana）和维多利亚湖（如 Kanjera）以及大裂谷西侧（如 Senga 5A）等地。不同的学者对这些石器制造业进行了不同的分类，如奥尔德沃（Oldowan）、前奥尔德沃或古奥尔德沃，零加

工，孙古拉（Sungura）相，奥莫河石器群，纳楚奎（Nachukui）相，纳楚奎工业等。

对距今 260 万—160 万年的石器工业的讨论主要有两种观点：一部分人认为按照时间顺序在东非地区的石器工业曾间断地出现了一些不同的类型，另一部分人则认为已经存在了 100 万年（距今 260 万—160 万年）的已知石器制造技术都属于奥尔德沃工业（模式一）。

我们认为，这些石器工业可以分为两个不同的类型，一是以卡达高纳（Kada Gona）、洛卡拉蕾（Lokalalei）的 1、2C 地点的材料为代表的砾石—石片工业，一是以奥莫河流域和森伽（Senga）5A 地点的材料为代表的细石器工业。

晚上新世时期在卡达高纳（Kada Gona）和奥莫地区（Omo Valleys）这两种石器制作传统的发展轨迹不同，其性质也并不一致。多数考古学家和人类学家认为，在东非地区上新世晚期发现的工具可能是由不同种甚至不同属的古人类制造的。这一时期，在东非和南非生活着三种古人类：鲁道夫人、能人和直立人，他们都具备制造石器的能力。一些学者认为部分南方古猿，如惊奇种和鲍氏傍人种，也已经具备了这项技能。因此，不同种类的古人类很可能已经开始有意识地

丹尼索瓦洞穴
（图片版权：Anatoly Panteleevich Derevianko）

系统制造石器。有意识的剥片行为并非在距今 260 万年时自发出现，而可能是在距今 300 万年后出现并逐渐发展起来。根据一些物种的材料，有些石器制造行为是融会发展出来的，可能是生活在邻近或同一区域的物种间传播的结果，但考虑到同属下不同物种难以共处一地，相邻区域传播更有可能。

在晚上新世，古人类的不同种类散布在广阔的地域空间里，生活在不同的气候区。多样的气候条件、地形景观和原材料来源迫使南方古猿和早期人属物种开始探索新的生计方式。考虑到他们相似的认知与感觉运动能力，不同的古人类都对环境的反应相同或相似，包括发展出近似的石器制作技术。我们认为，这解释了同一物种的石器工业产生不同区域类型、或同一物种的不同种属各有不同的石器制造技术的可能。卡比弗拉（Koobi Fora）与奥莫河地点、洛卡拉蕾（Lokalalei）第 1 与 2C 地点这两组地点石器制造技术的差异从两个方面支持了这一假说。同时，制造工具行为出现初期，原始人类、古人类等行为差异的有限性也导致了石器工业的趋同性。

人类（直立人）在距今约 180 万年开始占据欧亚大陆。我们认为，随着第一批移民传播的石器工业有两种类型，应当分别被叫做砾石—石片工业（过去统称为"模式一"）和细石器工业。不宜再用"奥尔德沃"命名欧洲和亚洲的旧石器时代早期石器工业，因为它仅适用于那个没有离开非洲的物种。

距今 180 万—40 万年期间，大西洋与太平洋之间的广袤区域内的石器工业都能被叫作欧亚大陆的奥尔德沃工业。但实际上没有哪一种石器工业可以在如此广阔的地域和复杂环境中保持近 150 万年而稳定不变。加工石头的有限手段和人们使用工具的相同需求可以解释各地石器初级、次级加工技术和工具种类在一定程度上的相似。刚开始制造工具时，人们都需要重型砍砸器、边刮器、端刮器、刀、雕刻器、切割工具、尖状器和钻具，加工时也都要从石头点和边入手。

由于能人从未离开非洲大陆，我们也并不知道直立人在他们非洲故乡的石器工业类型，我们姑且将亚欧大陆旧石器时代早期的石器工业命名为砾石—石片工业或模式一。这并不排除对特定地区文化或石器工业单独命名的可能性，比如在高加索地区发现的年代最早的德马尼西遗址和中国一些旧石器文化，后者在近 150 万年间一直保持了原生特征，其石器类型和制作技术与旧大陆西侧，特别是欧洲和非洲，差别显著。

旧石器时代早期细石器工业在亚欧大陆的出现与传播值得特别研究。基于非洲和亚欧大陆已知早期地点的材料，使我们可以假设距今 180 万—150 万年间，两次古人类从非洲迁移到亚欧大陆的移民潮，分别带来了砾石—石片工业（即模式一）和细石器工业。

在近东的以色列，砾石—石片工业见于距今 200 万—170 万年的厄柯尔阿玛尔（Erk el Ahmar）遗址，细石器工业则见于距今 240—150 万年的艾芙蓉（Evron）

丹尼索瓦洞穴

（图片版权：Anatoly Panteleevich Derevianko）

遗址和距今约 100 万年的比萨如哈玛（Bisat Ruhama）遗址。亚欧大陆的更东部，最早的遗址位于格鲁吉亚东部的德马尼西，距今 180 万—170 万年，这里有非常独特的古人类与考古学遗存。达吉斯坦最近发现的一系列地点也属于这个时期。达吉斯坦中部的穆克凯（Mukhkai）第 1、2 地点，艾尼卡（Ainikab）第 1、2 地点，吉噶拉斯胡（Gegalashur）第 1、2、3 地点发现了距今 180 万—150 万年的砾石—石片工业，而达吉斯坦东南部的如巴斯（Rubas）第 1 地点和达瓦查（Darvagcha）遗址则发现了距今 170 万—80 万年的细石器工业。高加索北部的罗德尼（Rodniki）和博伽利（Bogatyri）地点发现了距今 140 万—120 万年的砾石—石片工业。巴基斯坦利瓦特（Riwat）地点发现的距今 200 万年的石制品则可能需要进一步的确认与测年。在中国，这两种旧石器时代早期的石器工业类型也有发现，砾石—石片工业以龙骨坡、西侯度和元谋等遗址为代表，年代在距今 180 万—150 万年，这些遗址在测年和石制品的人工性判断上还需要更深入的研究。一些地点发现的古人类材料也存在争议。中国北方泥河湾盆地发现的细石器最为引人瞩目，这里有 14 个以上的遗址点，年代为距今 170 万—80 万年。这些地点发现的初级剥片技术和工具组合明确反映了技术和类型都非常典型的细石器工业。东南亚的爪哇岛发现了距今 180 万—160 万年的直立人化石，但没有发现此阶段的石器。

直立人占据欧洲的时间晚于亚洲。从非洲到欧洲的最短路线需要跨越地中海的海峡，这对旧石器时代早期的人类来说是个重大难题。比如直布罗陀海峡宽 14—44 公里，深 338—1000 米，即使在海平面最低时，欧洲和非洲也有水面阻隔，很难确定古人类是否有能力克服这一障碍。非洲移民从近东到小亚细亚，再到高加索北部的路程走起来非常缓慢，因为这些地区的环境条件与东非差别太大。奥斯（Orse）遗址附近的瓦罗内（Vallone）地点和其他一些被认为在距今 150 万年前后的遗址其年代和石制品还存在争议。目前无异议的最早地点是西班牙阿塔普尔卡的西玛德艾勒方特（Sima del Elefante），这里发现了人工制品和距今 130 万—120 万年的下颌残片。

我们认为，人类在亚欧大陆定居是选择最适宜环境和追随动物迁徙的结果。在条件宜人的新区域定居的同时，人们也采取了新的适应策略，这促进了其认知能力的演化。直立人遭遇极端环境越多，这一过程便愈加迅速。比如阿尔泰地区的卡拉玛（Karama）地点位于北纬 52°，年代距今约 80 万年，这里就显示出了较高层次的人类进化水平。

这本书中的一些结论还是较为初步的。亚欧大陆的人类起源问题是人类学与考古学最复杂的问题之一，这与亚欧大陆早更新世前半叶遗址数量稀少有关，而且并不是所有遗址都具备进行年代学阐释和人工制品辨识的充足基础，古人类材料则更少。因此，人类学家和考古学家对现有材料的阐释还是相当矛盾的。

项目负责人简介

安纳托利·帕特洛维奇·杰烈维扬科院士是考古和历史研究领域享有盛誉的杰出学者，他为亚洲和美洲的石器时代研究做出了重要贡献，包括对早期人类占据亚欧大陆的探索；组织阿尔泰、蒙古国、中亚西部等地区史前遗址的多学科研究，构建亚欧大陆干旱地区旧石器时代文化精细的年代学、地层学和类型学框架；重建阿穆尔河盆地和远东地区从旧石器时代到中世纪早期的古代历史等；还在亚洲北部、中部和东南部以及欧洲东部和西南部发现了许多重要的遗址。杰烈维扬科是俄罗斯和西伯利亚地区人文研究的主要组织者，曾就职于俄罗斯科学院历史与语言学研究所，担任西伯利亚分院联合人文学术委员会主席和考古与民族学研究所科学总监，也是俄罗斯科学院西伯利亚分院主席团成员。

Anatoly Derevianko
安纳托利·杰烈维扬科

欧洲新石器时代的文化进化

史蒂芬·申南（英国伦敦大学学院）

考古学的学科优势在于能够用实物证据来进行广阔时空范围内的研究。但这一目标的达成必须要建立在适当的理论基础上，这一理论必须能够解释何为重点以及为何重要。"欧洲新石器时代的文化进化"项目，意在沿着社会科学中的进化论，尤其是人口生态学和生活史理论的路线，从人类文明和社会的视角，阐释欧洲新石器时代农耕的确立和传播，及其保持稳定或发生变化的模式。该项目的重点在于人口发展模式与进程。农业在欧洲的出现，是否诚如新石器时代人口变迁理论所言，导致了人类存活率和生育率的增加，进而引起了人口的大幅度增长？若是，其结果又如何？在试图回答这一问题的时候，考虑到考古学统计的误差，我们需要建立一个长时期、大范围的可靠尺度，来衡量古代的人口规模。因此，我们首先从距今 8000 年到 4000 年前的欧洲中西部考古学遗址中获取了14000 多个放射性碳素数据，并建立了一个空间数据库。这一数据库在地域上囊括了西到爱尔兰、东到波兰的欧洲温带地区，时间上则涵盖了采集狩猎经济流行的最后两千年到农业社会最初的两三千年。只有这种规模的数据库才能使得大的时空范围内的类比成为可能。以往的研究中，考古学家经常将合计的放射性碳元素数据概率作为史前人口模式最敏感的指标，但这种方法一直以来都饱受争议。

布列塔尼的卡纳克新石器石阵
（图片版权：Stephen Shennan）

将我们的推论与基于其他证据得出的结论相比，尤其是与显示人类对环境影响的孢粉分析的结果相比，更加印证了我们的观点。另外，我们还创立了一种能以放射性碳元素测年来衡量人口规模变化的定量分析方法，该方法充分考虑到了抽样导致的误差和放射性碳素断代的校正曲线。为了检验农业生产促进区域人口增长这一假说，我们对 24 个不同地区进行了分析。然后借助气候信息来检查人口增长与气候之间是否有关。

除了放射性碳元素数据外，我们还在相同的空间范围内收集了大量的植物考古、动物考古、陶器方面的信息，燧石的开采、纪念性建筑的建造，暴力事件的发生等情况。这些信息使我们能够得知生计方式、文化形式、纪念性建筑的建造、暴力事件的发生以及燧石矿源的开采是否与人口模式相关。我们长期致力于探索陶器、镞、动物遗存和农作物等随时空转变的情况及其影响因素。例如：遗址之间的相似和差异能否用它们之间的时间和空间距离来解释？我们借鉴了群体遗传学的统计方法，并将其应用于这项考古学研究中。

该研究最重要的结论在于，农业的产生在欧洲并没有导致生活条件的稳步改善和人口的持续增长，许多地区表现为突然的"勃兴"或"萧条"，即便没有急剧萧条，许多地区仍然遭受了历时较长的人口衰减。由于农业在不同地区兴起的时间不尽一致，各地的"勃兴"与"萧条"并不同步，但每个地区基本有一个为期三四百年的人口高峰以及随之而来的急剧下降。初步分析显示，气候变化可能并

土耳其巴尔钦新石器早期遗址
（图片版权：Stephen Shennan）

不是其影响因素，导致这些早期社会超出社会经济可持续发展限制的主要因素可能来自内部。之后与海洋学家的合作研究还表明，有时气候变化会在一定程度上增强内部因素的影响。研究表明，人口形态及波动方式与生业经济之间确实存在关联，比如人口密度较低时对野生动物资源大幅度开发、区域人口达到顶峰时则加强对燧石的开采和交换。几个不同地区都发现了这样一种情况：在人口高峰期，需要大量劳动力投入的、具有纪念性的土木工事便有所发展，说明这些建筑不仅仅是领土范围的标识，也是高投入的象征。个人或群体向其竞争者公开展示和宣扬自己的力量，是众所周知的进化过程。对新石器时代大规模暴力事件的研究表明，大规模屠杀与区域人口模式之间也有关联，这些事件主要发生于人口高峰刚过、人口数量开始下降的时期。因此，暴力事件的爆发似乎与社会发展超过了人口和经济限制有关，进化论人类学家皮特·图尔钦也曾在其他背景之下提出过这种模式。研究结果在这一点上与当今社会密切相关：当世界人口数量到达顶峰后并不能保证可以平稳过渡达到平稳状态。

如上所述，关注新石器时代文化演变过程性质的细节，尤其是长期以来学者们用来归纳出土文物的考古学文化概念对于研究过去人类的活动是否有任何意义，这样的一条研究思路正在展开。例如，我们对于动植物遗存的研究说明古人动植物资源的开发模式并不能简单地以当地环境因素来解释，但却与该聚落的文化属性相关，说明文化的时空边界影响到了生业实践活动。例如：有些文化就是偏好某些作物。这也就是说，不能期待以环境来解释所有现象，文化变迁的历史也是十分重要的。

以上所提到的许多实质性结果都是通过定量方法在考古学中的大量、复杂地应用才能获得的，这也是本项目的重要成就之一。如我们所愿，这些方法正在受到重视，人口学的结果也已经开始被遗传学家和环境科学家引用。

最后，该项目的许多结果和数据都已经开放，大部分已发表的研究论文也开放了获取途径。放射性碳素、植物考古、动物考古数据库已放入 UCL 的公共研究库，其他出版物中所使用的数据也能够从网上获取。以往的考古学家并不热衷于分享自己的数据，但这对于该学科未来的发展恰恰是非常重要的。

在此，我想感谢苏·科勒吉（Sue Colledge）、凯蒂·曼宁（Katie Manning）、英瑞科·可瑞玛（Enrico Crema）、阿德良·提普森（Adrian Timpson）、提姆·科瑞（Tim Kerig）、科文·爱丁博（Kevan Edinborough）和森尼·多温妮（Sean Downey），他们是本团队的博士后研究人员，是他们的卓越努力和辛勤工作使得项目能够获得成功。我们还要对欧洲研究委员会 249390 号高等研究计划（European Research Council Advanced Grants #249390）致以谢意。

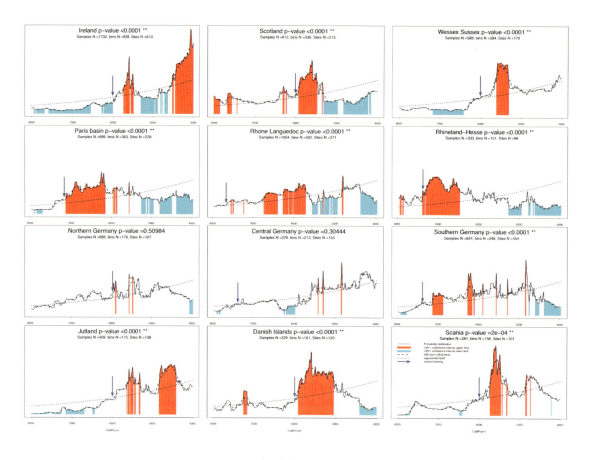

农业产生后的繁荣与萧条
（图片版权：Stephen Shennan）

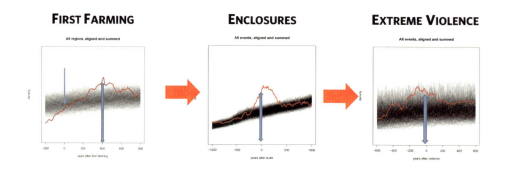

可能的事件链
（图片版权：Stephen Shennan）

项目负责人简介

史蒂芬·申南是伦敦大学学院考古系理论考古学教授，并于2005—2014年任院长。他在剑桥大学学习考古和人类学，师从戴维·克拉克教授，并获得博士学位。剑桥大学毕业后至1996年，在伦敦大学学院工作之前，他在南安普顿大学执教。他的研究领域主要是欧洲史前考古。从20世纪80年代晚期起，他的研究主要在于运用生物进化的理论和方法来解释文化的变迁与稳定性，特别是人口因素的机制。已经发表论文100余篇，撰写和主编著作20余部。其中包括《定量考古学》（第二版，1997年）、《生物基因、文化基因和人类历史》（2002年）、《文化进化模式和过程》（主编，2009年），以及最新著作《连接网络：欧洲新石器时代石器交换的特征》（与Tim Kerig合编，2015年）。申南是英国科学院院士和欧洲科学院院士。2010年，获得英国皇家人类学学会授予的里弗斯纪念奖章（Rivers Memorial Medal）。

Stephen Shennan
史蒂芬·申南

墨西哥特奥蒂瓦坎城中的多族群中心族邑特奥潘察科

琳达·曼萨尼拉（墨西哥国立自治大学）

很少有前工业时代的城市居址能像墨西哥中部的特奥蒂瓦坎那样富有规划性而且多民族混居。该城面积 20 平方公里，严格按照城市规划网格布局建设。大约有十万名不同民族起源的居民在此居住，因此，在社区层面，它必然有一个高效的组织结构，使得每位居民都参与城市生活，整合为一个统一的有机体。

来自瓦哈卡、米却肯和韦拉克鲁斯等不同地区的人群居住在都市外围的飞地。考古学家在这些地方发现了反映外来移民文化传统的考古学证据，如特殊的葬俗、其他地区风格的进口陶器和在当地的仿制品、刻有象形文字的石板、标志性的瓮和小雕像，以及经氧同位素分析，判定为来自别处的人类骨架。

不仅如此，在特奥蒂瓦坎的核心区域，我和合作者还发现了多族群聚居的中心族邑。比如特奥潘察科（公元 150—650 年），这里中层贵族的活动促进了奢侈品的流通，来自不同地方、各行各业的手工业者混居于此。由于不同族邑对顶级奢侈品渲染和制作代表其特定身份的物品（如精致的服装和头饰）竞争激烈，一些能工巧匠可以借此获得社会地位甚至经济权利。特奥蒂瓦坎的社会名流们身着棉制服装，这可能是保障了特奥潘察科经济重要性的商品之一，这个现象向我们展现了此地与棉布生产地墨西哥湾岸区的紧密联系。特奥潘察科进口的还有颜料、

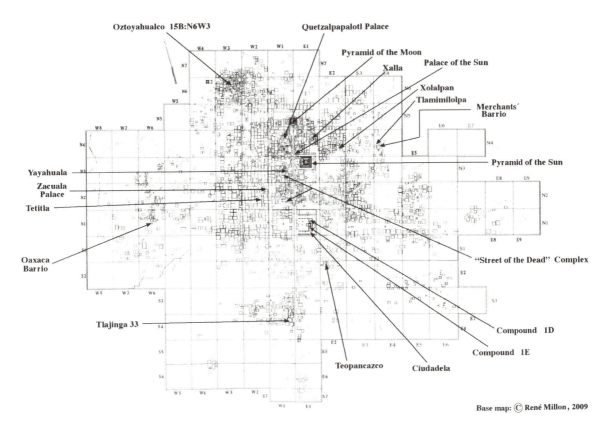

特奥蒂瓦坎
（图片版权：Linda R. Manzanilla）

特奥潘察科壁画
（图片版权：Linda R. Manzanilla）

化妆品、板岩、绿色岩石、石灰华、外来陶器、外来动物、棉布等货物和掌握特殊技能的工匠们。

在我的跨学科课题项目"特奥蒂瓦坎：社会精英和统治"下，我深入发掘了大部分坐落于特奥蒂瓦坎东南部的特奥潘察科的社区中心（1997—2005 年间的 13 个发掘季），通过定位不同活动性质所占用的房间、柱廊和院落去确定该社区中心的功能分区，经辨认发现仪式区在中部（举行仪式的院落、祭坛和主要神庙），军事区在西南部，南部可能是行政区，东北部有一个服装制作区，还有一个医疗设施区。管理者及其家人的居住区一开始在北部，后又挪至西南。还有一列厨房和储藏室坐落于北部的边缘。

陶器、石器、础石、小雕像、宝石工艺品、海洋生物贝壳、骨制乐器和手工制品的，以及生态因素（孢粉、大型植物化石、动物群）和人类遗存的分布形成反差。通过对宝石、云母、石板、颜料、化妆品、陶器和其他材料的科技考古分析，我们可以判定这些外来原材料和物件的起源；而通过对人类遗骸的骨学标准分析、古病理学、生物活性标志物、营养状况、微量元素、稳定同位素和锶同位素分析、古DNA 和面容复原等技术，表明曾经生活在该遗址的人群呈现出一系列非常复杂的角色、出身地和社会经济关系。研究显示许多外来工匠在他们的婴儿阶段经历过一次营养危机，获得稳定的食物来源也许是吸引他们来到此类社区中心的原因。

在特奥潘察科遗址中，例如特定关节的粗细度和不对称性这样的生前不同活动标志物已经被识别出来：

——21.55% 的人体骨骼有用前牙进行过纤维加工工作的痕迹。我们怀疑他们参与编织渔网的工作，这项活动也可见于特奥潘察科的壁画艺术，制作渔网可能是为了获得当时存在于此处的 14 种不同的海洋鱼类，出土能够织网的骨梭可以为证。

——7.75% 有撒网或投掷矛的痕迹。

——6.89% 有长时间缝纫和（或）绘画的现象。值得注意的是，在特奥潘察科，主要的两种手工业是为中层贵族制作服饰和头饰以及绘制彩色陶器和墙壁。在服装制作区和仪式广场的北部发现大量骨针、骨钉和画笔的柄。

——15.51% 曾担载过重物。特奥潘察科的外来奢侈品极其丰富，包括硫化铁矿、绿岩、石灰华和缟玛瑙；灰色大理石；来自普埃布拉州中南部的薄壁橙色陶器；来自特拉斯卡拉州奥克特鲁克（Ocotelulco）地区的陶器；来自莫雷洛斯州格雷罗（Morelos-Guerrero）的粗砂陶器；来自韦拉克鲁斯州梅克斯德奎拉（Mixtequilla）地区的精致的橙色漆器；外来的变质岩屑料；来自韦拉克鲁斯州阿尔多东伽（Altotonga）地区被作为灰泥地板填充物使用流纹质的玻璃碎片；为涂画身体、陶器和墙壁的颜料（尤其是朱砂、方铅矿、黄钾铁矾和孔雀石）；石板（来自墨西哥和莫雷洛斯州格雷罗）；来自瓦哈卡州的云母；99 种鱼类、蟹类和来自韦拉克鲁斯州瑙特拉（Nautla）的鳄鱼；665 种来自墨西哥湾、加勒比海和太平

特奥潘察科布局
（图片版权：Linda R. Manzanilla）

洋的分属 16 个科的海洋软体动物的外壳；可能来自韦拉克鲁斯州的棉纤维和棉布；和不知产地的燧石。其中任何一种商品都可能要求人工搬运。

——分析的人骨中，有 16 个个体都有长时段的蹲坐状态。可能他们参与过某些手工业的制作活动，其中 2 人与骨针骨钉一起出土于服装制作区。

——特奥潘察科有 3 例听觉外生骨疣患者（常因在冷水中潜水而得）的例子，可能与该遗址丰富的海生贝类有关。

在该社区中心埋葬的性别可辨的成年人中，成年女性仅占 15%，其中 5 人的埋葬方式较为特殊，可能由于她们在此地承担多种工作任务。

两名公元 340 年前后的青少年移民（一男一女）采用了特奥蒂瓦坎当地精英的埋葬方式。他们蹲坐在一个坑中（可能是捆缚葬），面朝西，坑内曾点过火，有许多用方铅矿、朱砂、黄钾铁矾和赤铁矿颜料上色的微型器皿，还有树脂和油，云母制成的圆盘和其他几何形状的器物以及来自韦拉克鲁斯州梅克斯德奎拉

（Mixtequilla）地区带刻划纹的橙色漆碗。两人的饮食结构显示他们曾摄入充足的海产品，这说明尽管他们并不来自海湾地区，而是处于通往海湾的走廊地带，但他们曾摄入过充足的海产品。

大部分针对该多民族人群的古病理学研究表明他们的疾病多源自幼年阶段的营养危机：

1. 有 15.51% 由寄生虫病或贫血导致的多孔性骨肥厚；

2. 有 5 人的营养不良表现为眶顶板筛孔样病变；

3. 7 人由于饮食里缺乏蔬菜水果中含有的维生素 C 而患了败血症，他们中的大部分有多孔性骨肥厚；

4. 7 个身首异处的人都患有牙釉质发育不全，可能是由于缺乏日照、疾病或是幼年期的营养不良；

5. 84 个成年人和少年人中有 61 个有轻微的龋齿，18 个以上有中度龋损，还有 5 人有严重的牙齿健康问题；

6. 一位身首异处的来自低海拔地区的 20—25 岁男性有面瘫可能性。

值得注意的是，在我们的调查对象中，有 29% 的个体在幼年期遭遇饮食压力，但最终都度过了危机。都市需要劳动力，自身也是一个机会和富饶的提供所。

推测为官员宅邸
（图片版权：Linda R．Manzanilla）

但是，部分移民工匠几乎被固定在该社区中心，可能长时间以蹲姿处于手工劳动中。

特奥潘察科的人群可分为三组：墨西哥盆地的当地居民，附近地区（普埃布拉州、特拉斯卡拉州、伊达尔戈州）的移民，远距离（墨西哥湾岸区、瓦哈卡州、恰帕斯州）的移民。基于锶同位素分析，我们可以知道也有返乡的移民存在。从稳定同位素分析来看，人们来自不同高度的海拔——大多来自中央高地，有一些来自较低的海拔，还有少数来自更高海拔的地区。因为特奥潘察科规律性地提供14 种海洋鱼类（其中大多数来自韦拉克鲁斯州的沿岸环礁湖），一些个体在饮食中可能有较为充足的海洋食物来源。但是，稳定同位素的研究表明，对于大多数工匠来说，他们的基本食物是玉米和以玉米为生的家畜家禽（狗和火鸡）。对古DNA 的研究表明，中美洲的四种单倍群（A、B、C 和 D）在特奥潘察科都有存在，证明此地从一开始就是一个多样化的社区中心。

29 个身首异处的个人属于同一场仪式活动（约公元 350 年），每一颗头颅都置于坑中，用一个碗或盘子覆盖住，代表了特奥蒂瓦坎地区一种外来的仪式实践（可能来自韦拉克鲁斯州的赛罗德拉斯梅萨斯）。这些个体主要由男青年组成，来自通往墨西哥湾岸区的走廊地区，分属不同海拔高度，有一些来自海岸区，还有两个是返乡移民。

特奥潘察科埋葬的大部分是移民，多数人的活性物标志显示他们在这个社区中心的劳动力群中扮演重要角色。在特奥潘察科制作的服饰是特奥蒂瓦坎地区唯一表明与海洋有明确联系的证据，因为他们通过在棉布上装饰贝壳的方式，确保了人们穿着它们能在城市中被识别出来。

这个社会将外来移民带来的知识、手艺和经验资本化，中层贵族们通过此与其他社区中心相竞争，炫耀最好的工艺品、最稀有的原材料和最多样的奢侈品。各社区中心热衷于展示异域奇珍或标志高贵身份的精致衣物和头饰，在这种激烈的竞争环境下，其中一些能工巧匠凭借他们的手艺要求社会地位甚至经济权利。商品中如特奥蒂瓦坎的贵族所穿的棉制衣服与墨西哥湾海岸地区的密切联系加强了例如特奥潘察科这样特定社区中心的经济身份。

特奥蒂瓦坎的统治精英们控制着来自远方的原材料：来自洪都拉斯—危地马拉地区莫塔瓜河流域的翡翠、来自瓦哈卡州中央山谷的云母等，但中层贵族在给特奥蒂瓦坎社会提供大量其他奢侈物品的行动上表现得相当活跃。

特奥蒂瓦坎社会展现出两种不同的组织模式：合作的和排外的。特奥蒂瓦坎基层（普通居民）和顶层（管理群体）之间的合作组织与竞争性的中层贵族经营的排他性社群组织之间的对立，随着时间的推移，最终成为社会崩塌的导火索。

坐落于亡灵大道的主要的仪式性和行政性建筑在公元 550 年付之一炬，哈拉（Xalla）等宫殿建筑内的雕像也被打碎。在遗址内并无明显可见的外来入侵势力的遗迹。我们推测这次事件是一场意在推翻统治阶层精英的叛乱，可能是晚期政权试图控制和干涉中层精英而引发的反弹。在多民族背景下，排外性的组织最终占了上风，成为史诗古典时代和后古典时代的特有标志。

非常感谢项目的参与者所提供的专家意见和支持，尤其要感谢路易斯·阿德里安·阿尔瓦拉多（Luis Adrián Alvarado）的骨学分析；皮特·沙夫（Peter Schaaf）、加芙列拉·索利斯（Gabriela Solís）和贝克特·莱尔森（Becket Lailson）的锶同位素分析；佩德罗·莫拉莱斯（Pedro Morales）、伊莎贝尔·卡萨尔（Isabel Casar）、伊迪斯·阿尔瓦雷斯（Edith Cienfuegos）和荷赛·拉蒙·加耶哥（José Ramón Gallego）的稳定同位素数据；布伦达·阿尔瓦雷斯（Brenda Álvarez）和拉斐尔·蒙蒂埃尔（Rafael Montiel）的古DNA数据；莉莉娅·艾克柯西亚（Lilia Escorcia）和法比奥·巴尔瓦（Fabio Barba）为五个个体做的面容复原技术。

该项目由墨西哥国立自治大学和墨西哥国家科技协会资助。同时，我在此感谢墨西哥国家人类与历史研究所（INAH）颁发联邦许可以便进行此项研究。

特奥潘察科塑像

（图片版权：Linda R. Manzanilla）

项目负责人简介

琳达·曼萨尼拉，墨西哥国立自治大学人类研究所教授，主编和编写有与中美洲、美索不达米亚、埃及和安第斯地区的早期城市起源与发展相关的 22 本著作与 189 篇学术文章及章节。她的主要兴趣之一是古王国第一批城市居住者的家庭生活，例如特奥蒂瓦坎，当地和邻近地区的政府，以及其多民族人口及外国原材料和货物运动的详细分析。她曾在墨西哥（尤其是特奥蒂瓦坎和科巴）、玻利维亚（蒂瓦纳科）、埃及（马迪）、东安纳托利亚（阿斯兰特佩）和马加丹（以色列）参与发掘。曼萨尼拉教授曾获众多学术奖项，包括：墨西哥国家科学学术奖（1990）、两次荣获墨西哥国家人类与历史研究所最佳研究奖（1993 和 2013）、美洲考古学会理事长奖（1999）、墨西哥国立大学社会科学研究奖（2003）、曼萨尼拉教授是美国科学院外籍院士（2003）、美国哲学学会外籍委员（2006）、墨西哥大学国家委员会委员（2007）。

Linda R. Manzanilla
琳达·曼萨尼拉

白鹰围筑遗址复原
（图片版权：Ian Dennis）

逝去的时光：高分辨率放射性碳素测年与欧洲新石器时代的年代模拟分析

阿拉斯戴尔·惠特尔（英国卡迪夫大学）

亚利克斯·贝利斯（英国文化遗产保护署）

"逝去的时光"项目由欧洲研究委员会资助，由阿拉斯戴尔·惠特尔和英国文化遗产保护署科技测年项目主任亚历山大·贝利斯教授主持。该项目旨在以"世代"为时间单元来讲述过去的故事，将史前史变为历史。

截至目前，世界上大多数国家和地区的史前史研究对于年代的定义都相当不精确。史前史年表的不完善，原因在于研究者太过依赖于放射性碳断代及其校正方法。该方法较为保守，有千年历史的样品会被校准到 100—200 年的区间内（两个标准差的范围）。而对一组样品进行校正，即使这些样品都是同一时间产生的，校正年代也不会一样。考古学家阅读测年结果图表，所推断出的某一过去事件的开始时间比实际开始时间早，持续时间比实际持续时间长，结束时间比实际结束时间晚。考古学家也接受相对不精确的测年数据。长期以来，在欧洲新石器时代研究中，对编年体系的推测要通过求和的方法，这便造成了不甚精确的年表中过长的持续时间。世界上有些地区，如美国西北部的普韦布洛聚落和欧洲中西部阿尔卑斯山脉边缘的新石器时代和青铜时代遗址，幸运地保留下了远古的树木，依靠树木年轮断代法就能提供精确的年表，精度可以达到"年"甚至"季"。然而这种情况只是特例。

1933年温查遗址发掘
（图片版权：Nenad Tasić）

　　欧洲新石器时代有丰富的物质遗存以及较好的类型学年代序列，可以提供较为精细的年表；然而，从论文和书中不计其数的年代表格可以看出，大多数研究者认可的是以200年或更长时段为单元的以放射性碳为基础所得出的年代序列。由此可见，研究者主要关心的是在长时间内缓慢发生的变化。许多史前学家满足于非常含糊地描述过去的事情，将几百年的阶段、不是同期的事件、建筑等放在一起，研究长时段的变化情况，而这却是以失去短期时间和连续性为代价的。

　　"逝去的时光"以及其他年代学项目对以往的这些研究视角提出了挑战。采用贝叶斯统计来解释碳十四数据，能得到精确到人类世代的年表。该方法包括对我们已有经验中的问题的新证据和该问题的认识进行分析。这便使得我们能够对这一问题得到新的、综合以往认知和新数据的新认识。该方法借助了形式概率论，我们模型中的三个要素都以概率密度函数来表达。这样就能对模型中的每个元素的知识状态进行量化评估。贝叶斯模型是建立在多重证据基础上的诠释建构，作为一种规范化的方法，贝叶斯统计学使得考古学家的推理链更加清楚明了。

　　该方法结合了校正碳十四数据与产生概率数据评估的考古学情境，对碳十四数据、地层学、样品的埋藏环境都有严格要求。贝叶斯方法要对已有数据进行风险评估，仔细定义目标，采用序列样本（以确保样本来自同一时代），充分了解样品的背景信息，以及模拟实验。这个过程既是重复迭代的，也可以进行解释说明。结果便是更加精确的测年，从而能捕捉到更细微的人类文化的延续和变化。由此开创了考古学解释的新的可能性——使我们对古人能动性有更进一步的了解；同时也带来了新的挑战——我们将如何以新的时间量程来讲述过去。

在"逝去的时光"之前，我们曾开展过其他几个项目。亚历山大·贝利斯和阿拉斯戴尔·惠特尔合作，对英格兰南部五处古墓进行初步研究，揭示了其在公元前 38 世纪、前 37 世纪和前 36 世纪建造、使用和封闭的过程，并了解到其最初的使用可能不超过 1—3 代（贝利斯、惠特尔：《死者的历史》，《剑桥考古学刊》2007 年）。他们又与弗朗西斯·希利合作，对不列颠和爱尔兰的新石器时代早期带有堤道的围场开展了更大规模的研究。结果表明这些纪念性、仪式性的建筑可能建筑于公元前 38 世纪到前 36 世纪中叶，其中有些一开始可能使用了三百年之久，另一些则仅延续了一代人或者更短的时间。这些建筑是伴随着不列颠和爱尔兰新石器时代化过程、随着第一批古墓的出现而产生的。

通过对公元前第 6 千纪到公元前第 3 千纪欧洲新石器时代一系列个案的研究，"逝去的时光"（2012—2017；www.totl.eu）进一步阐明了贝叶斯方法在碳元素测年方法上的重要性。我们故意避开了中石器时代到新石器时代的转变阶段，而将重点放在之后的新石器时代的生活方式、实践与社会等问题的研究上。该项目所涉及的空间范围也十分广大，以囊括尽可能多的群体。个案研究包括西班牙、马耳他、法国、德国、瑞士、波兰、匈牙利、塞尔维亚、罗马尼亚、苏格兰和英格兰。在此要特别感谢我们的合作者。此项目涉及面很广，从高台聚落到平地聚落，从纪念性建筑、墓葬、石冢墓地，到区域文化序列，再到以孢粉分析为基础的景观调查。除了利用近期或正在发掘出土的样品外，也使用了标本库中的样品（这些样品在各地都应该作为宝贵资源得到珍重和维护）。面临着将时间量程和欧洲新石器时代社会变化的本质结合起来的挑战，建立系列就成为测年、研究持续时间和变化速度的基础。

我们的一系列研究论文将在国际期刊上发表，在此对我们团队的分析员和助手表示感谢：阿利斯泰尔·巴克利、贝瑟克·哥达思卡、德里克·汉密尔顿、弗朗西斯·希利、皮特·马歇尔。第一批马上要在《古物》与《史前社会进程》见刊。虽然我们仍有很多研究还未完成，但迄今的亮点包括了一些短期和长期的新见解。

以往对塞尔维亚温查—贝罗·布尔多（Vinča-Belo Brdo）土墩遗址（与奈纳德·达西及团队合作）、罗马尼亚尤尼威尔（Uivar）遗址（与沃尔弗拉姆·希尔、弗洛林·德拉瑟文及团队合作）、法国上莱茵兰地区新石器时代早中期序列（与安东尼·德纳尔、菲利普·列弗朗合作）、西班牙西南部瓦伦西亚德拉翁早期铜器时代建筑群（与莱昂纳多·加西亚圣胡安及团队合作）的研究表明，文化延续了数

3060号成年男性墓葬

（图片版权：Eszter Bánffy 和 Anett Osztás）

百年的时间。而在贝叶斯框架下，估算开始和结束的时间便成为可能。例如，随着更高的精确程度，将巨石般的期段分解为更小的时间单元，就能考察在持续期段内的变化速度。因而可知，在喀尔巴阡盆地土墩或聚落的消失与公元前46世纪或47世纪的一系列时间有关，从而提出了具体的历史条件这一问题。上莱茵兰地区从公元前第6千纪后半叶到第5千纪末的序列显示了文化的连续性，但LBK末期到芬克斯坦文化开始之时中间似有间隙，暗示了急剧的废弃和文化变化，虽然我们还不清楚造成这种文化断层的原因究竟如何。瓦伦西亚德拉翁的文化序列，开始很缓慢，然后是衰落之前的过度社会展示大爆发，而它面对的是其周围伊比利亚半岛和其外地区变化的世界。

　　与之相似，我们对匈牙利下涅克聚落的研究（与以斯帖·班菲及其团队）表明，规模庞大的人口集合体并不是在几百年内缓慢形成的，而可能是在三到四代之间快速发展而来，并于公元前4700年前后达到顶峰，随之而来的是快速的下降和衰落。那么，是什么把人们拉拢到一起形成数量庞大的人群，为什么这种联合人群不能持续长久？以上研究，以及波兰莱科特聚落的研究（与阿尔卡迪乌什·马齐尼亚克、莱赫·泽尔尼克及团队合作）、苏格兰巴豪斯、奥克尼的研究（与科林·理查兹及团队合作），提供了对房屋建筑延续时间的一系列精确的估算。这些房屋建筑的延续时间从二十几年到一代人的时间不等，这为研究新石器时代生活方式的变化速度提供了材料。其他研究还有法国培尔辛城堡（与穆里尔·甘德林及其团队合作），德国克林根贝格（与乌特·赛德尔及团队合作）的环壕聚落，法国巴黎盆地、比里和莱斯莫恩斯的公共墓葬纪念性建筑（与洛尔·萨兰，菲利普·尚邦及其团队合作）的研究，也证明了短期现象的存在。

　　我们也面临很多挑战。有时候并不能得到理想的样本容量，有时候校正曲线会产生双峰分布的测年结果，即便是最好的统计学和遗存序列都不能解决这种问题。将多标量的方法付诸实施也非易事。但有了我们的方法，并在最大程度上利用样本，相信模糊的史前史将成为历史，考古学将能够揭示过去生活的联系和连续性，为人类的过去写出更加精确的编年史。

项目负责人简介

阿拉斯戴尔·惠特尔是英国卡迪夫大学杰出的研究教授。自 1978 年始，就在该校从事研究和任教。致力于欧洲新石器时代考古诸多方面的研究，曾在英国、德国、匈牙利进行考古发掘。近期研究项目是尝试利用考古和科技手段考察欧洲中部早期新石器时代 LBK 文化生计方式的多样性（比克尔、惠特尔：《欧洲中部最早的农业工作者》，2013 年）。惠特尔教授有多部专著，其中有一本全面综合欧洲考古资料的大成之作——《欧洲新石器时代：创造新世界》（1996 年）。自 2000 年起，他与英国文化遗产保护署（英国遗产组织前身）科学测年主任亚历山大·贝利斯教授合作，对碳素年代加以贝叶斯模拟分析。他们的前期研究考察了英格兰南部早期新石器时代的 5 座长形墓葬，随后主要的研究重点是英国南部的新石器早期围筑遗址（惠特尔、希利和贝利斯：《收集时间》，2011 年）。从 2012 年起，他们主持了欧洲研究委员会资助项目——"逝去的时光"（www.totl.eu）。该项目应用贝叶斯方法研究公元前 6 千纪至前 3 千纪的新石器时代欧洲的方方面面，所研究年代的精度往往可达到一代或数代人的精度——这将引出更多的新问题，开创更广泛的历史学视角。1998 年阿拉斯戴尔·惠特尔教授当选为英国科学院院士。

Alasdair Whittle
阿拉斯戴尔·惠特尔

亚利克斯·贝利斯是英格兰历史组织科学测年主任，也是斯特林大学科技考古学教授。她开创了采用贝叶斯统计建造年代模型的方法，从数千个放射性碳测年数据中构建数以百计的模型。主要研究早期盎格鲁－撒克逊编年史（《公元 6 世纪和 7 世纪盎格鲁－撒克逊墓葬和随葬品》，贝利斯和海恩斯，2013 年），并对土耳其恰塔土丘遗址的年代表进行建模。

Alex Bayliss
亚利克斯·贝利斯

奎洛：玛雅文明的经济和社会起源

诺曼·哈蒙德（英国剑桥大学）

谈及玛雅文明，最为人所津津乐道的莫过于蒂尔卡（Tikal）、卡拉克穆尔（Calakmul）、帕伦克（Palenque）和科潘（Copan）等古典时期（公元250—900年）的宏伟城市，而更早的前古典时期的玛雅却鲜为人知。直至1975年，整个玛雅低地仅有六个放射性碳测年数据，而且没有证据表明公元前800年之前此地存在人类聚落。因此，许多学者认为，玛雅是从危地马拉、墨西哥高地或者墨西哥湾沿岸低地西部的奥尔梅克文化衍生出来的次生文明。早期村落遗址奎洛（Cuello）的发现，显示玛雅文化聚落出现的时间不晚于公元前2千纪晚期，同时提供显著的证据表明人类活动对热带森林景观的影响至少还要早一千年。奎洛遗址的田野工作在1975—2002年已完成，实验室整理工作一直持续至2015年仍在进行。多年的研究表明，玛雅社会在伯利兹潮湿低地及危地马拉和墨西哥的接壤地带独立发展，玛雅人是他们自身文化命运的主宰：与奥尔梅克和高地之间的联系解读为建立农业社会和贸易社会的互动。

18世纪以来的考古学研究主要集中于重要城市的宗庙、宫殿和竞技场。这些城市从公元前4世纪开始出现，在公元250年后的古典时期达到鼎盛，但是玛雅文明的经济和社会基础却长期遭到忽视。在城市里，许多早期遗迹叠压在长达数

奎洛遗址
（图片版权：Norman Hammond）

奎洛遗址发掘
（图片版权：Norman Hammond）

个世纪的晚期建筑之下，难以探知究竟。由于奎洛遗址在其最大规模时期也仅为一个大型村庄，且大多数前古典时期的地层距地表不深，所以较可能大范围地揭露早期建筑及墓葬、灰坑。

该遗址首次被发现于 1974 年的航空照片中：几个土丘散布在空地上，还有一些隐藏在热带森林里（由詹姆斯·菲茨西蒙斯教授领导的团队于 2016—2017 年对该区域进行发掘，他们的工作拟利用地图、发掘方案及早先的发掘成果为基础展开）。地表散布着熟知的马莫姆类型（Mamom，公元前 600—前 400 年）和赫类型（Xe，公元前 900—前 600 年）的陶器碎片；然而，另一些陶片的发现，表明此地存在未知的、更加古老的聚落遗迹。地图测绘显示，这个村落面积为 1 平方公里，其东北区域坐落着一个古典时期的小型礼仪场所：经试掘发现，最早的核心地带应该在西南 0.5 公里处，该地有一组前古典时期的居住和仪式性祭台；1975—2002 年间特别针对 34 号祭台进行了详尽的发掘工作，在古典时期中心地带发现公共建筑之下叠压着前古典时期的遗迹。

34 号祭台海拔高度仅 20 米，高出周围地形 5 米，是公元前 2000 年前后数个世纪间的核心区域，但是现在仅遗留下少量火灾后的残骸。考古工作发现了四米深的地层堆积，包括木材架构、棕榈叶盖顶的房子、脆弱的石膏地板、大量人类墓葬（截至最后一个发掘季，已发现 199 座，其中 166 座属前古典时期）等遗迹，以及包括陶器、石制工具、生计资料在内的垃圾堆积。根据最早由加州大学洛杉矶分校和剑桥大学的两个实验室提供的放射性碳测年数据，该聚落兴起时间可提前至公元前 2000 年前后；此后，遗址相关的测年样品分别被送到剑桥、拉贺亚和亚利桑那的加速器质谱实验室（AMS），均对早先的数据提出怀疑。牛津大学的加速器质谱实验室提取了人骨胶原进行测年，此做法意在测定人本身而非混乱垃圾的年代，结果表明这个聚落的使用年代始于公元前 1200 年前后。尽管最初的数据仍旧存疑，但上文提到的早于村落的小范围遗存或许在第一次发掘中被偶然提取了样本，这或许是最有可能的一种解释。

在已发掘的 199 座墓葬中有 166 座属于前古典时期，大多数为单人墓，少数为二次葬。两处最大规模的墓葬，其中既包括完整的骨架，也有成捆堆放的骨骼。有些头骨作为祭品放置于成对的陶碗中，这种情况以儿童居多。墓葬中男性占较高比例，而女性和儿童仅占少数，表明当时有意挑选成年男性埋葬于 34 号祭台周围的建筑中。研究表明，即便存在着例如蛀牙之类的牙齿问题（可能和食用粘性的玉米类食物有关），梅毒螺旋体病（通过 X 射线证实有梅毒或雅司病）也很常见，还有营养不良的情况，总体而言，当时公共健康条件仍然相当不错。2016 年，我们将运用氧和锶的稳定同位素技术进一步研究奎洛出土的人骨遗存，旨在开展前古典时期玛雅人群饮食和迁徙等研究。

文化堆积包括保存状况较好的动物骨骼、炭化植物遗存。这也是我们第一次在玛雅地区做浮选和植硅体研究，使我们得以用详细的材料分析重建前古典时期的生业经济。目前发现的最早地层中保留有玉米遗存（如炭化谷粒和穗轴碎片），并且文献记载玛雅人种植玉米已有 1500 余年的历史，他们能够种植高产量的植株以满

房址（公元前800年）与金字塔庙宇遗迹（250年）
（图片版权：Norman Hammond）

诺曼·哈蒙德（1979年）
（图片版权：Norman Hammond）

奎洛MB1出土的头骨与陶罐
（图片版权：Norman Hammond）

足大量人口的食物需求。奎洛还未发现在之后几个世纪里对玛雅农业至关重要的人工旱地或梯田，当时的玛雅人可能在砍伐后的森林空地上种植一年生玉米。

乔恩·海瑟博士发现了第一个木薯遗存（自公元前1200年以来就是一种重要的块茎作物）。黄肉芋在当时也已种植。虽然奎洛遗址并未发现相关遗存，但我们推测甘薯可能也已得到种植。块茎类作物在前古典时期玛雅人的日常饮食中占有重要地位，但是由于发现作物遗存的困难导致其重要性常常被忽视，不过最近关于萨尔瓦多古典时期科伦（Cerén）村落遗址的研究为公元600年前后玛雅人食用木薯提供了切实证据。其他植物如棉花（利用纤维和棉籽油）、可可（据16世纪玛雅和阿兹特克文字记载，可可在中美洲的仪式中作为饮料使用）在前古典时期已被玛雅人利用。木本作物主要从森林和果园（栽培地休耕期间用作果园）获取，包括各种水果和鳄梨。

动物蛋白来自定期捕猎白尾鹿（Odocoileus virginianus），在森林中捕获领西貒（Pecari tajacu）、犰狳（Dasypus novemcinctus）、驼鼠（Cuniculus paca）及其他小型哺乳动物，另外他们还从附近河流、湖泊中捕获慈鲷鱼和贝类作为食物。玛雅人对捕猎物有严格的要求，如：他们捕猎白尾鹿而非短角鹿（Mazama temama）；西貒类则是领西貒，而不是远离人类聚落的白唇西貒（Tayassu pecari）。他们把奎洛变成了一个相对空旷、干净的地方。植物学证据

廓落出土的刻纹骨器（公元前400年前后）
（图片版权：Norman Hammond）

也表明森林只占植被覆盖率的一部分，其余为灌木和农作物。这证明公元前 1200 年前后的奎洛不是该区域的第一个聚落，更早的玛雅村落应该位于附近，尚有待于未来考古发掘证实。

尽管玛雅人 50% 以上的肉食来源于同一个品种的鹿（白尾鹿会袭击玉米地，容易被玛雅猎人捕获），被驯养的家犬同时也是肉食来源之一（主要以玉米喂养，一岁左右屠宰）。与通常情况不同，玛雅家犬的牙齿磨损并不是由啃咬骨头或树枝造成的，稳定同位素（C13 和 N15）分析表明这些家犬食用较多的 C4 植物。

对人骨和动物骨骼的稳定同位素分析（由冯·德·莫维、罗伯特·泰科特、哈蒙德共同执行）表明，前古典时期奎洛人的日常饮食中 35% 是玉米，家犬食用玉米的比例则更高。也正如所预期的一样，鹿和西猯的食谱中，玉米占少数，而以森林植物为主。2016 年，我们将启动一个对奎洛墓葬人骨牙齿 Sr-87/Sr-86 锶同位素分析的项目，以研究古代人口的流动。我们将弄清哪些是本地人，哪些是自愿或被迫的移民。最有意思的材料是出土于 1 号墓葬（公元前 400 年）和 2 号墓葬（公元前 100 年前后）的男性人骨。其中一些骨头的特征显示屠杀和死亡时间与埋葬时间相近，埋葬礼仪活动与 34 号祭台建造和扩建的过程同步进行，34 号祭台从一个小型封闭庭院最终扩展为一个以神庙金字塔为主导的公共开放区域。我们希望 Sr-87/Sr-86 锶同位素分析能够确定这些人是否是后来迁入奎洛的，如战争俘虏。另外，C13/N15 研究结果显示 1 号墓葬男性墓主人的食谱中玉米占较高比例，且蛋白质摄入明显高于同期平均值。

尽管奎洛在当时是一个不太重要的小型玛雅聚落，我们仍然相信奎洛遗址与其他玛雅聚落及其他地区存在交流，它从一开始就是区域交换系统的一部分。玉米加工工具"马诺石"（manos，磨棒）和"马特石"（metates，磨盘）是用来自南部 150 公里外的砂岩制成的，优质燧石来自东南 30 公里外的科哈遗址（Colha，位于伯利兹），两者年代都在公元前 800 年之前。制作装饰品的海贝来自东北 50 公里外的加勒比海沿岸，而手工作坊的发现表明贝饰随葬品为本地制作。大约在公元前 650 年，危地马拉高地（位于奎洛遗址南 500 公里）的黑曜石和莫塔瓜山谷（位于奎洛遗址南 250 公里）的玉石开始输入奎洛。这些玉石里既有奥尔梅克文化所钟爱的各色蓝玉，也有与古典时期玛雅随葬品类似的翠绿玉。即便在儿童墓葬中，这些珍贵的外来物品也时有发现（如：约公元前 660 年的一座约 8 岁儿童的墓中，随葬了一个类似凹面镜的饰品）。研究者认为这是身份地位的象征，说明等级社会在公元前 700 年前后已经出现（而最近在塞哇、危地马拉等其他遗址的工作表明复杂社会的出现时间可能会更早）。

虽然在奎洛遗址，人头骨经常被用于制作饰品和面具（我们无法推断这些头骨是来自受崇拜的祖先，还是被斩首的敌人），艺术并不是此地前古典时期玛雅文化的重要部分。陶人像暗示了其社会阶层，如部分男性人像戴着巨大的耳饰以及

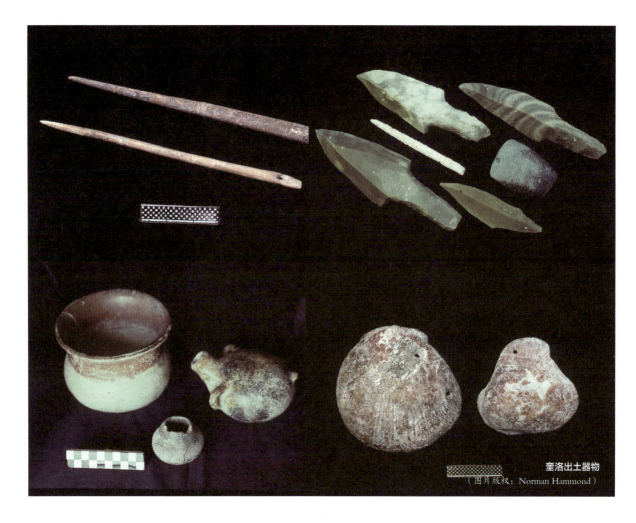

奎洛出土器物
（图片版权：Norman Hammond）

其他象征身份地位的饰品。乐器的制作灵感来自对自然界的观察，多被制成动物形状（如犰狳和鸟），它们的声调表明新大陆有一套独立的音域（哆—来—咪）系统。陶滚轮印主要用于皮革、棉纺织品、皮纸／衣刷上色。公元前 8 世纪以来的抽象设计标志着玛雅艺术形式的形成，公元前 5 世纪的流行主题则以体现古典时期统治者的权力为主。其他遗址如圣巴托洛（San Bartolo，位于危地马拉，在奎洛遗址西南 70 公里外）的证据表明，公元前 4 世纪的早期象形文字中就有 "ahaw" 这一名称，意为 "领主、主人、国王"。说明玛雅王系开始于前古典时期中期晚段的末期，约公元前 600—前 400 年。我们在奎洛遗址发现了公元前 2000 年的人群活动和公元前 1200 年的村落，这为解释玛雅文明经济和社会基础的形成提供了有力证据。尽管奎洛在玛雅文化中并不十分重要，但是它展示了早期玛雅文明的聚落、生计和社会等面貌，让我们可以更好地了解中美洲热带森林中的社会复杂化的进程。

项目负责人简介

诺曼·哈蒙德是剑桥大学麦克唐纳考古研究所高级研究员，波士顿大学考古学退休教授，英国科学院院士。他在剑桥大学考古专业获得哲学博士和理学博士学位。自 1968 年始，致力于中美洲玛雅文明的相关研究。他曾在路巴安屯（Lubaantun，1970 年）、北伯利兹（1973—1978 年）、诺莫（Nohmul，1973—1974 年，1978 年，1982—1986 年）、奎洛（1975—1980 年，1987—1993 年，2000—2002 年）、拉米帕（La Milpa，1992—2002 年）和其他伯利兹的玛雅遗址主持发掘或调查项目。此外，他还发掘过厄瓜多尔早期村落遗址（1972，1980，1984 年），在阿富汗和北非也主持过考古工作。他的著作有：《路巴安屯——一个典型的玛雅王国》（1975 年），《古代玛雅文明》（1982 年，该书有美国版本和各种外语版本），《诺莫：伯利兹史前玛雅社会》（1985 年），《奎洛：伯利兹早期玛雅社会》（1991 年）。

Norman Hammond
诺曼·哈蒙德

兴隆沟遗址出土炭化黍粒

（图片版权：赵志军）

黍和粟的起源与传播

赵志军（中国社会科学院考古研究所）

马丁·琼斯（英国剑桥大学）

刘歆益（美国圣路易斯华盛顿大学）

在农业起源研究中，较之高产的大粒粮食作物如小麦、水稻和玉米而言，硬质的小粒粮食作物黍和粟两种小米较少受到关注。在过去的 10 年里，来自中国（北京）、英国（剑桥）和美国（圣路易斯）的学者们合作开展了一个多学科研究项目，共同探讨黍（Panicum miliaceum）和粟（Setaria italica）两种小米在过去、现在和未来的利用。黍和粟在如今作为次要谷物已经很少引起科学家关注了，但它们曾在历史上占据了最广泛的地理区域。研究结果揭示，黍和粟这两种小米起源于中国北部，后向外传播，在史前时期便已到达欧洲和印度。

21 世纪以来，由于浮选法的普遍使用，中国考古遗址出土了大量的早期小米遗存，为探讨小米起源提供了实物证据，其中以兴隆沟遗址的发现最为重要。兴隆沟位于内蒙古赤峰地区，是一处新石器时代早期村落遗址，通过浮选发现了 1400 余粒炭化小米，其中以炭化黍粒为多，以及一些粟粒。四份炭化黍粒样品被送至中国、加拿大和日本的碳十四实验室进行 AMS 测年，四个数据的加权平均值是 6800±35 14C BP，校正年代为 7670—7610 cal.BP，这是目前欧亚大陆上所发现的具有直接测年数据的最早的小米遗存。另一个重要发现来自鱼化寨遗址。鱼化寨位于陕西西安市，是一处仰韶文化村落遗址，文化堆积的年代跨度自北首

赤峰地区成熟的粟
（图片版权：赵志军）

考察现代小米
（图片版权：赵志军）

岭期至半坡晚期（公元前 7000—前 5500 年）。从遗址浮选出土了 5 万多粒炭化粟粒和黍粒。来自不同地层的小米的形态特征的变化揭示了几千年来小米驯化过程的演变。

　　除了植物考古新发现，我们还应用了大量前沿科技方法开展研究，例如基因考古、稳定同位素食谱分析和分子标记分析。基因考古研究显示了植物的谱系和其生物特性，一开始，关于黍的遗传记录比植物考古学的记录更加匮乏。我们最初的研究结果认为黍的起源地有一东一西两种可能，我们的新证据显示，世界范围内所有黍的祖本都来自中国北方的同一块区域。植物 DNA 研究还表明，起源于东亚的"粘性"控制基因是后来传播至欧洲等地。

有关人们的食谱的研究大多直接来源于其骨骼。2005 年之前，关于稳定同位素分析的研究前景已经在新大陆玉米的驯化上得到了广泛的认识，通过区分食谱中 C3 和 C4 植物的方法也可以运用到小米上。根据我们的研究结果，在距今8000 年前后的兴隆洼文化时期，小米已经成为当地人日常食用的谷物；在不晚于距今 6500 年的仰韶文化时期，小米成为中国北方人口的主粮。通过一系列相关资料，我们追寻欧亚大陆上食用小米的传播路径，确定哪些个体和人群是最早的小米消费者。同样，西方对小米的接受模式可以与在东方接受西方农作物的情况相对比。

近些年来，在西方发现的三种与中国相关的早期农作物即荞麦、黍和粟引起了学界的关注，使得之前一直被忽视的这些"次要"农作物获得了在欧亚大陆史前史上令人瞩目的位置，这种地位的提升与对它们的起源和传播的研究密切相关。随着越来越多的植物考古学证据在欧亚大陆上被发现，我们能够发现更丰富、更详细的两种潜在途径，以及环境背景和这些作物传播的制约因素。研究显示，大河谷地（主要是黄河）不是农业起源的首选地区，以粟和黍为代表的旱作农业的起源地应该是位于相对平缓的山前地区。在某些地方，例如兴隆沟等华北地区早期新石器时代遗址，在黄河相距甚远的地方也有种植痕迹，并且与山地聚集地域的山水径流密切相关。对山前地区的强调，以及对山间流水而非大河谷地水资源的利用这一点上，在中国以外地区早期小米遗存的新发现也得到了印证。例如，

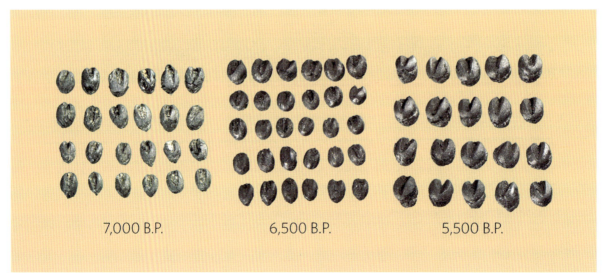

7,000 B.P.　　　　　　6,500 B.P.　　　　　　5,500 B.P.

鱼化寨出土小米的形态变化
（图片版权：赵志军）

植物照片
（图片版权：赵志军）

在哈萨克斯坦东部地区发现了距今 4500 年前的黍子，遗址位置也是山前地区，该研究讨论了有关小米起源和传播的环境背景。到达中亚地区之后，黍继续向西传播到了高加索地区和欧洲。而另一方面，粟则从中国北方向南传播，最迟在距今 4000 年时便于泰国和印度的遗址中被发现。

我们的研究成果相继发表在《科学》《考古》《当代人类学》《美国体质人类学》《古物学》《世界考古学》《植被历史和植物考古学》《分子生态学》《分子生物进化》等学术刊物，得到了国际学术界的重视和认可。

过去十年间，小米起源和传播的研究在世界史前农业史中的地位发生了重要转变。黍和粟两种小米从世界农作系统中的"次要"农作物转而成为理解农业史前史的重要因素。这种转变不仅改变了我们对小米的认识，还推动了现今小米农业生产的发展，为维护传统农业生产体系起到了应有作用。例如，出土最早炭化小米的兴隆沟遗址所在地——内蒙古赤峰敖汉旗在 2012 年被联合国粮农组织列为重要农业文化遗产地，这不仅是对考古工作的肯定，更为当地的农业产业带来了巨大转机，是史前研究对当今社会影响的一个好的示范。

我们的项目得到许多基金会的经费支持，包括中国国家自然科学基金、中国社会科学院创新项目、中国科技部国家科技支撑计划；欧盟研究委员会；英国的维康信托基金（Wellcome Trust），利弗休姆信托基金（Leverhulme Trust）、伦敦皇家学会（Royal Society of London）、多萝西·霍奇金奖（Dorothy Hodgkin Award）、英国应用生物学和生物科学研究理事会（BBSRC）、联合利华（Unilever）、生物科技（Bioscience）、剑桥大学达尔文学院（Darwin College）；德国的格达—汉高基金会（Gerda-Henkel Stiftung）；美国的文安·格伦基金会（Wenner Gren Foundation）、盖茨基金会（Gates Foundation）、I-CARES 和圣路易斯华盛顿大学（Washington University in St.Louis）。

我们的研究小组成功建立了广泛的国际合作网络。来自 8 个国家的 20 余位考古学家或科学家参与项目中，与我们合作开展研究，共同发表论文。本项目的田野工作在中国、俄罗斯、哈萨克斯坦、印度、乌克兰和罗马尼亚进行，随后在中、英、美三国进行实验室分析。其中需要特别强调的是，项目组的主要成员刘国祥（中国社会科学院）在西辽河流域长期有效的考古工作并主导了兴隆沟遗址的发掘工作，杨金刚（中国社会科学院）对出土植物遗存的鉴定，孙永刚（赤峰学院）对资料的收集和分析，哈丽雅特·亨特（Harriet Hunt，剑桥大学）和吉德·莫图扎特·玛图泽茨特（Giedre Motuzaite-Matuzeviciute，立陶宛维尔纽斯大学）对黍和粟的植物 DNA 以及放射性碳测年的研究重塑了对这两种作物植物史的了解。同时，我们还要感谢如下学者的支持、参与和合作：中国社会科学院考古研究所的王巍、北京大学的周立平；剑桥大学的艾玛·莱特富特（Emma Lightfoot）、娜塔莉亚·皮茨玛斯卡（Natalia Przelomska）、佩妮·琼斯（Penny Jones）、戴安娜·利斯特（Diane Lister）、婷·安娜德·凯瑟琳·尼勒（Ting Anand Catherine Kneale）；伦敦的傅稻镰（Dorian Fuller）、迈克尔·罗兰（Michael Rowlands）；以及圣路易斯华盛顿大学的迈克尔·范提（Michael Frachetti）和罗伯特·斯彭格勒（Robert Spengler）。

项目负责人简介

赵志军，中国社会科学院考古研究所研究员、博士生导师、中国考古学会常务理事。1996 年在美国密苏里大学获人类学博士学位，在植物考古学领域表现出色。他是中国考古学植物考古研究领域的先驱之一，并在中国推广了考古发掘中浮选技术的应用。他从事植物考古研究，先后前往中国各地百余处考古遗址指导和开展浮选法，推动和普及植物考古在中国考古学中的应用。他的主要研究兴趣是农业起源。目前的研究集中在华夏文明形成与古代农业发展之间的相互关系、以及史前农作物的传播等问题。他发表了 80 余篇学术论文，并著有《植物考古学——理论、方法和实践》一书。

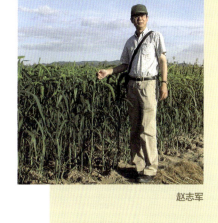

赵志军

马丁·琼斯是剑桥大学首任乔治·皮特河（George Pitt-Rivers）科技考古讲席教授，并担任剑桥大学达尔文学院副院长。40 年来，他致力于植物考古，研究世界不同地区早期农业的发生与发展。从 20 世纪 90 年代开始，他的研究兴趣从植物考古学拓展到遗传考古学以及古代食谱研究等领域。2014 年，他被选为欧洲科学院院士。过去十年中，琼斯教授的工作得到英国的维康信托基金、利弗休姆信托基金、剑桥大学达尔文学院和欧盟研究委员会等多家基金会的支持，以便他能与中国同事进行密切合作来探索和分析旧世界的小米起源与发展的研究。

马丁·琼斯

刘歆益是美国圣路易斯华盛顿大学人类学系助理教授。主要兴趣是史前时代的食物全球化，以及世界不同地区的早期食物网络。2010 年获得剑桥大学考古系博士学位，曾任剑桥麦克唐纳研究所博士后研究员，达尔文学院青年研究院士。从 2005 年起，刘歆益在马丁·琼斯教授和赵志军教授的指导与帮助下，从事中国小米起源与传播的研究。

刘歆益

2008年遗址全景鸟瞰

（图片版权：William Doelle；拍摄：H Wallace）

美国西南部最早的农业

威廉·道尔，詹姆斯·文特，萨拉·赫尔（美国西南沙漠考古研究所）

由于过去 25 年间美国西南部和墨西哥西北部的研究工作，我们对驯化植物从墨西哥西南部巴尔萨斯河盆地传播到北美，以及那里由采集狩猎到农业定居生活的转换这两个问题的认识都被彻底刷新。许多相关成果得益于政府出资的文化资源管理项目，也就是联邦、州和各级地方政府规定基建工程开工前必须完成的前期工作。

图森盆地和亚利桑那州图森城位于圣克鲁斯河流域，地处墨西哥北部绵延到美国亚利桑那州的盆地和山脉区域。由于在亚热带索诺兰沙漠之中，这里有北美洲大陆最多样的生物群落之一，从海拔 2000 英尺（600 米）的丰饶河岸地带到海拔 1 万英尺（3000 米）的高寒山脉，不同的地貌为不同生计方式的存在提供了可能。

我们讨论的时段称为早期农业时代，从距今 4100 年到距今 1950 年，跨越两千多年。这个时代始于中美洲最著名农作物——玉米的引种，完结于以玉米为基础，表现在饮食、社会和仪式等各方面的农业生活的发展。

20 世纪 90 年代以前，对于早期农业时代的了解，仅仅基于干涸河床剖面或深层堆积中的木炭和火烧遗存。由于图森盆地高速公路、废水处理装置以及相关基础设施建设前的一系列深入发掘，发现了圣克鲁斯河冲积平原内25处与早期玉米种植有关的遗址，使这里成为美国西南部和墨西哥西北部早期农业研究最成熟的区域。此前学者们聚焦于中美洲和北美洲早期玉米考古材料的时间与地点，后来的工作则更多探索种植玉米的人，包括他们的居住和劳作情况，以及他们开始发展农业并将其作为日常生活的过程。

沙漠考古研究所有幸主持了上述研究中的大量工作。我们和其他考古学者在圣克鲁斯河沿岸发现了早至距今5700年前的作物，而大约4500年前，玉米就已经大范围传播开来。人们最早的耕作无疑是

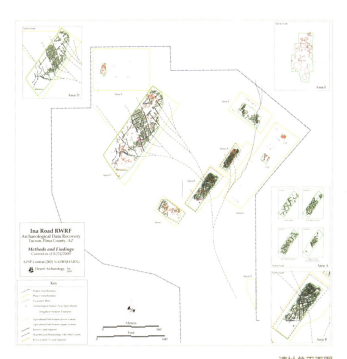

遗址总平面图
（图片版权：William Doelle）

2009年遗址鸟瞰
（图片版权：William Doelle；拍摄：H. Wallace）

在冲积区上进行的，尽管比较原始粗放，但他们还是需要了解种植的时间、地点和方式，熟悉从播种到收获的整个过程，以及如何为下个种植季备好种子。我们惊奇地发现图森盆地最早的人工渠道距今 3500 年，与墨西哥中部最早的人工渠道同时。人们不禁要问，美国西南部、墨西哥西北部和中美洲的灌溉是各自独立发展而来，还是这种灌溉技术由于农民迁移或文化传播使其从中美洲向北扩散从而迅速发展起来？正在进行中的研究或许能帮助我们解答这个问题。

拉卡帕遗址，在西班牙语中原意为"地层"，是美国西南部、墨西哥西北部规模最大、内涵最丰富、保存最好的早期农业时代遗址之一。它位于圣克鲁斯河等三河交汇之处，文化堆积深达 1—3 米，完全不可见于现代地表。过去 30 年间，这里进行过几次范围有限的考古调查。2008 年和 2009 年，沙漠考古研究所在皮马县政府特雷斯里奥斯再生水设施扩建改造工程前对该遗址进行了广泛调查，发现占地 60 亩且保存完好的遗址，因此我们不仅可以获取整个遗址的信息，更能从一个较大范围了解这里史前农业的面貌。

经过为期 13 个月的田野工作，发现了 5500 多处保存在古代河流冲积平原上的史前遗迹，它们距今 3200—2700 年，横跨 5 个世纪。我们发掘了六成以上的遗址，清理的遗迹包括 53 座半地穴式房屋、8 处疑似半地穴式房屋、2758 处储藏坑、490 处烧火坑、20 处土坑墓、2 处火葬墓以及 11 处动物埋葬坑，还发现了 113000 件遗物，采集了 7300 份样品。遗址中最重要的遗迹是一处面积 15 公顷的灌溉系统，400 多年里，它经历了建造、使用、维护、毁于洪水以及重建。其主灌溉渠宽 1.5 米，深 0.75 米，有二、三级渠道与之相连，这个系统将田地划分出的最小单位面积为 4 米 ×6 米。

此前该遗址的田野工作显示，人们曾长期居住在圣克鲁斯河冲积平原边缘。尽管尚不清楚整个居住区最初的范围，我们仍能窥测当时的居住模式。这里的房屋体量较小，都是圆形或椭圆形，立柱支撑，灰泥封顶。这种带有室外储藏坑的房屋 3—8 个为一组，面向冲积扇边缘建在地势较高处。烧火坑建在成组房屋的外围，田地也在冲积平原上，临近水道，距离房屋约 20 米以上。定居点的人口很少，推测一个定居点的居民大约为 75—100 人，当时圣克鲁斯河冲积平原可能总共有 500—600 人同时居住在五六个定居点中。

研究意义

拉卡帕遗址乃至整个图森盆地圣克鲁斯河冲积平原极大丰富的考古材料，改变了我们对美国西南部、墨西哥西北部古代社会从采集狩猎到农业生产这一转变过程的认知，更在研究自然与社会生态转型、食物和知识技能扩散，以及了解北美地区西南部新石器时代的人口变迁等问题上具有世界性价值。

与新石器时代欧洲和西亚的人口转型相反，种植农作物和人口增长明显有关联，农业产生之后人口大量增长，村庄生活迅速发展起来。而在美国西南部和墨西哥西北部，农业出现后影响到的范围小得多。从中美洲北传后的最初几个世纪，玉米在这里的经济地位不高，它在食物中的重要性增长趋势尽管明确但较缓慢，作为一种新食物，它对人口数量的直接影响也不大。在美国西南部和墨西哥西北

2009年遗址局部
（图片版权：William Doelle；拍摄：H Wallace）

部广大区域内，玉米种植对环境、社会和人口的作用有明显的地区差异。直到玉米传入 2000 年以后，陶容器的发展提高了烹饪效率和粮食的储存时间，明显的人口增长才最终发生。

拉卡帕遗址灌溉系统广泛地存在，而对其大规模地进行必要的修建、维护却像一个谜。当时的玉米穗很小，长度小于 10 厘米，结出的玉米粒也仅有 10—14 排，产量很低。玉米在拉卡帕人食谱的地位有限，占人们从食物获得总热量的比重不足三分之一。当时的食物构成主要还是捕获的兔子、鹿、牧豆树豆荚，以及从河岸野地采集的蔬菜叶、草种。

玉米作为食物的重要性在农业时代初期的几个世纪并未体现。而其最大的意

石器沿时间轴的演变

（图片版权：William Doelle）

义存在于社会层面：农业成了标识群体身份、维持群体存在不可或缺的活动，具体表现为组织劳动力播种和收获、合作修建和维护农田、调度灌溉系统并管理水源、举行仪式祈求丰收、为下一年备种。欢庆丰收和分享消息时的群体团聚、生产循环中农民的参与以及规划未来等都成了社会生活的重要内容，这些变化皆因玉米而来。玉米比其他两种源自中美洲的重要作物——南瓜和豌豆更早传到美国西南部、墨西哥西北部，后两者直到距今 3100—2800 年才出现在这一地区。

　　早期农业时代还是社会网络转型的早期阶段。这里说的不光是中美洲地区玉米与社会仪式的关联，也有相邻遗址实质的地区间联系。由于水资源的限制，圣克鲁斯河最多可以支持拉卡帕遗址生活六个农业定居群体的生计。依赖河流灌溉

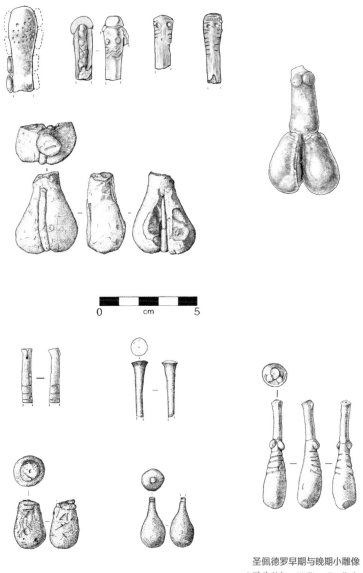

圣佩德罗早期与晚期小雕像
（图片版权：William Doelle）

193

复原图
（图片版权：William Doelle）

的群体必须就引入各自田地的水量和时间进行商讨。不光要分配水资源，在群体定居、人口增长的形势下，分配农田也亟须社会政治能力。低水平的种植采集发展到劳动和社会资源密集型的玉米种植业，玉米既是食物，又是社会标签。群体之间的联系不仅发生在圣克鲁斯河流域，尖状器的相似形制说明这里的早期农业群体和南方数百公里外墨西哥索诺拉里奥伯奎拉遗址发生了联系。而来自加利福尼亚海岸的海贝饰品则说明了距离遥远的群体间存在贸易往来。这里还发现了来自多处遥远火山地区的黑曜石器。当时，相距甚远的人群之间已经发生联系，他们所在的社会网络远比我们以前的想象庞大得多。

工作意义：关于美国考古工作的经费

今天，大多数美国境内进行的考古工作被视作工程施工前环境研究的一部分，获得国家、州和当地基层政府的资助。在美国国家层面，1966 年颁布的《国家历史保存法案》已经出台近 50 年。该法案通过后，州和地区级别的其他相关法律法规也不断颁布。美国西南地区南部的早期农业研究工作就是在上述联邦、州、当地政府法律体系下获得资助开展的。由于规模巨大、研究成果突出，拉卡帕遗址备受瞩目，它的经费源自皮马县政府特雷斯里奥斯再生水设施工程。项目浩大、资金充足、田野考古方法精良、考古人员经验丰富、充足的工作时间使得开展高质量的考古工作成为可能，这才使得拉卡帕遗址的考古工作取得了非凡成功。

项目负责人简介

美国西南沙漠考古研究所成立于 1989 年，位于美国亚利桑那州图森市，在凤凰城设有分部。研究所有 35 名成员，主要在亚利桑那州内开展工作。成立以来，沙漠考古研究所已经完成了涵盖地面考古调查和大型发掘等内容的 2200 多个项目。项目经费主要来自文化资源法案框架下的相关工作合约。2009 年，沙漠考古调查所主持的 3000 年前图森地区早期灌溉遗址项目荣膺"考古杂志年度十大考古发现"。20 世纪 90 年代以来，美国西南沙漠考古研究所完成了一系列图森盆地圣克鲁斯河沿岸的大型考古项目，极大地推进了对美国西南部农业出现的研究。

William H. Doelle
威廉·道尔

威廉·道尔，1980 年获得美国亚利桑那州立大学博士学位。美国西南沙漠考古研究所创始人和现任主任。他的研究领域主要是公元前 1200—前 1700 年美国西南部和墨西哥西北部人口变化与文化变迁。

詹姆斯·文特，1987 年获得亚利桑那州立大学民族学学士，1992 年获得北亚利桑那大学民族学硕士。从 1983 年开始在亚利桑那州和新墨西哥州北部从事考古工作，先后就职于亚利桑那州立博物馆、国家公园管理署。1993 年起在美国西南沙漠考古研究所工作。他的研究领域包括早期农业时代和史前时代的群体发展与群体认知，以及这一时期美国西南部和墨西哥西北部农业人口的变化。

James M. Vint
詹姆斯·文特

萨拉·赫尔，美国西南沙漠考古研究所考古学家。1991 年获得布林乃尔学院民族、古典和近东考古学学士，1994 和 1999 年分别获得亚利桑那州立大学考古系硕士和博士学位。她的研究领域包括美国西南部边缘地区人口和早期农村生活的演变、西阿帕契人早期历史、北美洲考古与文化遗产管理史。

Sarah Herr
萨拉·赫尔

最早的农业到最早的城市：从农业实践的发展探讨欧亚大陆西部城市社会的起源

艾米·博加德，艾米·斯特琳（英国牛津大学）

世界不同地区的考古学家对城市的出现都曾有所论述，其特征是严重的贫富分化，宫殿、庙宇等中央机构的出现以及人口的大规模集聚。有意思的是，这些城邦社会无一例外都是农业社会，这似乎表明是农业促成了社群规模的扩大、不平等和集权的出现。对这一过程的经典解释通常将农业的集约化（即通过增加劳动力投入来提高单位土地面积的产量）看作城市化的一个主要原因和结果。按照这一观点，正是畜力牵引下的犁耕或者干旱地区的大规模灌溉等新技术的出现，支撑了新兴的精英阶层和城市中心的出现，这与之前的那种种植面积大、投入低、耕地持续时间短的农业模式有着鲜明的差别。这类解释模型都假设从低投入的农业体系到高投入的农业体系是一个渐进式的发展过程，而这些新兴的精英阶层则是新出现的集约式农田的缔造者。他们还认为早期的粗放农业模式，无论是对于之后城市体系的形成还是持续的社会不平等的出现，并没有产生任何影响。值得指出的是，过去极有影响力的关于城市和国家起源的理论，不管是伊斯特·保思博所指的农业休耕期理念，还是由安德鲁·谢拉特提出的"农副产品革命"促进欧亚大陆西部城市化的观点，尽管他们都强调了农业集约化生产，却并没有太多关于史前社会晚期农业实践的材料。

公元前16世纪哈图沙地下粮仓发现的碳化谷物和杂草

（图片版权：Reinder Neef）

公元前七千纪恰塔堌堆遗址大麦遗存的发掘
（图片版权：Amy Styring）

叙利亚特尔雷兰卫城粮仓遗迹发掘
（图片版权：Harvey Weiss）

　　这里所述及的合作研究便是将关注点集中在可获得的有关农业的最直接证据上面，包括碳化的作物遗存和与之伴生的杂草。它们都是从农田中收割，然后运输到居住区，在谷物储藏设施中或者作为作物加工的副产品最终沉积在考古遗址中。对这些材料的研究属于考古学的一个分支，即植物考古学。通过在这些材料的研究中使用和综合新的分析手段，我们建立了一个关于农业活动的"自下而上"的解释，也是就从家户和聚落不断发展的环境与规模出发，来探究农业在区域性的社会变化序列（包括一些世界上最早的城市中心）出现过程中的作用。

　　我们用来探索生态环境和古代耕地管理的方法精练并整合了植物考古学中的两个新兴技术，即作物遗存的稳定同位素分析和农田杂草的生态功能分析。对作物遗存的稳定同位素分析需要通过农业试验，在受控的生长条件下观察碳氮同位素值的变化。谷物和豆类的碳稳定同位素值反映了它们生长过程中的水环境，氮值则反映了土壤中的氮同位素构成，这在耕作系统中受到施肥的影响，也就是人为增加土壤中的有机质，特别是通过动物粪便来补充土壤肥力，加快土壤生长力的恢复。第二个方法即杂草的生态功能分析，包括对杂草形态学特征（比如最大冠层高度和直径）和生长属性（比如开花的季节和花期长短）的分析。在此基础上估算各类杂草在不同的耕作活动下得以继续存在的可能性，这些耕作活动包括耕地、除草等干扰其生长的行为以及季节性（春播还是秋播）。我们使用作物的稳定同位素值和杂草的生态功能建立了现在所知的不同农业体系的生态模型。我们还特别描述了劳动力密集型农业（高土壤生产力和土壤扰动）和粗放型农业（低土壤生产力和土壤扰动）这两种体系下杂草群和作物稳定同位素值的差别。通过对干旱、半干旱地区，例如摩洛哥南部、法国的普罗旺斯地区、西班牙的阿斯图里亚斯等地传统农业体系下的现代杂草群和作物进行调查，我们得以确认和比较不同气候区内农业的集约化程度。这些高投入和低投入的农业体系确保了我们可以通过增加单位面积的劳动力和资源投入来建构一个模型来分析作物稳定同位素值和杂草生态属性所能反映的农业集约化有哪些特征。

　　这些方法和模型在植物考古数据中的应用，对于有关集约化的发展模型提出了明确的挑战。一个关键的推论是欧亚大陆西部不同地区的早期农业并不都是粗放的、低投入的或游耕性的。相反的，早期农业倾向于通过大量的劳动力投入来创造高产、相对容易耕种而且能够持续多代的耕地，这类土地很可能一直被拥有他们的家户长期占有和继承。这个推论主要基于两种数据：一是作物稳定同位素值能够指示特定作物的施肥和（在较干旱的地区）灌溉状况；二是早期耕地杂草组合的生物性能分析反映了当时已经出现相对较高的投入、集约化的管理以及精心的耕地、除草、施肥和（在有需要的地区）灌溉。我们的研究成果还显示，早期谷物不仅在西亚，而且在同时期的欧洲很可能都是秋播的，这实际上也同时强调了高产的重要性（高产得益于相对于春播作物而言较长的生长季）。

　　这些早期"集约"体系与史前时代晚期的农业系统相比有何不同？我们目前正在通过研究一些区域内部的发展序列来探索这一问题，研究区域主要集中在美索不达米亚北部、安纳托利亚中部、爱琴海北部和南部以及德国西南部等有植物遗存的考古遗址中。其中关于德国西南部的研究成果或许可以描绘从公元前第六千纪中叶开始的新石器时代到公元前一千纪前半叶的铁器时代，农业活动发生的那些变化的微妙和偶然性。通过与德国巴登—符腾堡州国家遗产中心的合作，我们非常幸运地获得了丰富的作物和杂草样品。德国的杂草样品十分清晰地反映

公元前16世纪哈图沙遗址地下粮仓遗迹发掘
（图片版权：Courtesy of Jürgen Seeher）

摩洛哥南部绿洲农业调查
（图片版权：Amy Styring）

了铁器时代早期向更低的农业集约化程度的转变。对于相关杂草生态属性的细致分析进一步地证明，这主要与新石器时代相比更低水平的土壤扰动有关，例如更少的犁耕和除草活动。这一转变很可能反映了耕种规模的扩张，而其出现的一个基本前提是这一时期畜力牵引下的犁耕技术。但是作物的稳定同位素值分析结果又为这个故事增加了另一个情节：铁器时代早期的农人在土壤肥力并没有明显下降的情况下，通常会比同一地区新石器时代的农人使用更多的肥料。因此，稳定同位素数据实际上反映了某种形式的劳动力投入（比如给田地施肥）确实会随着时间的推移有所增加，但是其效果只是保持产量而并非提升。此外，施肥实际上主要见于六棱皮大麦中，这是铁器时代非常普遍种植的一种作物，通常用于为宴飨活动而进

行的大规模啤酒生产，这种活动最可能发生在发现有奢华墓葬的中心遗址中。因此，农业决策对于铁器时代早期的政治经济活动是至关重要的，宴飨在其中发挥了非常核心的集权作用。

　　我们对于其他地区数据的分析仍在进行，但是目前能够看到的趋势可以在此做一简单介绍。首先，土壤的生产力和扰动，可能还包括单位面积的作物产量，通常

摩洛哥RIF区农业调查
（图片版权：Amy Styring）

会随着时间而降低，这实际上推翻了集约化假说所期待的一些结果。其次，新石器时代的农业体系已经相当复杂，而且很可能包括高投入和低投入的不同作物种类，因为早期农人被迫对于将有限的肥料、水和其他资源，以及有限的可用劳动力使用在哪些作物中做出选择。最后，家户和聚落层面上的农业策略随着时间的推移而逐渐多样化，部分原因是作物范围变得越来越多样化。植物考古学家马丁·琼斯在"史前时代的食物全球化"中已经点出了这种多元化的现象：这是一种长距离的作物交换过程，源于像青铜时代东亚的小米传向欧洲这样的事件。随着更多的作物在欧亚大陆西部得到种植，使用畜力犁地和运输在农业社会中发挥了越来越重要的作用，这也使得农人可以比之前更为持续地增加农业的集约化程度。

在我们分析的一些案例中，储存在精英阶层或者公共机构所在区域中的作物明显表现出特别的"广泛性"，这些很可能意味着精英支持下的作物栽培行为，因为大规模的生产有赖于专门化的犁耕家畜和能够用于收获的大量劳动力。安纳托利亚中部赫梯王国首都哈图沙城中发现的大量地下粮仓很可能是我们的工作中最令人印象深刻的国家调度下的作物生产的例子，这个遗址的发掘者——伊斯坦布尔的德国考古研究所的尤尔根·斯赫估算 32 个这样的 118 米长的储藏室装满粮食的话，每年足以供养 2 万—3 万人。但是，在很多其他例子中，我们所获取的青铜（到铁器）时代数据仍然显示出多样的和规避风险的家户农业策略，精英阶层和平民并没有表现出明显的差别。与将城市化的起源和延续归因于精英支持下的农业创新和干预这一观点不同，我们关于欧亚大陆西部农业的长过程发展的"自下而上"的观点提出了一些不同的看法：自新石器时代以来进行小规模种植的农人最终促成了大规模的聚集和社会分层。我们对于各个社会所做的长过程的（从最早的农人到最早的城市）农业生态方面的研究工作表明，社会中盈余产品的调动机制对于更为不平等的社会和集权组织的出现更有决定意义，而不是农业活动或者集约化程度的逐步发展。

这里所述及的工作是一项合作研究，而且主要是在两个连续的项目支持下完成的，它们分别是"作物的稳定同位素值：重建古代饮食和农业的新方法"（主要负责人为艾米·博加德，共同负责人为米歇尔·查尔斯、理查德·埃弗谢德，蒂姆·希顿、格丽妮斯·琼斯），由英国自然环境研究委员会资助（项目编号 NE/E003761/1）；另一个是正在进行的项目"城邦文明起源于农业发展"（www.agricurb.com），由欧洲科学研究委员会资助（项目编号 NO.312785，主要负责人为艾米·博加德）。后一个项目的特色是研究成员中包括很多博士后研究人员（维拉西亚·伊莎柯杜、艾瑞卡·尼斯契和艾米·斯特琳）和博士研究生（夏洛特·迪菲、劳拉·格林、伊丽莎白·斯特德和拍特拉·维罗瓦）等年轻学者。我们同时还非常感谢参与这个项目的研究者们杰出的合作和对项目作出的重要贡献（详细名单可从以下网址获取：http://agricurb.com/people/）。

项目负责人简介

　　艾米·博加德，2002 年于谢菲尔德大学获得博士学位。她长期在土耳其、希腊和德国从事考古和植物考古工作，代表性研究著作包括《欧洲中部的早期农业》（劳特利奇出版社 2004 年版）、《一个新石器时代早期村落的植物利用和作物栽培》（哈贝尔特出版社 2011 年版）以及《欧洲早期农人的作物施肥和土地集约化管理》（《美国科学院院刊》2013 年）。她目前就职于牛津大学，主持欧洲科学研究委员会资助下的"城邦文明起源于农业发展"研究项目。

　　艾米·斯特琳是一位化学考古学家，研究专长主要为农作物同位素的地球化学分析，并对古代农业、人与环境的互动以及对社会和环境变化的适应等方面的研究有着持续的兴趣。2012 年毕业于布里斯托大学，博士论文题目为《作物氨基酸 $\delta 15N$ 值在古代动物和人类骨胶原中的表达：重建古代食谱和农业的新方法》。她目前就职于牛津大学，是"城邦文明起源于农业发展"研究项目的博士后助理研究员。

Amy Bogaard
艾米·博加德

Amy Styring
艾米·斯特琳

大地女神特拉尔泰库特利石雕（公元1486-1502年）

（3D扫描：G. Balzani and M. Sánchez Vega；图片版权：大神庙项目）

阿兹特克大神庙计划：
找寻墨西哥特诺奇蒂特兰城的圣地

莱奥纳多·洛佩斯·卢汉（墨西哥国家人类与历史研究所）

特诺奇蒂特兰城考古在中美洲研究中占据着独一无二的地位。由于周边环境的限制，这里的考古工作与其他埋藏在现代大都市之下的古代聚落，如罗马、耶路撒冷、伊斯坦布尔、亚历山大港等一样，面临着相同的挑战。为了研究墨西哥（阿兹特克）帝国的都城，研究者必须克服现代墨西哥城所造成的大量障碍，而这座城市是 21 世纪人口密度最高的城市之一。随着城区范围的急速增长，这一问题也变得越来越突出。因此，特诺奇蒂特兰城以及同时期环绕在其四周的湖边社区，都不可挽回地覆盖在数吨沥青和混凝土之下。

不过，根本的问题并不是现代城市范围无节制的扩张，而是历史上的中心区域恰好与现代都市的核心位置相重叠。这一区域包含了整个美洲最富艺术和历史价值的纪念性建筑群，各种品质卓越、风格各异的建筑在这里共存，包括巴洛克、新古典主义、波费里奥、新艺术、装饰艺术及新殖民主义等风格。这种状况使得前述困境更为严峻，因为任何试图发掘墨西哥特诺奇蒂特兰城的物质遗存或重建其居民历史的想法，都意味着要牺牲殖民时代及 19、20 世纪的遗产中不可割舍的一部分。

避免这些阻碍的一个可行的方法是进行地下式的发掘，这种方式既能使我们

墨西哥城市中心的大神庙考古点和博物馆
（拍摄：K. Garrett；图片版权：大神庙项目）

殖民时期的教堂与前殖民时期的金字塔
（拍摄：M. Calderwood；图片版权：大神庙项目）

俯视大神庙考古点与特拉尔泰库特利石雕
（拍摄：M. Calderwood；图片版权：大神庙项目）

研究最深层的考古遗存，又不会改变地表的纪念性建筑。但是这些发掘方法对于墨西哥城古城的中心区而言是无法想象的，原因很简单：一是古湖盆的沉积层非常不稳定，因为其中包含易于变形的粘土，而且为了满足当前人口需求，地下水被无节制地开发，这一区域已经成为一个主要来源；二是由于地下水位较高，同时用于饮用水、排水和输电线路等用途的水泥地基非常厚，要到达古城的中心区域会遇到一个很难穿透的地层。

然而，问题还远非如此，叠压在这些层位之下的是最古老的新西班牙殖民首都的地层，其年代在公元1521—1650年。因为文化元素异常丰富，这些地层非常容易甄别，它们见证了殖民者及其后代在西班牙帝国最为富饶的海外中心过着无比富足的生活。在这些殖民时代的地层之下，才是墨西哥古文明的遗存，这些遗存在1521年的武装对抗中受到了极大的破坏，而且很多建筑在被征服之后遭到系统性的拆除。因此，能够到达这些地层的机会是非常少的。铺砌路面抑或水利项目、电气设备的安装、建筑基础的重建等活动，是考古学家能够有幸探究墨西哥古都局部信息的机会。在这些情况下，大量的人力、财力都花费在了保存最好的遗存上，诸如在某个区域的发掘中被揭露出来的神庙的一部分、一座房址或者一条运河，但这种活动通常不是科学发掘。

大神庙项目

1978年2月，意外发现刻绘有月神柯约莎克（Coyolxauhqui）的巨石，开启了一系列改变墨西哥古城面貌的事件，也大大改变了我们对古墨西哥文明（1325—1521年）的认识。在这个千载难逢的机遇下，墨西哥国家人类与历史研究所（INAH）促成了当代最富雄心、旷日持久的考古项目——大神庙项目。在爱德华多·马托斯·蒙特苏马（Eduardo Matos Moctezuma）的资助下，这一研究项目的任务是发掘特诺奇蒂特兰城的一大块圣域，从而重建当时帝国都城的生活景象。截至目前，已经进行了八个季度的考古发掘工作，前三个季度由马托斯本人负责，之后的五次则由莱奥纳多·洛佩斯·卢汉（Leonardo López Luján）负责。

1991年发生的另一个重要事件是城市考古项目的设立，其目的主要是在现代城市中进行抢救性发掘，这在很多方面弥补了大神庙项目的不足。这两个考古团队得以成功的秘诀是，一方主要进行调查，另一方则对调查结果做出响应和开展相关工作，这一合作模式得到了长期延续。需要特别指出的是，正是一代又一代专家的加入，才逐渐为这个"考古拼图"增加了一个个碎片，纵使我们很清楚这个拼图永远无法完整。这些碎片中最为精彩的部分包括大神庙（奉献给日神维齐洛波奇特利和雨神特拉洛克的双金字塔形建筑）、鹰殿（一座新托尔特克式建筑，很可能是为了纪念已故的君主，并供其后代在此进行祭祀仪式的场所）、红庙（一

特拉尔泰库特利石雕的发掘现场
（拍摄：J. López；图片版权：大神庙项目）

座新特奥蒂瓦坎式建筑，很可能是祭祀花神休奇皮里的场所，其掌管着音乐、舞蹈和娱乐），大竞技场（模仿宇宙中白天和黑夜永恒之战的仪式性竞技在这里举行）、卡尔迈卡（一座宗教学校，贵族在这里接受教育，学习各方面的知识）、伊尔克特尔神庙（一座纪念风神的圆锥形建筑）、骷髅头神庙（一个用于放置献祭头颅的大台子）。与这些曾经辉煌、如今已经成为废墟的建筑同时存在的还有很多小神殿、雕塑、壁画以及丰富了墨西哥人民世代相传的遗产的献祭之物。

在过去这些年中，大神庙项目取得了以下成果：（1）巩固并保护了 1.5 公顷的考古遗址区并向公众开放，每年接待的观众达数十万人；（2）建立大神庙博物馆，其中的 8 个展厅陈列着发掘工作中获得的珍贵遗物；（3）建立艺术研究中心，致力于研究和保存各类遗物，并规划未来的发掘工作。鉴于这些成果的重大影响和意义，墨西哥古城的中心区已列入联合国教科文组织颁布的世界遗产名录。

遗存最为丰富的祭祀坑126，其出土了超过12000件遗物

（拍摄：J. López；图片版权：大神庙项目）

祭祀坑126内的玄武岩制作的火神像，球状芳香树脂，锯鳐、猫科动物、狼等骨骼
（拍摄：J. López；图片版权：大神庙项目）

第七、八次田野季（2007—2015年）

这项科学事业中最为灿烂的一页始于数年之前，当时墨西哥市政府命令拆除两座在 1985 年大地震中受到破坏的建筑。这一决定引起了众多考古学家的关注，因为两座建筑都位于大神庙前的阿根廷街和危地马拉街。根据 16 世纪的资料，这块处在金字塔脚下的区域象征祭祀活动的最高平台，传递权力之火的典礼就在这里举行。这里在柯超逸月（Quecholli，阿兹特克太阳历中的节日，意为"珍奇羽毛"，10 月 31 日至 11 月 19 日）会焚烧纪念战争中死去战士的象征物；在邦柯萨里的里月（Panquetzaliztli，意为"举旗"，11 月 20 日至 12 月 9 日）会将一个由木头、纸和羽毛制成的毒火巨蟒像从大神庙的顶上搬下来；在狄迪特月（Tititl，意为"伸展"，12 月 30 日至 1 月 18 日）会用木头和纸建造一个"伊拉玛特库特里女神的谷物箱"。国王的遗体，也是在金字塔下火葬，之后将骨灰埋葬在附近，并随葬了丰富的物品。这一做法至少出现在先后继承王位的三个兄弟间，他们分别是阿克萨雅卡托（1469—1481 年在位）、蒂索克（1481—1486 年在位）和威佐特（1486—1502 年在位）。

2006 年，在城市考古项目对阿根廷街和危地马拉街转角进行的四次抢救性发掘的最后一次中，墨西哥古城最大巨石的发现极大地提升了这一区域的重要性。10 月 2 日，当一个原

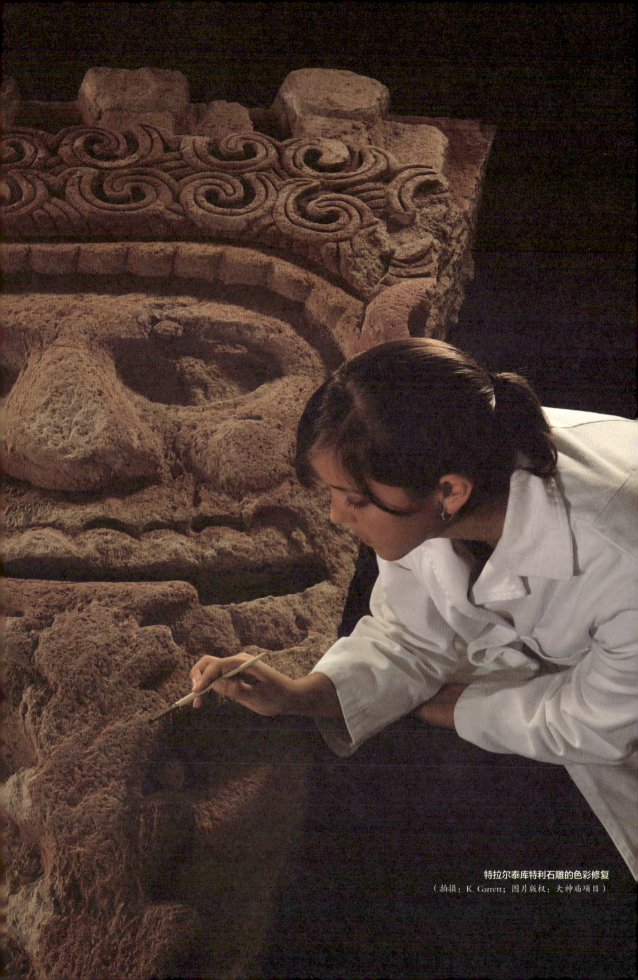

特拉尔泰库特利石雕的色彩修复
（拍摄：K. Garrett；图片版权：大神庙项目）

住民社区的文化艺术中心的地基完工之后，一个工人不慎将鹤嘴锄跌落到了建筑边界之下，非常偶然地揭露出了一个巨大石雕的一角，其长、宽、高分别为 4.17 米、3.62 米和 0.38 米，重达 12 吨，比柯约莎克浮雕和著名的阿兹特克历法石还要大。这个石雕代表了对大地女神特拉尔泰库特利的喜爱、崇敬和畏惧。

正如我们所料，大地女神石雕的发现使得文化中心的项目取消。2007 年 3 月，大神庙项目组织了一个由墨西哥顶级专家和来自日本、法国、意大利和美国的学者共同组成的小型多学科团队。在过去的 8 年中，项目的第七、八两个田野季主要进行了以下四项工作。

（1）数字地图的制作。最新的全站仪和卫星系统使得我们可以对目前墨西哥古城中心可见的所有古代建筑进行地形上的调查分析。由此获得的信息可以用来建构古城圣域范围高精度的三维模型。

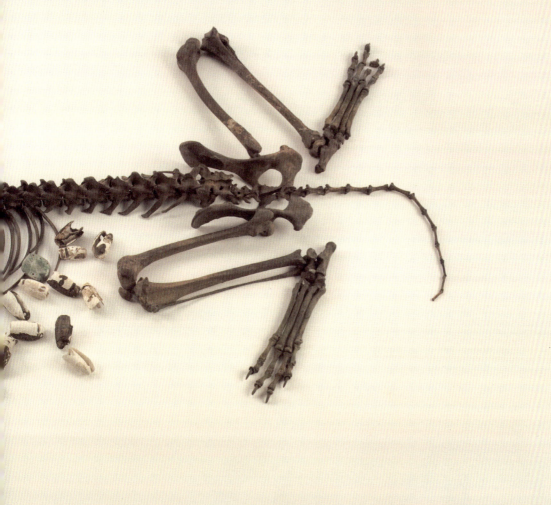

祭祀坑120中的一只幼狼的骨骼与共出的木器、铜器、玉器、贝类和黑曜石饰

（拍摄：J. Vértiz；图片版权：大神庙项目）

（2）地球物理分析。探地雷达、磁力计、电阻率计的系统应用使得我们可以探测古建筑、水系和包括墓葬及随葬品在内的祭祀遗存在地下的分布状况。

（3）壁画的图形记录。新的图像技术使我们可以恢复和储存多彩的壁画数据，这些大都装饰在考古遗址的很多建筑中。

（4）考古发掘。这些探索工作是为了理解大神庙前发现的祭祀区的功能和意义。其目的在于重建"仪式—建筑事件"，也就是宗教场景、仪式中的扮演者以及在此进行的典礼之间的互动现象。截至目前，在大地女神雕像附近已经发现了38处祭祀堆积。这些祭祀堆积中出土了5万多件遗物，这些不仅展示了这一研究区域重要的宗教意义，而且显示了墨西哥帝国国王的政治权力和经济权力。在这么小的区域范围内，如此高密度的财富非常令人惊讶，在奥尔梅克、玛雅和特奥蒂瓦坎等文化中从未发现类似的遗迹。

　　古代墨西哥的祭司常常将奉献给神的各类祭品埋在地下的隐秘之处或者洞穴之中。这些祭品包括各种不同的材料，而且大多具有权力象征意义，如矿物、植物、动物和人。其中也会有很多陶器、石器、金属器、贝类制品、骨器、纺织品和木器等成品或半成品。这些发掘出的遗物中最为引人注目的是那些通过朝贡、贸易、捐赠或者掠夺而到达特诺奇蒂特兰城的舶来品。我们还发现了相当数量的15、16世纪的墓葬和祭祀用品，这些并非古墨西哥帝国时期的遗物。

　　大多数情况下，这些祭品并不是随意放置的，而要严格遵循仪式顺序。这是因为古墨西哥的祭品是真正的符号复合体，它们通过空间分布来互相传递信息。例如，物品是沿着想象中的轴线水平放置的，并按照宇宙观归成不同的组，之后在垂直方向上重复，从而形成同类材质的层位。因此，这些祭品群代表了全部或者一部分微缩的宇宙。

　　大神庙项目由墨西哥国家人类与历史研究所开展，同时得到了日本爱知县立大学、哈佛大学摩西中美洲档案和研究项目、墨西哥国立自治大学和巴黎高等研究院等研究单位的学术帮助。

墨西哥后古典时代晚期曾发现的古典时期绿色石头残块
（拍摄：J. López；图片版权：大神庙项目）

象征风神伊尔克特尔—奎兹特克的祭祀用燧石刀
（拍摄：J. Vértiz；图片版权：大神庙项目）

项目负责人简介

艾莱奥纳多·洛佩斯·卢汉是墨西哥国家人类与历史研究所高级研究员，自1991年以来担任大神庙项目的负责人。他在巴黎第十大学获得博士学位，研究兴趣主要集中在墨西哥中部前西班牙时期的宗教、政治和艺术方面。洛佩斯·卢汉博士对原住民如何认识古代社会、随葬品的内涵、祭祀建筑的功能和符号象征、墨西哥雕塑用途和意义、材料科学手段应用到前西班牙时期的艺术和遗物研究、危机时期的破坏活动、母神崇拜、献祭行为等领域的研究做出了很多贡献。他还从事考古学史研究，对18、19世纪墨西哥考古学起源的研究做出了很大的贡献。

Leonardo López Luján
莱奥纳多·洛佩斯·卢汉
（拍摄：Peter Lourie；图片版权：大神庙项目）

他曾先后在普林斯顿大学、巴黎人类博物馆、哈佛大学敦巴顿橡树园、巴黎高等研究院等进行访问研究，并且是巴黎第一大学、罗马大学、巴黎高等研究实践学院、危地马拉马洛京大学的客座教授，其独著或合著的书共有15本。他现在还是墨西哥科学院院士、墨西哥历史科学院理事、英国科学院院士和伦敦古物协会理事。

世界考古学
主题论坛演讲

文化交流与多样性的考古：
公元前3500—前1470年的埃及、努比亚和蓬特

凯瑟琳·巴德（美国波士顿大学）

摘要

考古发现表明，约在公元前 3500 年前王朝时期，埃及与非洲之角的交流业已经开始。在上埃及地区涅迦达文化的墓葬中已发现黑曜石制品，这些工具可能是沿着尼罗河上游经由努比亚运输而来。埃及涅迦达文化与努比亚 A 组文化之间的贸易往来更加活跃，但是 A 组文化于公元前 3000 年戛然而止，这是下努比亚受到埃及武力入侵的结果。

公元前 3 世纪，埃及随之占领并控制了努比亚的部分地区，并向可能位于非洲之角北部的蓬特之地派遣贸易小队，那里有许多充满异域风情的商品，尤其是乳香、没药、象牙和乌木。

在第十二王朝时期（约公元前 1985—前 1773 年），埃及人在努比亚建立了 17 座军事堡垒，而此时位于尼罗河上游的柯玛城出现了一个新政权——库什。在这一时期，埃及人从加瓦西斯干谷向蓬特之地派遣航海舰队，他们沿红海航行，以绕过柯玛控制的尼罗河上游区域。自大约公元前 1750—前 1550 年开始，库什人占领了努比亚境内的埃及要塞，并控制了上下努比亚。埃及军队于第十八王朝

时期（约公元前 1550—前 1295 年）早期最终消灭了库什政权，自此在努比亚建立带有神庙的殖民城镇，开始了长达 400 年的统治。埃及派往蓬特最著名的一次远航便是十八王朝早期哈特谢普苏特女王派遣的。

本文探索了长达两千余年间埃及、上下努比亚以及蓬特地区不同政权和人群之间不断变动的交流关系。除了考古材料，本文亦十分重视古埃及文献。虽然古埃及文本带有一定的主观性和片面性，它仍然极大程度地扩展了我们对于埃及及其南边邻居之间关系的认识。

公元前 3500—前 3000 年：

与努比亚有商贸往来

从蓬特之地沿海而行。

公元前 3000—前 2200 年：

武力征服下努比亚；

通过海路和陆路向蓬特发派贸易队伍。

公元前 2000—前 1750 年：

在努比亚建立 17 座要塞；

向蓬特派遣贸易舰队。

公元前 1750—前 1550 年：

库什统治上下努比亚。

公元前 1500—前 1200 年：

埃及攻占上下努比亚；

上努比亚：获得蓬特的产品；

埃及两次向蓬特派遣海上贸易队。

正文

三千多年以来，古埃及最重要的对外联系是与埃及南部上尼罗河地区的努比亚进行的，但或许他们也曾接触过更远的地方，比如越过努比亚向东南到非洲之角的北部，这一地区在古埃及文献中被称为"蓬特"（参见 Diego Espinel，2011）。尽管努比亚是古埃及人通过征服、占领并殖民来直接控制的土地，但那片被称为"上帝之地"的蓬特实在是因距离遥远而难以掌控。不过像焚香、象牙、乌木和黄金等许多来自蓬特的异域货品通常会通过努比亚输送到埃及。

已经有考古证据显示早在前王朝时期（约公元前 3500 年），古埃及就与非洲之角的北部有过联系，在上埃及地区的涅伽达文化墓葬中曾发现了黑曜石制品（参见 Zarins，1989）。这些物品可能是通过努比亚的直接交易获得的，而在埃及

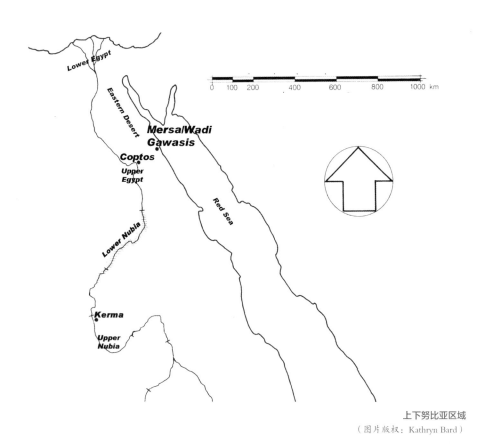

上下努比亚区域
（图片版权：Kathryn Bard）

涅伽达文化与努比亚 A 组文化（Nubian A-Group culture）之间的贸易交流则更加活跃，例如在下努比亚柯贺达（Khor Daud）地区一处特殊遗址发现包含有近 600 个储有大量陶器的储存坑，其中三分之二被证实属于埃及涅伽达文化二期（Naqada II），没有有关房屋的考古学证据（参见 Nordström，1972 : 26）。根据加埃托的观点（参见 Gatto，2014 : 117），在埃及南部，涅伽达文化的南部变体包括"一脉相承的努比亚元素"，这是"涅伽达和努比亚身份元素相互牵连，外加新入元素"所造成的结果。但是，大概是在第 0 王朝期间（约公元前 3200—前3000 年）由于埃及对下努比亚地区的军事渗透，统一的埃及王朝逐渐出现（参见Edwards，2004 : 73），导致了 A 组文化在大约公元前 3000 年时从考古学角度上消失了。

埃及随后在公元前三千纪的大部分时间内掌控了下努比亚的部分地区，并在尼罗河第二瀑布附近的布亨（Buhen）建造了一座堡垒（参见 O'Connor，2014）。但是，蓬特因距离太远无法直接控制，因此埃及人对蓬特附近地区进行了数次贸易远征。

从萨胡拉金字塔的堤道中发现了巴勒莫石，石上的法老列表中记录了在古王国时期后期，萨胡拉法老（King Sahura，约公元前 2487—前 2475 年）向蓬特派出了一艘远征船（参见 El Awady，2009）。萨胡拉的远征航线或许是对古王国时期后期努比亚政治在一定规模上兴起的一种反应（参见 Manzo，1999：17-20；O'Connor，1986：43，47-48）。尽管古王国时期后期的努比亚政权出现了问题，但通过陆路获得蓬特的产品变得更加容易了。萨胡拉在库北特哈瓦（Qubbet el-Hawa）的坟墓正面上，地方行政长官哈克胡夫（Harkhuf）记录了在第六王朝时期（约公元前 2345—前 2181 年）他的第四次远征到达了一个叫作"亚姆"（Yam）的地区，在那里他获得了一些蓬特产品，甚至包括侏儒（参见 Dixon，1958）。胡克哈夫的远征还提到了他与不同努比亚族群的来往（参见 Strudwick，2005：332）。

然而，在中王国时期（约公元前 2055—前 1650 年），通过上尼罗河的陆路被柯玛（Kerma）政权控制，这是非洲第二大国家库什王国（Kush）。埃及人不仅在下努比亚沿尼罗河建了 17 座堡垒，也在塞姆那（Semna）的第二瀑布上努比亚 C 组文化占领的区域有所建造（参见 Edwards，2004：89）。这些堡垒由埃及通过其军队和官僚来控制，这表明了 C 组族群中的"殖民排外主义政策"（参见 Smith，1991）。此外还有一个较小的堡垒系统，可见于阿列卡地区（Arieka，参见 Wegner，1995：159），此地于 20 世纪初被发掘，原本被当做努比亚酋长的"城堡"（参见 Randall-MacIver and Woolley，1909）。然而，韦格纳（Wegner）最近对阿列卡地区的陶器分析表明，约占 33% 的少数陶器是由负责驻守在努比亚的埃及军官们使用的埃及式餐具，而大多数都是生活在那里的努比亚人和他们家人所使用的努比亚式陶器（参见 O'Connor，1993：48-49）。这表明占据的埃及人和下努比亚地区的努比亚人在中王国时期有着更为复杂的互动模式。

在这一时期上努比亚由柯玛控制，正如距柯玛东边约 17 公里处的柯玛典型遗迹中发现的证据所显示，其东边的沙漠可能也在柯玛的控制之下（参见 Bonnet and Reinold，1993：32）。不过，上努比亚东边的沙漠也可能被游牧民族所控制，这些游牧民族对埃及在此地的陆上旅行构成了潜在威胁（参见 Bard and Fattovich，2013：5）。所以昂而易见，河流和沙漠地区的努比亚人对埃及人构成了军事威胁（参见 O'Connor，1993：26，30-31）。最重要的原因是为了获得来自蓬特和比亚蓬特（蓬特的矿山）的异国原材料，这些原材料在第十二王朝（约公元前 1985- 前 1773 年）由在红海上的埃及港口梅尔萨（Mersa）和嘎瓦斯干谷（Wadi Gawasis）运出，以绕过上尼罗河的柯玛的控制区。

从 2001 年到 2011 年，我和鲁道夫·法特维奇（那不勒斯东方大学）在索尔（Saww）这处古老的港口遗址进行了考古调查（参见 Bard 和 Fattovich，2012）。其考古学证据主要表现了海上远征的结果：从蓬特或比亚蓬特返程结束后在此地的遗留物。发掘侧重于沿海岸线的圣殿的结构，以及西边的内陆地区，此处在珊瑚化石叠层的西侧边缘上方有临时遮蔽物的痕迹（营地圈痕和带有柱孔的轻结构）。但是此处遗址最重要的使用痕迹是开凿出的八处储藏室和人造洞穴，还有叠层西侧斜面上的走廊，可以俯瞰曾经的大型港湾。如曼佐（参见 Manzo，2010b）所提，或许在西边叠层的南端多层砾岩上开挖的长廊（洞穴 2、3、4、5）曾是临时兵营，但长期使用的却是储藏室。在此处叠层下方是一个大型工业区，这里会使用圆柱形的陶瓷面包模具来烘焙出长条面包（参见 Bard 和 Fattovich，2007：73-76）。南部是一处海滩区域，考古证据可显示出此地有两个时期的营地（Bard 和 Fattovich，2008：25-27）。然而，并没有证据表明在港口和遗址的永久性建筑和全职军事管控仅用于一段时间的海上远征。

在那里，船只获得重建，然后蓬特的产品被卸下并装箱通过大篷车运送至尼罗河河谷，随后船只会被拆卸。43 个货箱在遗址的一处地方被打开，其中两个箱子上刻有描述其内容的象形文字："蓬特的奇妙事情"（参见 Mahfouz，2007：238）。

诸如食物、淡水和其他日用必需品之类的资源在港口地十分缺乏，制作面包或啤酒的小麦和大麦是从 150 公里外的尼罗河谷运来的（参见 Bard, Fattovich and Manzo，2013：551）。因此，许多必需的资源都是由商队通过东部沙漠的干谷带来的，像这种供应物流将会打击到更多港口内的全职军事管控。由于现在的下嘎瓦斯干谷（Wadi Gawasis）在 4000 年前就充满了盐水从而形成了一个天然环礁港口（参见 Hein et al.，2011），因而不得不从约 9 公里外的一口井来获取淡水，那里因发现有中王国时期的陶器而被推断曾有井存在（参见 Sayed，1977：141-146）。

在早期发掘时，埃及亚历山大大学的阿卜杜勒·穆奈姆·赛义德教授（Abdel Monem Sayed）第一次记录了纪念柱上有关海上远征的信息。赛义德的一个重要发现是辛努塞尔特一世（Senusret I，约公元前 1956—前 1911 年）时期的地区行政长官安特弗科（Antefoker）的石柱（参见 Sayed，1977：169-173）。这根石柱记录了有 3756 名男子的一次远征，并描述了在上埃及尼罗河流域的卡普托斯（Coptos）的船厂造船的事情。这些船造好后必须拆卸以便穿过沙漠到达港口，并在那里重新组装成船，随后静静地往返于比亚蓬特（参见 Sayed，1977：170）。5 号石柱是巴德和法特维奇后期发掘中保存最好的石柱，上面是关于阿蒙涅姆赫特三世（Amenemhat Ⅲ，约公元前 1831—前 1786 年）统治时期蓬特和比亚蓬特的远征后期的记录（参见 Porelli，2007：88-99）。

2011 年，法特维奇发掘了三座滑道和造船台，它们是船舶拆卸、结束去蓬特或比亚蓬特的海上远征后打捞回收船舶木料的地方（参见 Bard, Fattovich and Ward，2011：6-9）。遗址现场出土了很多船舶木料，其中一些仍然显示出了其原本榫头扣紧固件并通过铜带固定到位的样子（参见 Ward and Zazzaro，2007：139-142），大型船舶木料由黎巴嫩进口的雪松制成（参见 Gerisch，2007：185-188），有一些石灰岩制锚分散遍布于遗址区（参见 Zazzaro，2007）。最明显的保存良好的考古证据包括：估计有 26 卷由纸莎草制成的绳索和船帆放置在 5 号洞穴的后方（参见 Borojevic and Mountain，2011；Veldmeijer and Zazzaro，2008）。

从索尔港口去蓬特和比亚蓬特的海上远征到第十二王朝后期或第十三王朝早期结束（约公元前 1773—前 1650 年），随着社会政治问题日益严重，最终导致了在第二中间期（约公元前 1650—前 1550 年）时，埃及分裂为南埃及政权和被外来统治者控制下的北埃及希克索斯王朝。柯玛王国扩大了对上下努比亚的控制，20 世纪初期由乔治·莱斯纳（George Reisner）发掘的柯玛最大的皇家墓穴之一（三号墓穴）中葬有埃及第十二王朝艾斯尤特（Asyut）的总督杰克曼阿皮（Djefaihapy）和他的妻子赛特乌伊（Senuwy；参见 Reisner，1923：135-189）。莱斯纳认为三号墓穴是杰克曼阿皮的墓穴，并且他相信杰克曼阿皮是柯玛的埃及总督，但我们现在知道杰克曼阿皮和赛特乌伊的雕像是从埃及中部的艾斯尤特更早的墓葬里盗掘出来，并通过某种方式运送到柯玛，绕过以底比斯为中心的上埃及，之后这两座雕像被柯玛统治者当做珍贵的随葬品葬入三号墓穴。

瑞士考古学家查尔斯·邦内特（Charles Bonnet）最近在柯玛进行的发掘展示了一个小村庄从公元前三千纪中叶到公元前两千年发展成为一个大城市的过程（参见 Bonnet，2004，Honneger，2004）。还有证据表明埃及军队在第二中间期结束时大规模地毁灭了柯玛，随后埃及步入新王国时期早期（约公元前 1550—前 1069 年），当埃及重新统一为一个大型集权国家时，其外部也出现了一个从叙利亚—巴勒斯坦扩展到上努比亚南部的帝国。在之后的 400 年里，埃及通过重建要塞和建立殖民地控制了整个努比亚。

在图特摩斯三世（Tuthmose Ⅲ）的大臣雷克米拉（Rekhmira，约公元前 1479—前 1425 年）的墓中有一幅努比亚来献礼的场景，显示出埃及在第十八王朝时期统治了整个上下努比亚（参见 Davies，1943 Ⅱ：1.17）。后来在图坦卡蒙统治时期（约公元前 1336—前 1327 年），库什（Kush）总督胡伊（Huy）的墓中有一幅这样的场景：上下努比亚的君主行跪拜礼并进献戒指形状的黄金锭以做贡品（参见 Davies，1926：P1.27）。

有关新王国时期埃及对努比亚进行殖民统治的考古学证据可以在通布斯（Tombos）看到，这是位于第三瀑布区域一个重要的埃及殖民地，就在柯玛王国的早期库什城下游。当埃及人和努比亚人都生活在通布斯的时候，这里的葬俗葬式表现出种族身份和地位的差异。第十八王朝时，在努比亚的埃及第三高官夏阿蒙（Siamen），也是财政记录官和外国领土监督员，他和妻子被葬在一座金字塔形的坟墓中（参见 Smith，2003：138-143）。而通布斯的中层和低层阶级的埃及人则采用更加简单的埃及式埋葬方式，即埋葬时头朝西，并随葬埃及丧葬品（参见 Smith，2003：159）。但是，通布斯的努比亚人埋葬方式完全不同：采用紧密的、收缩的埋葬姿势（"柯玛风格"），随葬品包括埃及和努比亚的陶器，以及埃及护身符（参见 Smith，2003：162-166）。

由于埃及人在新王国时期的大部分时间中掌控了整个上下努比亚地区，他们可以通过上尼罗河和陆路获得蓬特的原料。但是上努比亚，包括尼罗河以东的地区，以及到蓬特的陆上线路，直到图特摩斯三世（约公元前 1479—前 1425年）统治时期可能还没能完全征服，因此在第十八王朝初期女法老哈特谢普苏特（Hatshepsut，图特摩斯三世的继母，约公元前 1550—前 1295 年）在位期间像第十二王朝时期那样重开了去往蓬特的航线。

在法老哈特谢普苏特位于德尔巴赫里（Deir el-Bahri）的神庙廊柱的南墙上发现了有关蓬特远征的浮雕和文字记录（参见 Kitchen，1993：592-596）。其中有些画面描绘了五艘远征船到达蓬特，装载了贸易货物（包括活狒狒和象牙）后离开蓬特。保存下来的浮雕还包括了描绘蓬特大地的场景：建有半球形的房屋，有树木（棕榈和乌木），有没药灌木和动物（狒狒、长颈鹿、犀牛、美洲豹、牛、狗和驴），以及蓬特"酋长"帕拉胡（Parahu）和他的妻子阿蒂亚（Atiya）。埃及人和蓬特人用货物和材料进行交换，此外文字还记录了埃及首席特使接受蓬特的货物（或许我们可称之为"进贡"）（参见 Kitchen，1993：594）。不同种类的红海鱼类和海龟乃至乌贼和龙虾在这些场景近在咫尺的地方被描绘出来。从浮雕中描绘的埃及士兵和水手来看，这绝对是对蓬特的军事考察，所以这可能会有一定程度上的恐吓，但是埃及人无权在没有互惠交换的情况下要求蓬特人进贡。

其他唯一已知到蓬特的海上远征，由于不明原因在新王国时期晚期拉美西斯三世（Rameses Ⅲ，约公元前 1184—前 1153 年）在位期间进行。这位法老面临来自利比亚部落和埃及北部"海上民族"的入侵，所以很可能在这一时段无法通过上尼罗河水路和陆路获取蓬特的异国原材料。

但是蓬特在哪里呢？这里提出的证据表明蓬特可以从埃及通过上尼罗河和东部沙漠的陆路，以及更加艰难的海上远征到达。哈特谢普苏特时的远征肯定到达了蓬特海滨的某个地方，但这有可能是从内陆地区收集货物和原料的门户。这些内陆地区可能包括苏丹—厄立特里亚（Sudanese-Eritrean）低地，在这里发现了芳香树脂（没药和乳香）和乌木、提供象牙的大象，以及在哈特谢普苏特浮雕中描绘的狒狒和大型热带草原动物（参见 Bard and Fattovich，2013）。黄金则可以从厄立特里亚高地和埃塞俄比亚北部获得（参见 Manzo，1999：9）。

埃及海上远征与非洲之角北部的地区有关，这是由在第十二王朝的海港梅尔萨（Mersa）和嘎瓦斯干谷（Wadi Gawasis）发现的乌木（木炭，还有四个棒状碎片）（参见 Gerisch，2010：56-57）和黑曜石（参见 Lucarini，2007：208）所推测出来的，这些并没有在埃及发现，而是来自红海南部两岸区域。梅尔萨和嘎瓦斯干谷发掘出的陶瓷碎片也被确定为来自红海南部地区的文化：苏丹—厄立特里亚低地的加什文化组

（Gash Group），阿斯马拉地区的厄立特里亚高地的古代奥纳（Ona），厄立特里亚沿海地区的阿杜里斯遗址（Adulis）最早的文化，也门南部沿海地区的萨比尔文化（Sabir）（参见 Manzo，2010b）。尽管这一证据表明蓬特有可能位于非洲地区或红海南部的阿拉伯地区，但蓬特更有可能是位于非洲区域的，特别是在苏丹—厄立特里亚低地的卡萨拉地区（Kassala），曼佐（Manzo）在此地发现了埃及中王国时期的陶瓷碎片和埃及式的圆顶石碑（参见 Manzo，2014）。虽然中王国时期大部分去往蓬特的海上远征是通过海路进行的，卡萨拉地区的考古证据也表明埃及人可能是从红海的一个锚地进入内陆，再通过陆路到达蓬特（或其中的某一区域）。

其他考古证据表明，蓬特位于非洲之角北部。虽然在非洲之角北部和阿拉伯半岛南部发现了同种的狒狒（即阿拉伯狒狒），但埃及第二十王朝（约公元前 1189—前 1069 年）墓葬中的两个阿拉伯狒狒木乃伊的稳定同位素分析表明它们"与索马里东部和厄立特里亚—埃塞俄比亚走廊有高匹配度"（参见 Dominy et al，2016）。

三千多年来，古埃及与南边的邻国努比亚一直有贸易往来，但在埃及集权统治时期，它试图通过军事政府占领及随后的殖民化来控制努比亚。但在政权分裂期间，努比亚文化重新独立出来，包括非洲第二古老的柯玛王国。埃及人一直试图对蓬特进行直接控制，可无奈其距离太过遥远不易掌控，但蓬特的原材料对埃及人有很大吸引力，所以埃及人愿意耗时耗力进行贸易远征，甚至不惜通过陆路或更为艰险的海路来获取原材料。

参考文献

Bard, Kathryn A., and Rodolfo Fattovich, eds. 2007. *Harbor of the Pharaohs to the Land of Punt. Archaeological Investigations at Mersa/Wadi Gawasis Egypt, 2001-2005*. Naples: Università degli Studi di Napoli "l'Orientale."

Bard, Kathryn A., and Rodolfo Fattovich, eds. 2008. *Mersa/Wadi Gawasis 2007-2008*. Online report: http://www.unior.it/userfiles/workarea_231/file/Progetti/WadiGawasis/Final%20Report%20WG%202007-2008.pdf

Bard, Kathryn A., and Rodolfo Fattovich 2012. "The Middle Kingdom Red Sea Harbor at Mersa/Wadi Gawasis," *Journal of the American Research Center in Egypt* 47: 105-129.

Bard, Kathryn A., and Rodolfo Fattovich. 2013. "The Land of Punt and Recent Archaeological and Textual Evidence from the Pharaonic Haror at Mersa/Wadi Gawasis, Egypt." In *Human Expeditions: Inspired by Bruce Trigger*, S. Chrisomalis and A. Costopoulos, eds. Toronto: University of Toronto Press, pp. 3-11.

Bard, Kathryn A., Rodolfo Fattovich and Andrea Manzo. 2013. "The ancient harbor at Mersa/Wadi Gawasis and how to get there: New evidence of Pharaonic seafaring expeditions in the Red Sea."In *Desert Road Archaeology in Ancient Egypt and Beyond*, F. Förster and H. Riemer, eds. Köln: Heinrich-Barth-Institut e.V, pp. 533-556.

Bard, Kathryn A., Rodolfo Fattovich and Cheryl Ward, eds. 2011. *Mersa/Wadi Gawasis 2010-2011*. Online report: http://www.unior.it/userfiles/workarea_231/file/Progetti/

WadiGawasis/Final%20Report%20WG%202010-2011.pdf

Bonnet, Charles, and Jacques Reinold. 1993. "Deux rapports de prospection dans le desert oriental," *Genava* n.s. 41:31-38.

Bonnet, Charles. 2004. "Kerma." In *Sudan Ancient Treasures. An Exhibition of Recent Discoveries from the Sudan National Museum*, D. A. Welsby and J. R. Anderson, eds. London: British Museum Press, pp. 78-82.

Borojevic, Ksenija, and Rebecca Mountain. 2011. "The Ropes of Pharaohs: The Source of Cordage from 'Rope Cave' at Mersa/Wadi Gawasis Revisited," *Journal of the American Research Center in Egypt* 47: 131-141.

Davies, Norman de Garis. 1926. *The Tomb of Huy, Viceroy of Nubia in the Reign of Tutankhamun*. London: Egyptian Exploration Society.

Davies, Norman de Garis. 1943. *The tomb of Rekh-mi-re at Thebes, II* . New York: Metropolitan Museum of Art.

Dixon, David M. 1958. "The Land of Yam," *Journal of Egyptian Archaeology* 44: 40-55.

Dominy, Nathaniel J., Selima Ikram, Gillian L. Moritz, John N. Christensen, Patrick V. Wheatley and Jonathan W. Chipman. 2016. "Mummified Baboons Corroborate and Clarify Ancient Red Sea Trade Routes," *Abstracts Selected for Presentation at the International Conference on Eritrean Studies – ICES (Asmara 20-22 July 2016)*. Asmara: ICES, pp. 39-40.

El Awady, Tarek. 2009. *Abusir XVI . Sahure – The Pyramid Causeway. History and Decoration Program*. Prague: Charles University in Prague.

Gatto, Maria Carmela. 2014. "Cultural Entanglement at the Dawn of the Egyptian History: A View from the Nile First Cataract Region," *Origini* 36: 93-123.

Gerisch, Rainer. 2007. "Identification of charcoal and wood." In *Harbor of the Pharaohs to the Land of Punt. Archaeological Investigations at Mersa/Wadi Gawasis Egypt 2001-2005*, K. A. Bard and R. Fattovich, eds. Naples: Università degli Studi di Napoli "l'Orientale," pp. 170-188.

Gerisch, Rainer. 2010. "Charcoal and Wood Remains." In *Mersa/Wadi Gawasis 2009-2010*, K. A. Bard and R. Fattovich, eds. Online report: http://www.unior.it/userfiles/workarea_231/file/Progetti/WadiGawasis/Final%20Report%20WG%202009-2010.pdf, pp. 51-58.

Hein, C. J., D. M. FitzGerald, G. A. Milne, K. A. Bard and R. Fattovich. 2011. "Evolution of a Pharaonic Harbor on the Red Sea: Implications for Coastal Response to Changes in Sea Level and Climate," *Geology,* July 2011: 687-690; online 24 May 2011:10.1130/G31928.1.

Honneger, Matthieu. 2004. "The Pre-Kerma Settlement at Kerma." In *Sudan Ancient Treasures. An Exhibition of Recent Discoveries from the Sudan National Museum,* D. A. Welsby and J. R. Anderson, eds. London: British Museum Press, pp. 64-66.

Kitchen, K. A. 1993. "The land of Punt." In *The Archaeology of Africa. Food, metals and towns*, T. Shaw, P. Sinclair, B. Andah and A. Okpoko, eds. London: Routledge, pp. 587-608.

Lucarini, Giulio. 2007. "Lithics and grinding stones." In *Harbor of the Pharaohs to the Land of Punt. Archaeological Investigations at Mersa/Wadi Gawasis Egypt 2001-2005*, K. A. Bard and R. Fattovich, eds. Naples: Università degli Studi di Napoli "l'Orientale," pp. 196-212.

Mahfouz, Elsayed. 2007. "Inscribed box." In *Harbor of the Pharaohs to the Land of Punt. Archaeological Investigations at Mersa/Wadi Gawasis Egypt, 2001-2005,* K. A. Bard and R. Fattovich, eds. Naples: Università degli Studi di Napoli "l'Orientale," p. 238.

Manzo, Andrea. 1999. *Échanges et Contacts le Long du Nil et de la Mer Rouge dans l'époque protohistorique (IIIe et IIe millénaires avant J.-C.). Une synthèse préliminaire*. Oxford: Archaeopress. BAR International Series 782.

Manzo, Andrea. 2010a. "Exotic Ceramic Materials from Mersa Gawasis, Red Sea, Egypt." In *Between the Cataracts. Proceedings of the 11th Conference of Nubian Studies, Part 2.2, Polish Archaeology in the Mediterranean Supplement Series*, W. Godlewski and A. Łatjar, eds. Warsaw: Polish Centre of Mediterranean Archaeology – University of Warsaw, pp. 439-453.

Manzo, Andrea. 2010b. "Typological and Functional Remarks on Some Structures at Mersa Gawasis (Red Sea, Egypt). In *Proceedings of the First Neopolitan Egyptological Meeting,* F. Raffaele, M. Nuzzolo and I. Incordino, eds. Leiden and Boston: Brill, pp. 157-175.

Manzo, Andrea 2014. "Preliminary Report of the 2013 Field Season of the Italian Archaeological Expedition to the Eastern Sudan of the Università degli Studi di Napoli "L'Orientale," *Newsletter di Archeologia CISA* 5: 375-412.

Nordström, Hans-Åke. 1972. *Neolithic and A-Group Sites*, The Scandinavian Joint Expedition to Sudanese Nubia 3. Copenhagen: Scandinavian University Books.

O'Connor, David. 1986. "The Locations of Yam and Kush," *Journal of the American Research Center in Egypt* 26: 27-50.

O'Connor, David. 1993. *Ancient Nubia. Egypt's Rival in Africa.* Philadelphia: University Museum, University of Pennsylvania.

O'Connor, David. 2014. *The Old Kingdom Town at Buhen*. London: Egypt Exploration Society.

Pirelli, Rosanna. 2007. "Two New Stelae from Mersa Gawasis," *Revue d'Égyptologie* 58: 87-110.

Randall-MacIver, David, Leonard Woolley and F. Lloyd Griffith. 1909. *Arieka.* Oxford: Oxford University Press.

Reisner, George A. 1923. *Excavations at Kerma, Parts I - III*. Cambridge, MA: Peabody Museum of Harvard University.

Sayed, Adel Monem A. H. 1977. "Discovery of the Site of the 12th Dynasty Port at Wadi Gawasis on the Red Sea Shore," *Revue d'Égyptologie* 29: 140-178.

Smith, Stuart Tyson. 1991. "A Model for Imperialism in Nubia," *Göttinger Miszellen* 122: 91-92.

Smith, Stuart Tyson. 2003. *Wretched Kush. Ethnic Identities and Boundaries in Egypt's Nubian Empire.* London: Routledge.

Strudwick, Nigel C. 2005. *Texts from the Pyramid Age*, edited by R. J. Leprohon. Atlanta: Society of Biblical Literature.

Veldmeijer, André J., and Chiara Zazzaro. 2008. "The 'Rope Cave' at Mersa/Wadi Gawasis," *Journal of the American Research Center in Egypt* 44: 9-39.

Ward, Cheryl, and Chiara Zazzaro. 2007. "Ship timbers: description and preliminary analysis." In *Harbor of the Pharaohs to the Land of Punt. Archaeological Investigations at Mersa/Wadi Gawasis Egypt, 2001-2005*, K. A. Bard and R. Fattovich, eds. Naples: Università degli Studi di Napoli "l'Orientale," pp. 135-150.

Wegner, Josef. 1995. "Regional control in Middle Kingdom Lower Nubia. The Function and History of the Site of Areika," *Journal of the American Research Center in Egypt* 22: 127-160.

Zarins, Juris. 1989. "Ancient Egypt and the Red Sea Trade: The Case for Obsidian in the Predynastic and Archaic Periods." In *Essays in Ancient Civilization Presented to Helene Kantor*, A. Leonard, Jr. and B. B. Williams, eds. Chicago: Chicago University Press, pp. 339-368.

Zazzaro, Chiara. 2007. "Stone anchors and pierced stones." In *Harbor of the Pharaohs to the Land of Punt. Archaeological Investigations at Mersa/Wadi Gawasis Egypt 2001-2005*, K. A. Bard and R. Fattovich, eds. Naples: Università degli Studi di Napoli "l'Orientale," pp. 153-163.

鸣谢

非常感谢中国社会科学院考古研究所所长王巍教授，也非常感谢第二届世界考古论坛邀请我做这次演讲，同时，感谢荆志淳教授在论坛中对我的支持和帮助。这一高质量的国际论坛表现出了我们与中国考古学界交流的重要性，以及考古学在中国的田野发掘和传播古代文明中的作用。

主讲人简介

　　凯瑟琳·巴德，波士顿大学考古系教授，自1988年以来便在此任职。她于耶鲁大学取得艺术创作硕士学位和密歇根大学硕士学位，并在多伦多大学获得博士学位。迄今已出版7本著述和80余篇论文、评论和报告。其研究领域包括埃及晚期史前史，东北非的社会复杂化和早期国家的形成等。巴德教授与那不勒斯东方大学的鲁道夫·费托维奇教授联合指导了阿克苏姆城的发掘——该城位于埃塞俄比亚北部，为非洲早期文明阿克苏姆帝国的首都，以及加瓦西斯干谷的发掘——一个有着4000年历史的红海沿岸埃及法老港口。巴尔德是美国艺术与科学学院院士。1998年被授予国家地理学会探索奖，2011年获得"波士顿大学杰出研究贡献教职奖"。

凯瑟琳·巴德

南美洲文化交流的物质性：
抵抗、联合及族群构成

古斯塔沃·波利蒂斯（阿根廷布宜诺斯艾利斯中央大学）

摘要

16 世纪欧洲殖民者在南美洲的侵略扩张是一个复杂的文化交流过程，不能简单一分为二地理解为"统治"与"反抗"的对立。冲突之外，殖民时期发生的其他事件，如民族融合和种族进化，对当今南美社会和民族产生了深远影响。尽管葡萄牙人和西班牙人占领的方式大致相似，但 16 世纪时南美大陆的各民族对于这种入侵的反应却不尽相同，早期殖民时期非洲黑奴的大规模输入更使得民族多样化加剧。这些不同的特性在安第斯山脉和低地平原（主要是亚马逊平原和拉普拉塔河流域）的殖民时代考古聚落遗址出土的实物材料中都能有所反映，这类材料有助于我们理解殖民时代最初的数个世纪里南美洲不同范围内的文化交流。

在这篇演讲中，主要概括南美低地平原地区的发展进程，并通过分析西班牙—瓜拉尼语和葡萄牙—图皮语这两种复合语言来了解早期殖民时期的文化交流。同时，讨论三个文化群体——美洲土著人、欧洲人和非洲人如何造就一个多元化的社会。最后，讨论美洲人与欧洲人（有时和非洲人）的对抗和融合如何导致了新的民族集团的产生。

正文

文化交流的概念有几个意义和层面。它基本上是指不同群体之间文化特征的传播，这也导致了这些群体中一些组成部分发生转变。在这些过程中，还产生了其他物质文化。鉴于考古学的历史深度，考古学在研究长期文化交流方面具有特殊的地位。在本场演讲中，我将总结和讨论南美洲低地的文化交流考古学，主要关注于 16 世纪的拉普拉塔河流域。这个时期，不同族群之间存在广泛的人口、物质和思想流动，其中包括欧洲侵略者（主要是西班牙人和葡萄牙人）和大量南美洲东南部土著人群。对这一时期的关注也推动了文化交流考古学研究和民族发展过程等核心理论问题的研究。

这个新的研究被称为殖民主义考古学，也是近几十年来一直备受重视的研究领域（Dietler，2010；Gonzalez Ruibal，2014；Voss，2015）。尽管历史资料主要记录的是殖民统治力量，围绕冲突展开记述，并且代表了欧洲人的观点，但是考古记录可以从附属群体的角度进行分析。考古学资料更加充分地反映了作为"文化他者"的日常生活，这些信息在文献资料中很少看到（Preucel，2002）。

这种联系的本质是由美洲印第安人和西欧人之间巨大的文化差异决定的。这些差异不仅表现在技术、经济和社会组织方面，更重要的是在宇宙观和推理模式中存在强烈的不同。西欧侵略者有许多共同的文化特征：他们都属于西方贸易社会，受到了天主教传统的影响，操着相类似的语言，使用相同的字母系统。本质上，这体现了西欧地区不仅在美洲，而且在非洲和亚洲地区的经济扩张和政治扩张。相比之下，随着文化多样性过程的不断深化，南美洲的土著人民更加多元化，这一过程至少在 15000 年前开始，当时第一批人离开了他们的亚洲祖先，从东北亚到达南美洲（Pitblado，2011；Raghavan et al.，2013；Politis et al.，2015；Llamas et al.,2016）。这个多样化过程在不同的生态环境中产生了几种文化传统。除了这些地区和文化传统之间存在不同之外，每个地区和文化传统中又存在多个土著人群（Steward，1946-1950）。这种多样性促进了南美洲低地出现的各种文化交流过程。传统而言，这些过程被置于典型的殖民地框架内被讨论：征服者是统治者，土著人群是附属品（Gandía，1930，193；Rubio，1942）。虽然在某种程度上是真实的，欧洲人最终强制推广了一个残酷的殖民系统，并对大陆地区进行政治控制，但是目前的观点强调美国印第安人为了抵制入侵而采取了不同策略，从面对面的斗争转变为迁移到偏远地区。此外，我们还可以看到，除了抵抗、灭亡和同化，还存在联盟、形成族群和族群混合等其他过程。我将简要地提及族群构成的概念，因为这个概念在过去十多年间变得十分普遍。

"大多数 19 世纪和 20 世纪的学者将族群构成定义为一种新式身份认同，通常是历史和文化巨大变化的结果。最近，族群构成被认为是构成存在变化和连续性身份的动态模型。"（Voss，2015：656）

为了探索文化现象的物质性，认识南美洲低地民族／语言的多样性是十分重要的。当时主要的民族／语族是加勒比、图皮（包括瓜拉尼和图皮班加，图1）、阿拉瓦克、加以及波诺。还存在许多其他小型民族语言家庭。在本场演讲中，我将重点探讨低地的东南部。不包括大查科地区在内的拉普拉塔河流域（大陆的第二大流域），主要存在两个民族／语族：瓜拉尼和阿拉瓦克。虽然他们没有发展出诸如酋邦这样的更加正式或强大的社会等级制度，但是这两个群体都会耕种植物（玉米、南瓜、豆子和木薯），并且发展出了存在政治复杂化的村落级别。有人提出戈雅—马拉布里戈考古证据（图2）以及16世纪出现的查纳—提姆布族群（Serrano，1955）代表了阿拉瓦克在最南部的扩张（Nordenskiöld，1916，1930；Serrano，1972；Politis，Bonomo，2012；图3）。形成戈雅—马拉布里格这种新的文化形式的参与者可能包括阿拉瓦克人及巴拉那河中游和下游居民，并且开始于距今2000年的时候（Politis，Bonomo，2012）。

尽管瓜拉尼的海拔高达1000米，地处温带和热带森林，主要作物是玉米和木薯（Metraux，1948；Noelli，1998；图4），阿拉瓦克专注于开发河流环境（他们采用了一种"水力中

图1 瓜拉尼和图皮班加领土的大致位置

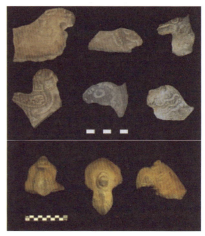

图2 巴拉那河下游出土的戈雅-马拉布里戈陶器。写实动物头部附着物是这个考古文化的特征

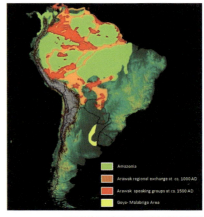

图3 阿拉瓦克种族/语族扩张示意图
（Politis，Bonomo，2012，以Erickson发表于2011的文章为基础）

心"形式，Heckenberger，2002 ）。他们与来自邻近的查科和潘佩恩地区的狩猎—采集者共存。整个南美草原被克兰迪人占领，也被称为阿根廷中东部的"潘帕斯 "（Casamiquela，1969 ），在乌拉圭和巴西东南部的"查卢阿亚"（或"查亚 "，Bracco，2004 ）。他们最初是中小型动物（主要是鹿）狩猎者。在第一世纪，被西班牙征服之后，他们很快成为骑士，他们的生活方式被大大改变。格兰查科广袤的森林和干旱的热带稀树草原形成拉普拉塔河流域的西北部，当欧洲人到达时，不同族群占据此地（ Braunstein，1990-1991;Braunstein 和 Miller，1999 ；M é traux，1946 ；Nordenskiold，1912 ；Susnik，1971 ）。许多族群依靠狩猎—采集而生，没有或存在极少的种植行为，例如托瓦—或库姆(Mendoza，

图4：拉普拉塔河下游平原出土的典型瓜拉尼陶器。
（图片版权：Mariano Bonomo ）

1999 ）、莫科维（ Nesis,2005 ），阿比坡尼(Lucaioli,2005)和查玛科克(Susnik，1969)。这种多样性阐明了殖民模式以及抵抗、联合及族群构成过程。

西班牙人和葡萄牙人分别采取了不同的殖民路线和模式。根据《托德西利亚斯条约》，（条约签署于 1494 年，基本上划分为西班牙和葡萄牙殖民统治的两个部分)。葡萄牙人从南美洲东部海岸开始，西班牙人则采用两条主要路线：安第斯山脉和拉普拉塔河流域。有趣的是，条约提到的路线大致与瓜拉尼与图皮班加之间的边界相吻合。这里，我将主要介绍拉普拉塔河流域西班牙裔和印度人的情况，考古发掘工作已经基本探明该地区文化进程的特征。

西班牙第一次正式远征队沿拉普拉塔河和巴拉那河开展，由塞巴斯蒂安·卡伯特（服务于西班牙王室的威尼斯航海员，Medina，1908）率领。在远征期间，圣斯皮里图斯堡垒（1527—1529）建成，这是拉普拉塔河流域首个欧洲人建立的定居点（图5）。位于附近的堡垒和几座房屋因被认为是殖民的自发性尝试而闻名，并且也是美洲印第安人社会（瓜拉尼、提姆布、恰纳和克兰迪）与拉普拉塔河流域的欧洲人存在交流互动的首例证据。这次远征还建立了另一个规模较小的聚落，靠近拉普拉塔河口岸的圣萨尔瓦多，远征队伍将较大型船只留在了此处，以便在巴拉那河上游开展航行（Madero，1902）。

圣斯皮里图斯存在的时间很短。在建成三年之后，一系列事件改变了当地居民与卡伯特远征队伍的关系，最终爆发了袭击，圣斯皮里图斯被燃烧和破坏（Madero，1902）。2005 年，该遗址由阿根廷考古学家加布里埃尔·科克、费边·勒提力和吉列尔莫·弗列泰格特发现，并与由阿古斯丁·阿斯卡瑞特领导的由巴斯克人组成的队伍联合发掘（Cocco et al.，2011；Azkarate et al.，2012；Frittegoto et al.，2013）。特别是在卡尔卡拉尼亚河东南部的发掘中发现了原材料源于欧洲（玻璃、涂釉陶瓷和玛瑙珠）但是在本地生产的工艺品（来自瓜拉尼和戈雅—马拉布里戈的出土物），这应该和西班牙在 16 世纪建立的聚

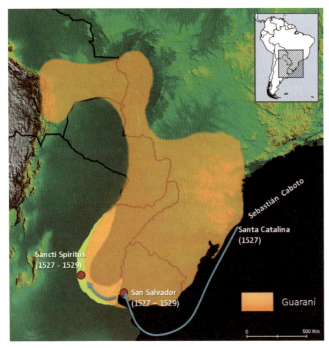

图5 塞巴斯蒂安·卡伯特远征中建造的
两处聚落位置示意

图6 圣斯皮里图斯出土的戈雅—马拉布里戈陶器
（图片版权：Gabriel Cocco 和 Fabian Letieri）

落相关。随着挖掘工作的深入，逐渐确定了堡垒的布局和主要的建筑特征。

根据历史背景，圣斯皮里图斯堡垒和周围的建筑物是由木头和泥土（土坯和墙）构成的。由于没有在表面上发现痕迹，估计所有墙壁遗迹都被埋葬并且遭到严重破坏。这方面的最早证据与前西班牙人居住地相关，发现的圆形柱洞表明当时短暂存在木质结构，并在其上建造了房屋（Azkarate et al.，2012）。这个建造水平属于戈雅—马拉布里戈阶段（图 6），居民来自查纳—提姆布族群。欧洲堡垒的建立表明了殖民者的到来（Letieri et al.，2015），其中一个大型椭圆形状的沟渠由一个天然的土墙围绕，其中填埋了包含有大量欧洲物品特别是西班牙物品的灰烬（Letieri et al.，2015）。根据大量的出土证据，可以看到在西班牙撤离之后，查纳－提姆布族群继续居于此地。

在众多出土材料中，值得注意的是与不同聚落时期相关的陶器（Frittegotto et al.，2013；Letieri et al.，2015）。从圣斯皮里图斯堡垒出土的陶器具有多样性，与卡伯特 1526 年的远征有关。学者选择了 1111 件陶片进行分析，并且发现92%的样品是用于贸易的器物。马略尔卡陶器（Majolica）只占总数的 8%。能够确定的陶器类型是哥伦比亚釉陶（哥伦比亚灰釉陶和哥伦比亚绿釉陶）、伊莎贝拉多彩陶和卡帕拉蓝陶。因为没有发现与西班牙聚落相关的陶器生产，以及考虑到远征的性质，研究人员提出西班牙人极有可能使用的是本地陶器（戈雅—马拉布里戈阶段和瓜拉尼）。总之，在西班牙到达之前（公元 1527 年之前）存在一种文化，这种文化（公元 1527—1529 年）存在联合与对抗的相关证据。在这种文化消失（公元 1529 年）之后，才出现另外一种文化，即查纳—提姆布族群的重新出现（Letieri et al.，2015）。考古资料显示，瓜拉尼陶器只和堡垒有关，与周边地区不存在相关性。此外，圣斯皮里图被占领前后，在其周围没有发现瓜拉尼的相关证据。瓜拉尼陶器的这种空间和时间分布以及文字记载的数据（Medina，1908）表明瓜拉尼和西班牙人之间存在强有力的联盟，并且在早年间始于巴西南部海岸。

通过发掘获知的一个有趣的现象是在查纳—提姆布村落发现了堡垒。换言之，第一个村落的建立不仅仅是一片完整的区域，还是这个村落的一部分，文字资料中还没有发现关于此现象的记载。第二个问题是，这一个证据反映了查纳—提姆布居民在最初接受了西班牙人，并且向他们提供鱼和玉米。主要的文化交流过程是早期联盟的建立，大致持续了六个月（Medina，1908，Ⅱ：115）。第三个问题是查纳—提姆布居民的反抗。与西班牙人经过两年的交流之后，当地居民意识到（并且开始遭受）关系的不对等。需要提到的是，尽管印第安人能够不断地提供食物（鱼、肉、玉米等），原材料（例如陶器或木材）以及劳动力，但是西班牙人能够和印第安人交换的物品越来越少，例如金属制品和玻璃珠。这也可能导致本来并不强固的联盟日趋恶化。从印第安人的角度来看，西班牙人变得无用且烦

图7 圣斯皮里图斯出土的已经熔化的玻璃珠（图片版权：Gabriel Cocco和Fabian Letieri）

人。此外，在几个月之后，西班牙人对印第安人实施了更具侵略性和暴力性的行为：到1928年底，西班牙人对当地人袭击了两次，第一次杀死了100多人，并将妇女和儿童当作囚犯。最初的联盟极速恶化，同时印第安人的抵抗日益增长。在31个月之后，堡垒遭到袭击，并被烧毁。烧毁的玻璃珠（图7）和在堡垒中发现的烧土层证明了这一事件的发生（Frittegotto et al.，2013）。

　　少数幸存者逃到了圣萨尔瓦多，这是由同一支探险队建造的小型聚落，位于乌拉圭河下游的圣萨尔瓦多河河口（Medina，1908）。该遗址已经由乌拉圭考古学家荷西·卢贝兹·玛兹和他的团队发掘，而且此地的情况与圣斯皮里图斯非常的不同（Lopez Mazz et al.，2014）。这个地方是偶然被查纳和查卢阿两人发现的。圣萨尔瓦多差不多是两个集团之间的动态边界，就像瓜拉尼一样。它与查纳的关系是不固定的，如前文所提到的由于联盟的缘故，西班牙人已经和瓜拉尼人发展了更好的关系。有趣的是，当注意到在国内早期殖民地区发现瓜拉尼陶器时，戈雅—马拉布里戈陶器在更远的地点被发现（Lopez Mazzet al.，2014）。根据文献记载，主要的威胁应该来自查卢阿的狩猎—采集者。然而，没有发现一件查卢阿出土物，主要是因为对他们的物质文化了解得极少。这一聚落在1537年被遗弃，幸存者们乘船返回了西班牙（Madero，1902）。历史和考古记录表明，西班牙人和瓜拉尼人的联盟在某种程度上被认为是试图使服从于阿拉瓦克人的合作参与者，例如查纳—提姆布。圣萨瓦尔多的情况也表现出西班牙人和查纳之间零星的联系，其在乌拉圭河下游的聚集程度不如在巴拉那河下游。最后，这似乎清楚地显示出查卢阿狩猎—采集者在欧洲征服初期就是持抵制态度。

在这一大胆的尝试之后，第二次进入拉普拉特河的远征规模要大得多（包括11 艘船、808 个人和 50 匹马），组织更加周全，并且希望在河流东缘建造永久性聚落（Madero，1902；Schmidl，2009 [1567]）。这次远征，在门多萨（西班牙探险家）的指挥下，于 1536 年建立了布宜诺斯艾利斯（今阿根廷首都；图 8a）。上百个欧洲人居住于此，在和克兰迪印第安人有过短时期的友好相处之后（在这一短时期内，邻近的狩猎—采集者提供了一些肉和鱼），对抗就开始了。在与其他印第安酋邦建立联盟之后，奎兰迪人激烈抗击西班牙人，并占领了布宜诺斯艾利斯（Schmidl，2009 [1567]）。显然，奎兰迪人没有准备好把自己的存粮分享给数以百计处于饥饿状态的殖民者们。几个月后，西班牙人在珊迪斯皮里图斯以北 300公里处建立了两个小驿站：科珀斯克里斯蒂和布埃纳文图拉（图 8a）。其策略是恢复与查纳—提姆布的联盟，以便从他们那儿获得玉米、鱼和有关遥远领土的信息。应该记住的是，这次远征的主要目的是从东南部到达安第斯山。在那里，印加帝国和许多其他安第斯酋邦将提供大量金银，这是当时来自美洲的最有价值的商品。这两个小驿站发挥了部分作用。当他们得到一些食物，就帮助布宜诺斯艾利斯城饥饿的人们，但供给量有限，而且与查纳—提姆布的联盟总是脆弱的。这两处聚落到现在都没有被找到，因此没有任何证据表明存在这种文化现象。此外，在过去 30 年中，尽管丹尼尔·斯查贝尔桑做了大量的系统性努力，布宜诺斯艾利斯的第一个遗迹仍然没有被找到，它们或许已在 1580 年的城市重建中被破坏了。

在卡伯特之前收集的数据的基础上，门多萨远征队伍中的西班牙人继续探索巴拉那河的上游，并且到达巴拉圭河上游，发现了建设良好的瓜拉尼村落。这里有充足的食物，瓜拉尼人与安第斯酋邦有联系，并从他们那里获取金银，甚至是羊驼（典型的安第斯本地骆驼）。这里的情况比处于贫困和敌对状态的布宜诺斯艾利斯好得多（Schmidl，2009 [1567]）。因此，巴拉圭亚松森城（图 8a）于1537 年建成，其与瓜拉尼的关系被描述为一个强有力的联盟（西班牙—瓜拉尼联盟，Lezama，2008）。虽然西班牙人有充足的食物，而且可以从安第斯获得金银，使他们的好盟友瓜拉尼人从中受益，从而一起长期对抗周边诸如巴亚巴、瓜奎卢等图皮部落。西班牙人有猎枪、金属武器、马匹和军事战略。这些因素为瓜拉尼对抗敌人提供了决定性的优势，并被证实能非常有效地对付大多数敌人。该联盟还有以下互利方面：盟军进行了联合远征来获取奴隶，并高度赞赏了瓜拉尼。

反过来说，西班牙人发现和瓜拉尼人的关系比他们与查纳—提姆布或是奎兰迪印第安人的联盟更富有成效。瓜拉尼的联盟基于一个复杂的亲属体系，从而保证瓜拉尼首领的女儿们和其他年轻女性可以给西班牙人做配偶，或承诺效忠于他们。由于瓜拉尼女性负责所有的家务，并且努力耕种，所以西班牙人不仅把她们用于性目的，并且将她们视为一种高效、忠诚的劳动力（例子可见：Alvar Nuñez Cabeza de Vaca，1853）。此外，这种亲属模式链接了西班牙人和众多瓜拉尼姻亲兄弟，此举加强了联合，并在极大程度上扩大了家庭联系。这是伙伴关系中的一个关键因素，它定义了文化接触的模式。

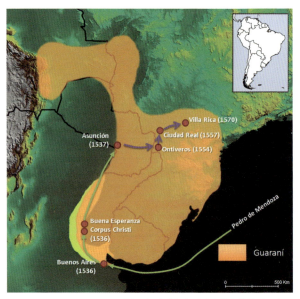

图8a 门多萨远征时建立的聚落位置示意

这种情形为西班牙人带来了更好的条件，因此在仅仅占据5年之后，他们于1541年6月决定放弃布宜诺斯艾利斯，随后放弃了另外两处小驿站（科珀斯克里斯蒂和布埃纳文图拉），把所有人集中于亚松森。他们与大城市失去了联系，因此商业机会急剧减少，但在安全方面大大地改善了他们的生活条件。他们还得到了另外两个优势：某种来自西班牙王室的政治独立，以及征服安第斯酋邦的更佳战略位置。

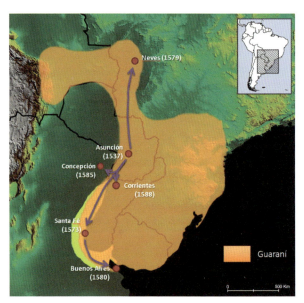

图8b 晚于1570年继亚松森城之后建立的城市示意

所有从门多萨而来的探险队幸存者集中在亚松森，这标志着他们进入一个征服的新阶段，与"文化他者"的联系完全改变。西班牙—瓜拉尼联盟进行了一定程度的整合，并产生了新的文化形态，族群构成过程开始。每数百个西班牙男性（只有少数西班牙女性）之中，会有一些瓜拉尼女性（最多20—30人）为他们工作，并孕育新一代混血儿或梅斯蒂索混血儿（父母一方为西班牙裔，一方为美洲印第安人）。这一代人混合了西班牙和瓜拉尼的文化模式，创造出一个独特的族群。这些年轻人被称为"地球青年"，与成千上万瓜拉尼印第安人一起为了新的远征聚集于亚松森。在接下来的数十年中，他们与西班牙的联系都是零星分散的，而且多年来他们与大城市的联系越来越少。但是，西班牙人明显变得越来越适应，"地球青年"人数激增。接下来的 20 年里，成千上万的混血青年出生在亚松森，他们是聚落的新居民，"正式"属于西班牙，但在本质上却略有不同。1556 年，只有大约 320 个欧洲人（大多数是西班牙人）居住在亚松森，还有不断增多的"地球青年"和数以千计的瓜拉尼土著。

在西班牙的命令下，在大量瓜拉尼酋长和成百上千梅斯蒂索人的支持下，新的远征队离开亚松森向东北探索，进入一个称为瓜伊拉的地方（可能以瓜拉尼酋长的名字而命名；图 8b）。他们建造了三处聚落：第一个是 1554 年在翁蒂韦罗斯建造的，靠近伽涅德胡，是"西班牙人的好朋友"（Diaz de Guzmán，1836 [1612]），这一聚落存在了一小段时间；第二个是 1556 年在雷阿尔城建造的（这是翁蒂韦罗斯北部的三个联盟，已经被遗弃了）；最后一个是 1570 年在维拉里卡建造的，在雷阿尔城东边的六个联盟。该地区聚集了大量瓜拉尼人。在 1557 年的人口普查中，艾拉拉统计了居住在雷阿尔城和周边地区的 45000 户家庭，约 20 万人（Lozano，1874）。在 16 世纪中叶，卡多索估计一共有约 30 万印第安人居住在维拉里卡及邻近地区（Cardozo，1938 [1559]），而西班牙人的数量则非常少。当传教士于 1601 年来到此地，他们发现只有 50 名西班牙人居住在雷阿尔城、100 名西班牙人住在维拉里卡（Wastso，1947）。因此，毫不惊讶的是在雷阿尔城和维拉里卡发现的几乎所有陶器都属于典型的瓜拉尼陶器类别：它们带有凸棱纹、经过刷子抹制、指甲戳印纹和彩绘等特征（Watson，1947）。动物遗存也揭示了居民十分依赖本地野生动物。当然，在西班牙人和瓜拉尼人建立联盟时，常有印第安人反抗，这揭示了文化冲突的动态和紧张态势归因于西班牙的虐行（Necker，1983; Susnik，1993）。然而，尽管存在这些冲突，但基于经济优势和政治优势，以及亲属关系，他们仍然保持着紧密的关系并产生了新的文化形式。

16 世纪 70 年代，西班牙人已经在亚松森超过 30 年了，期间有两代"地球青年"出生。除了几次远征（尤其是阿尔瓦·努涅兹·伽贝萨·瓦卡远征，和另一次萨纳夫里亚远征），并没有从西班牙输入人口。不过成千上万的梅斯蒂索人已经足够了。然而，他们试图重新征服巴拉那河下游和河床地区，并重新与大城市建立联系。现在，一种新的混血人种和瓜拉尼人于 1573 年在巴拉那河堤岸上建造了一个叫圣菲的新城镇（图 8b）。几年之后，他们于 1580 年在同一地点重新建设了布宜诺斯艾利斯，并建立了一个可以恢复与西班牙联络的港口。在 74 个已

图9 圣菲维哈出土的陶器碎片，显示出西班牙主题与瓜拉尼技术与装饰风格的融合

（图片版权：Gabriel Cocco）

证实的建设者中，只有 10 名西班牙人，其他 64 人是西班牙裔的混血儿（只有一位女性），也有数目不详的印第安人来到这里参与建设并住在城市周边（Madero，1902）。而在接下来的几个世纪中，布宜诺斯艾利斯的发展破坏了 16 世纪留下来的聚落遗存，圣菲殖民地也遭到破坏，因为在被遗弃约 80 年之后，人们在更南的地方重建聚落（Zapata Gollán，1981）。因此，考古学家发掘了第一个殖民地圣菲（命名为圣菲维哈，即 Santa Fe la Vieja），并且作为国家级遗址被保护起来，阐述了族群构成过程的物质特征（Cocco，2005）。在圣菲维哈发现的陶器

包括了典型的 16 世纪欧洲陶器，与瓜拉尼陶器有联系，另外还发现了一些本土风格的陶器碎片，显示出西班牙图案和瓜拉尼风格、技术的融合（Ceruti，1977，2005；Cocco，2005）。这些碎片是瓜拉尼技术风格和装饰技术与西班牙主题相结合的典型例子（Ceruti，2005；图 9）。在这一遗址的几个区域还出土了戈雅—马拉布里戈陶器，表明查纳—提姆布的幸存者可能采取策略抵抗技术和风格上的选择，因此在这一地区未发现结合戈雅—马拉布里戈与西班牙风格特征的陶器。当然，查纳—提姆布人似乎在较小程度上参与了这一文化新形式。

在圣菲维哈，尽管可能不处于殖民地的第一个时期，非洲人作为一个新的社会角色被运送到南美充当奴隶，他们大部分都是被葡萄牙人带去的。在圣菲发现的陶器为拉普拉塔流域第一代非洲奴隶的存在提供了证明。非洲人进入该区域是葡萄牙皇室奴隶政策的结果，也是葡萄牙—图皮联盟扩张的结果（Lezama，2008）。以桑文森特海岸的港口和高原边缘的桑保罗镇为基础，葡萄牙和图皮的势力开始向高原内部蔓延，远远超出了《托德西利亚斯条约》的限制。这种地理、经济和政治的扩张是由一个特定的远征形成的，也就是所谓的班代兰蒂斯远征：一些葡萄牙和欧洲奴隶贩子及图皮印第安人、混血人一起进行的远征。通过这些非正式但有效的远征派系，葡萄牙—图皮联盟牢牢控制了拉普拉塔河流域这一大片区域，而且在殖民时期对西班牙—瓜拉尼的聚落造成了威胁，他们还负责向南美引入上百万的非洲奴隶。西班牙—图皮联盟和葡萄牙—图皮联盟这两大联盟之间充斥着紧张局势和冲突，这样的情形持续了几个世纪，直至 19 世纪南美洲国家陆续解放。

如上述内容，在殖民过程中的文化接触具有复杂性与多维性，其特点为抵制、同化、联盟和族群构成。在南美洲，这些进程继续发生于全球化扩张的边界之处，这也为考古学家全面研究发展进程和确定物质来源创造了机会。

参考文献

Azkárate Garai-Olaun, A., G. Cocco, I. Sánchez Pinto, F. Letieri, S. Escribano Ruíz, G. Frittegotto and V. Venedet. 2012. *Sistemas de excavación a debate; reflexión a partir de la experiencia arqueológica del Fuerte Sancti Spiritus (Puerto Gaboto, Santa Fe)*. Paperpresented at the V Congreso Nacional de Arqueología Histórica, Argentina.

Bracco, D. 2004. *Charrúas, guenoas y guaraníes. Interacción y destrucción: indígenas en el Río de la Plata*. Montevideo: Librería Linardi y Risso.

Braunstein, J. (ed.). 1990-1991. *Hacia una nueva carta étnica del Gran Chaco*. Informe de avance PID-CONICET. Chaco: Centro del Hombre Antiguo Chaqueño.

Braunstein, J. and Miller, E. (eds.) 1999. *Peoples of the Gran Chaco*. Westport, CT: Bergin and Garvey.

Cardozo, R. 1938 [1559]. *El Guaira, historia de la antigua provincia*. Buenos Aires: Jesus Menendez.

Casamiquela, R. 1969. *Un nuevo panorama etnológico del área pan-pampeana y patagónica adyacente. Pruebas Etnohistóricas de la filiación tehuelche septentrional de los Querandíes*. Santiago de Chile: Museo Nacional de Historia Natural.

Ceruti, C. and N. Natasi. 1977. Evidencias de contacto hispano-indígena en San Fé La Vieja (Cayastá). *Actas y Memorias del IV Congreso Nacional de Arqueología Argentina. Segunda Parte. Revista del Museo de Historia Natural de San Rafael (Mendoza)*. T. Ⅳ (1/4): 213-236.

Ceruti, C. 2005. La cerámica de Santa Fe la Vieja: hacia una revaloración del componente indígena. *Santa Fe la Vieja: Arqueología de los siglos XVI y XVII" - Programa de Arqueología Histórica de Santa Fe la Vieja*, M.A. Carrara y N. De Grandis Eds. Escuela de Antropología de la Univ. Nac. de Rosario, 2006, Rosario.

Cocco, G. 2005. Investigaciones arqueológicas en Santa Fe La Vieja. *América*.17: 45-56. Centro de Estudios Hispanoamericanos, Santa Fe.

Cocco G, Letieri F. and G.Frittegotto. 2011. El descubrimiento y estudio del fuerte Sancti Spiritus, *América*. 20: 69-85, Centro de Estudios Hispanoamericanos, Santa Fe.

Denevan, W.M., 2009. Indian Adaptations in Flooded Regions of South America: Introduction. *Journal of Latin American Geography*, 8(2), pp.209-213.

de Guzmán, R.D. and Guevara, J., 1854. *Historia argentina del descubrimiento, población y conquista de las provincias del Río de la Plata*. Imprenta de la Revista.

Dieltler, M. 2010. *Archaeologies of Colonialism: Consumption, Entanglement and Violence in Ancient Mediterranean France*. Berkeley: The University of California Press.

ERIKSEN, L. 2011. Nature and Culture in Prehistoric Amazonia. Using G.I.S. to reconstruct ancient ethnogenetic processes from archaeology, linguistics, geography, and ethnohistory. Tesis Doctoral. Lund, Faculty of Social Sciences, Lund University. 364 pp.

Frittegotto, G. F. Letieri, G. Cocco, C. Pasquali, M. E. AstizandM. Valdata. 2013. *Descubriendo el Fuerte Sancti Spiritus*. Buenos Aires: Consejo Federal de Inversiones.

Gandía, E. 1930. *El testamento de Domingo Martínez de Irala*. Imprenta de la Universidad. Buenos Aires.

1931. *Indios y conquistadores en el Paraguay*. A. García Santos. Buenos Aires.

Heckenberger, M. 2002. Rethinking the Arawakan Diaspora: Hierarchy, Regionality, and the Amazonian Formative. In: Hill J. and F. Santos-Granero (Eds.), *Comparative Arawakan Histories. Rethinking Language and Culture Area in Amazonia*. Urbana/Chicago, University of Illinois Press, pp. 99-122.

Lezama, A. 2008. *La Historia que nos parió. Ensayo sobre el origen de la idiosincrasia rioplatense*, 1. Montevideo, Linardi y Risso, pp. 195.

Llamas, B., L. Fehren-Schmitz, G. Valverde, S. Mallick, C. Ceruti, G. Politis, N. Rohland et al. 2016. Ancient mitochondrial DNA provides high-resolution time scale of the peopling of the Americas. *Science Advances* 2(4): e1501385.

López Mazz, J. M., Buffa, V., N. De León y C. Cancela. 2014. "La localidad histórico arqueológica del río San Salvador (Dpto. de Soriano, Uruguay)". *Revista del Museo de Antropología*, Universidad de Córdoba T 2 (7): 285-292, Córdoba.

Lozano, P. 1873-1874. Historia de la Conquista del Paraguay, río de la Plata y tucuman, tomos Ⅰ, Ⅱ and Ⅲ, In *Biblioteca del Río de la Plata: Colección de Obras, Documentos y Noticias Ineditas o Poco Conocidas Para Servir a la Historia Física 194 Política y Literaria del Río de la Plata*, Andres Lamas (ed), Buenos Aires, Imprenta Popular.

Lucaioli, C. P. 2005. *Los grupos abipones hacia mediados del siglo XVⅢ*. Buenos Aires: Sociedad Argentina de Antropología.

Madero, Eduardo. 1902. *Historia del Puerto de Buenos Aires*. La Nación, Buenos Aires.

Medina, José T. 1908. *El Veneciano Sebastián Caboto al Servicio de España*. Universitaria,

Santiago de Chile.

Mendoza, M. 1999. The Western Toba: Family, Life and Subsistence of a former Hunter-Gatherer Society. In E. Miller (ed.) *Peoples of the Gran Chaco*. 81-108. Westport: Greenwood Publishing Group.

Métraux, A. 1946. Ethnography of the Chaco. In J. Steward (ed), *Handbook of South American Indians*. Vol 1. 197-370. Washington: Smithsonian Institution.

Metraux, A. 1948. The Guaraní. In: STEWARD, J. (Ed.), *Handbook of South American Indians*, Ⅲ. Washington DC, Smithsonian Institution, pp. 69-94.

Nacuzzi, L., Lucaioli, C., and Nesis, F. 2008. *Pueblos nómades en un estado colonial. Chaco, Pampay Patagonia, siglo* ⅩⅧ. Buenos Aires: Editorial Antropofagia.

Necker, L: 1983. La reacción de los guaraníes frente a la conquista española del Paraguay: movimientos de resistencia indígena (siglo ⅩⅥ). *Suplemento Antropológico*. Vol. XVIII no 1. pp. 7-29. Asunción.

Nesis, F. 2005. *Transformaciones socioculturales entre los grupos mocoví*. Siglo XVIII. Buenos Aires: Sociedad Argentina de Antropología.

Noelli, F. 1998. The Tupí: explaining origin and expansions in terms of archaeology and historical linguistic. *Antiquity* 72: 648-63.

Nordenskiöld E. 1912. La Vie des Indiés dans le Chaco. *Revue de Geographie*, Tomo VI. Fasicule III. Paris.
1930. *Ars Americana I. L´Archélogie du Bassin de l´Amazone*. Paris, Les ëditions G. Van Oest. pp. 74. y 56 láminas.

Núñez Cabeza de Vaca, Alvar. 1853. *Historiadores Primitivos de Indias.* Colección dirigida e ilustrada por Don Enrique de Vedia. Tomo I, Madrid.

Pitblado, B. 2011. A tale of two migrations: reconciling recent biological and archaeological evidence for the Pleistocene Peopling of the Americas. *Journal of Archaeological Research*. 19: 327-75.

Politis G. and M. Bonomo. 2012. La entidad arqueológica Goya-Malabrigo (ríos Paraná y Uruguay) y su filiacióna rawak Revista de Arqueología, *Sociedade de Arqueologia Brasileira*, vol 25 (1): 10-46, jan/julh 2012, Brasil.

Politis G. and A. Hernando. 2014. South America hunter-gatherers. *The Oxford Handbook of the Archaeology and Anthropology of Hunter Gatherers*. Editado por V. Cummings, P. Jordan y M. Zvelebil, pp. 1031-2054. Oxford University Press.

Politis. G., L. Prates and I. Perez. 2015. Early Asiatic Migration to the Americas: A View from South America. In M. D. Frachetti and R.N. Spengler Ⅲ (eds.), *Mobility and Ancient Society in Asia and the Americas*, DOI 10.1007/978-3-319-15138-0_7, © Springer International Publishing Switzerland 2015.

Rubio, Julián María. 1942. *Exploración y conquista del Río de la Plata: siglos* ⅩⅥ *y* ⅩⅦ. Vol. 8. Salvat editores, sa.

Preucel, R. 2002. *Archeologies of the Pueblo Revolt: Identity, meaning and renewal in the Pueblo World*. Albuquerque: University of New Mexico Press.

Raghavan, Maanasa, et al. 2013. Upper Palaeolithic Siberian genome reveals dual ancestry of Native Americans. *Nature*, 505: 87-91.

Schmidl, U. 2009 [1567]. *Viaje al Río de La Plata*. Traducido por Samuel Lafone Quevedo. Claridad, Buenos Aires.

Serrano A. 1955. Los pueblos y culturas indígenas del Litoral. Santa Fe, El Litoral, pp. 124. 1972. *Líneas fundamentales de la arqueología del litoral (una tentativa de periodización)*. Córdoba, Instituto de Antropología, Universidad Nacional de Córdoba. pp. 79.

Steward, J. (Ed.). 1946-1950. *Handbook of South American Indians. Washington D.C.*

Smithsonian Institution. Bureau of American Ethnology Bulletin, 143, Govt. Printing Office.

Susnik, B. 1969. *Chamacocos, I. Cambio cultural*. Asunción: Publicación del Museo Etnográfico Andres Barbero.

1971. *El indio colonial del Paraguay*. Vol. 3.1. El chaqueño. Asunción: Publicación del Etnográfico Andrés Barbero.

1993. *Una visión socio antropológica del Paraguay*. ⅩⅥ . 1 / 2 ⅩⅦ . Museo Etnográfico Andrés Barbero. Asunción.

Watson, V. D. 1947. Ciudad Real: A Guaraní-SpanishSiteon the Alto ParanaRiver. *American Antiquity* 13 (2): 163-176.

Zapata Gollán, A. 1981. *La urbanización hispanoamericana en el Río de la Plata*, Ministerio de Educación y Cultura, Departamento de Estudios Etnográficos y Coloniales, Santa Fe.

主讲人简介

古斯塔沃·波利迪斯，于1984年获得阿根廷拉普拉塔国立大学博士学位。现为阿根廷国家科学技术委员会研究员、拉普拉塔国立大学教授、布宜诺斯艾利斯中央大学教授。目前已出版著作7部，发表论文145篇。主要研究方向：采集—狩猎者、美洲人群分布、潘帕斯草原考古和民族考古学。

古斯塔沃·波利迪斯

陶器岩相分析技术所揭示的史前文化的交流与互动

吉姆·史多盟（美国威斯康辛大学）

摘要

　　将岩相分析引入陶器研究，有助于探讨文化交流与互动的相关问题。在介绍岩相分析的特点和功能之后，我们将讨论三个案例。第一个例子为安娜·谢泼德的研究。安娜是陶瓷岩相分析的先驱，她首先将此技术用于研究新墨西哥州佩科斯普韦布洛遗址出土的陶器。通过岩相分析，她发现了该遗址曾大量进口陶器的证据，而传统看法认为这是一个自给自足的社会。第二个例子为安娜·谢帕德的另一项研究，通过采用岩相分析研究新墨西哥州查科峡谷出土的陶器，采用定量方法进行定性研究。第三个例子是，近些年中子活化分析技术被广泛用于中美洲陶瓷研究，奥尔梅克类型陶器被认为是从单一中心贸易而来，通过利用定性和定量的岩性分析，我们将对此进行重新检验。

介绍

在演讲开端，我将简要介绍一下岩相显微镜在陶器分析中的应用。同时，由于本届论坛主题之一是文化交流，我还将讨论三个案例，以证明陶器岩相学如何被有效运用于这个主题的研究之中。引用这些典型案例是因为我对它们比较熟悉，所以我希望可以用一个有趣和翔实的方式来阐述它们。

自 19 世纪 30 年代以来，岩相显微镜已经是标准的地质工具，通过物理性质可靠地辨别岩石和矿物。这种方法对于分析陶器是有价值的，因为陶器切片中的陶土结构包含矿物和岩石颗粒，可能是天然存在的也可能是人为添加的产物（即羼和料）。当这些包含物的地质来源可以被确定为非本地化时，那么存在几种文化互动（例如贸易、人口流动、通婚等）的可能性，以进一步评估和讨论，否则这些可能性会被忽视。

显微镜的这一显著特征在于其采用了首先通过偏振透镜的透射光（即从样品的下方）。然后偏振光（在这一阶段，被称为偏振平面）通过样品折射，即光束弯曲并分裂成两束，每种光线以不同的速度行进，允许识别颜色、凸现和折射率等多种性质。安装在样品上方的第二个偏光片，即所谓的正交偏光镜，可以由研究人员自行决定插入，产生对于鉴定矿物很重要的独特干涉色。一类称为各向同性的矿物，允许在正交偏光镜之下无光通过，这是鉴定玻璃有价值的属性，这是下面将要讨论的火山灰的主要成分。

准备用于岩相分析的陶器的步骤包括将其切割并安装在具有特殊环氧树脂的玻璃载玻片上，并将其研磨成足够薄并且允许光通过的标准厚度，即 0.03mm（30 微米）。制成该标准化厚度的原因是控制两个决定透射光行为的主要变量中的一个，也就是样品厚度。这将第二个变量，样品的固有物理特性隔离，第二个变量是到达观察者眼睛的光学性质的主要决定因素。应该注意的是粘土矿物质不能单独辨别，因为它们的颗粒太精细，小于 0.002mm。这些在切片中显示为黑色结构。岩相学应用于陶器中的特殊之处是，当向富含粘土的沉积物中人为添加了可以鉴别的羼和料（岩石、陶碎片、骨头、贝壳等）的时候，便能够鉴别出这些羼和料。反过来可以通过删除用于分析目的的羼和颗粒来提供富含粘土的沉淀物的物理特征。利用这种特征，陶器容器的特征可以包括三种主要性质：羼和料、陶胎、陶坯。如果能够可靠地鉴别羼和料（通常所谓的夹砂陶器不可能），那么通过上述删除的方式可以鉴别出陶土所有天然夹杂物中剩余的矿物及其大小，然后作为鉴别不包含羼和料的富含粘土的沉淀物，以用于制作陶罐。此属性被称为陶胎。相比之下，羼和料和陶胎的组合被称为陶坯，其本质上是样品的总成分，并且表明是已经完成的物品。

当将岩相学与元素分析形式进行比较时，例如将中子活化作为陶器分析技术，必须牢记陶胎／陶坯的区别。中子活化技术总是提供陶坯的化学特征，即总成分，这意味着它不能区分羼和料,也不能从实际角度期望这种方法将带有羼和料的陶器组成与天然粘土沉淀物进行比较。传统上来说,人们可能会说作为标准,岩相学主要是一种定性技术,用于识别岩石和矿物的存在。当应用于陶器时,岩相学通常将羼和料作为目标,即独特的、重复的,而且包含相对较大的、有棱角的矿物。除了定量技术,还可以提供地质文献中称为模型分析的技术(例如:查耶斯,1956;贝利,1960)。我用于分析陶器的定量程序是通常被称为点数计数的变体,于1989年以来开发和改进,涉及以数量方式体现羼和料和陶胎(具体信息详见史多盟,1989,1991和2015:12-15页文章)。该过程涉及使用显微镜时一个特殊的附件,它允许切片以观察者目镜中的十字瞄准线下方的固定间隔在显微镜台面上前后移动。这是一个抽样程序,类似在切片上叠加1毫米(或任何被认为合适的间隔)的网格,并记录在网格上的每个交点处观察到的内容。那么,在穿过台面上的切片的每一个停止处,记录十字瞄准线下方的观察或"点":(1)粘土或结合料;(2)粉砂颗粒(0.002—0.0624mm);(3)砂粒(0.0625—1.99mm);(4)砾石颗粒(>2.00mm);(5)空隙(裂纹或缺陷)。测量每个砂粒和砾石颗粒,记录其矿物学特征,从而确定是否存在羼和料。经过大量的尝试和错误,我发现,如果不包括空隙,每个切片的最小计数为200个点,那么这个样品能够作为可靠样品(史多盟,1989,1991,2001)。

安娜·谢泼德关于美国西南部的研究

关于佩科斯的研究

安娜·O.谢泼德(Anne O. Shepard)于1936年第一次将岩相学应用于陶器研究之中,这些陶器是阿尔佛雷德·基德于1919—1929年在新墨西哥北部佩克斯普韦布洛遗址中获得的。位于西南文化区与大平原之间的交界,佩科斯文化遗存从史前阶段一直到历史时期(科洛纳多于1541年通过这里)。在这项研究中,谢泼德发现,几种陶器类型羼和料的火成岩在当地不存在。因为这些岩石产于西部的格兰德河上游地区(主要是在加利斯特奥盆地和帕哈利托高原),并被用作当地陶器的羼和料,她认为这些器物是进口到佩科斯的。谢泼德(1936:580)在表达这一观点时指出:

对技术研究结果的解释与单独考虑表面特征(陶器)形成的情况非常不同。佩克斯对中央位置较大的村庄的依赖性和贸易难以预料,同时鉴于普埃布洛斯作为独立经济单位普遍存在的概念,难以接受这一结论。调查结果表明一直没有预料到的专业化程度和工业化程度。

谢泼德（1936：582）继续补充说：

在某些情况下，证据的特点是解释很难被质疑；另一方面，在许多情况下，它是完全被实现并且自由承认的，数据不是决定性的；我们还没有证明原材料或成品是否被带入了普埃布洛斯。

基德（1936：b：xxiii页）将谢泼德关于佩科斯的研究称为"炸弹"，但是正如琳达·科德尔（1991：132、137）所注意的，在题为《忽视谨慎的异端》的文章中，谢泼德关于佩科斯发现"未被充分了解，接受或赞赏"。重要的是需要注意谢泼德的岩相学研究是完全定性的，因此，原始材料输入还是她个人更倾向的将器物传入的问题悬而未决。现在让我们来看看谢泼德1939年关于查科峡谷陶器分析的报告，她再次争辩（无疑是谨慎的）在西南普埃布洛斯所有历史和人种学证据与上述观点相反，陶器大量传入西南部的普韦布洛斯，而非原材料。

谢泼德关于查科峡谷陶器研究

尽管谢泼德对查科峡谷陶器的观察产生了兴趣和争议，但她没有公布关于这个问题的正式报告。她对这个话题的三个评论都被掩盖在了专门讨论其他课题的报告中：（1）在"伯爵莫里斯"专著内题为"入侵者"的拉普拉塔山谷发掘附录中（1939年）；（2）在给尼尔·贾德的一封信中包含了在查科峡谷的普韦布洛博尼托（贾德，1954：236-238）的发掘报告；（3）关于瓦哈卡陶器（谢泼德，1963）的文章中几乎偶然的评论。

1913—1930年在拉普拉塔山谷进行的长期研究对厄尔·莫里斯发现的陶器进行了技术分析的时候，谢泼德开始对查科峡谷的陶器感兴趣。几个具有查科峡谷风格特征的陶器立刻带来了关于两个区域文化交流的讨论。与此同时，尼尔·贾德正在撰写在查科峡谷1921—1927年的发掘报告，1936年的时候将大量查科峡谷陶器样品发给了谢泼德，并希望她对"普埃布洛邦尼托陶器进行彻底调查"（贾德，1954：235）。然而她最终没有完成，但她确实有35个切片样品，其中一些来自查科峡谷，以帮助她分析拉普拉塔陶器。作为这些分析的结果，她确定了一种独特的火成岩，她称之为透长石玄武岩，这种岩石不可能起源于查科地区，位于沉积岩底层，也不可能源于拉普拉塔地区，在这里除了发现了几片查科峡谷类型的陶片之外未发现其他陶片。之后的文章中将这种岩石称为粗面岩，但是无论哪一个，它存在于查科峡谷以西70—80公里的楚斯卡山脉的特征很快就被地质研究证实（图 1）。因此，容器传入还是原料传入的问题再次出现，谢泼德再次谨慎地选择了器物传入的观点。

在这里还有一个额外的惊喜。与在佩科斯不同的是，外来的岩石羼和料主要在泥质彩陶中发现，在查科峡谷，带有波纹的烹饪陶器中也发现了这种外来的岩石羼和料（图 2）。在查科峡谷的一些黑白色陶器（通常称为白色）中观察到少量的透长石玄武岩，但是谢泼德能够证明，"这种岩石显然是次生的，也就是将岩石类型羼和料的陶器再次作为陶片的羼和料来使用"（谢泼德，1939：280）。

尽管承认"大量的烹饪陶器用于贸易与所接受的想法相违背"，但是她仍然认为："事实上，贝斯特峰区（在楚斯卡斯）的波纹陶器的羼和料带有透长石玄武岩，并且这种陶器在这些地方是高度发达且丰富的，这些都表明了这样一个理论，即查科峡谷带有波纹，且羼和料带有透长石玄武岩的陶器从这些村庄传入"（谢泼德，1939：281）。

贾德在准备有关波尼托物质文化（贾德，1954）的撰写时，阅读了谢泼德写于 1939 年的报告，并赞扬她的工作，但仍然不能相信，并且评论到，"对我而言，整个问题仍然悬而未决"，因为"应该检验一个更大、更广泛的样本"（贾德，1954：235）。谢泼德在给基德的一封信中（摘录于基德 1954 年发表的文章，第

图1 距离查科峡谷西边70—80公里处的楚斯卡山脉基岩的透长石玄武岩切片

236 页）认为，"羼和料的分析只提供了间接证据，并非原产地证据，因为陶器中外地羼和料的存在并没有表明传入的是材料还是陶器本身"。她进一步认为，"最重要的问题可能是如何对比博尼托和楚斯卡斯带有透长石玄武岩羼和料的陶器特征，比如完整器、粘土类型、特别彩绘设计等，"并且补充道，"如果系统的比较应该证明这两者在这些方面是相同的，那么贸易理论应该是关于查科陶器最合乎逻辑的解释"（贾德，1954：237）。

查科峡谷贸易理论的验证

1994 年，我利用学术休假去了科罗拉多州的波尔得，谢泼德在其之后的几年里生活在波尔得，她的父亲当时是科罗拉多州大学波尔得分校的研究化学家。她的图书和研究收藏，包括她所有的切片都在这座大学博物馆里。得到了她的建议的鼓舞，即通过对比查科峡谷和楚斯卡斯陶器切片的胎土类型来验证她的理论，我的目标是采用我正在开发的点计数方法来生成切片陶胎相关的定量数据。两个命题被视为测试无效 w 假设：首先，如果来自查科峡谷的白色和灰色陶器

图2 查科峡谷出土的两件带有波纹的灰陶陶器

都是本地生产的，那么它们的陶胎应该是相似的（测试1）；第二，如果查科灰色陶器来自楚斯卡斯，那么它们的陶胎和楚斯卡斯灰色陶器的应该相似（测试2）。这些测试的基本数据都是利用的陶器切片，几乎全部来自谢泼德的收藏，其中包括以下内容：

查科峡谷

47片屑和粘土的白底黑花陶器／白陶

16片屑和透长石玄武岩波纹灰陶

楚斯卡斯山脉的两座灰色山峰

14片屑和透长石玄武岩白底黑花陶器／白陶

5片屑和透长石玄武岩波纹灰陶

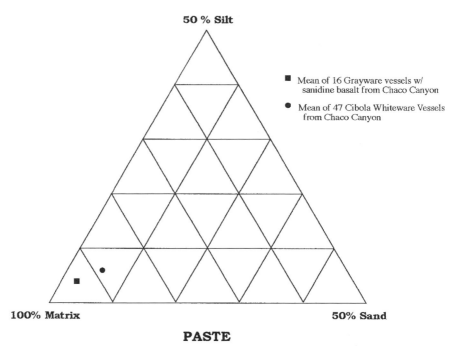

PASTE

图3 出土于查科峡谷的16件灰陶陶器和47件白陶陶器陶胎平均值的三元曲线图对比

　　来自查科峡谷与测试1相关的62个陶器切片的定量分析结果以三元曲线图呈现出来（图3）。从这张图可以看出查科白陶与查科灰陶陶胎的平均值，而且它们的差异很明显。为了评估组成这些平均值的元素的差异之间的重要性，对每个陶胎变量、陶胎、粉砂、砂粒和砂粒大小进行t检验。这些计算的结果记录在表1当中。一般而言，白陶陶胎粉砂、砂粒和砂粒大小数值较高。更重要的是，这些差异在普遍接受的0.05的概率水平上是明显的，也就是说，这些值具有共同来源的可能性小于5%。

表1 利用学生t检验统计方法评估从查科峡谷发现的白陶和灰陶中每种陶胎平均值的差异

类型	切片编号	陶胎百分比	粉砂百分比	砂粒百分比	砂粒大小指数
查科白陶	47	88.7±3.1	6.0±2.7	5.3±2.4	1.41±.32
查科灰陶	16	93.7±3.6	4.4±2.2	1.9±2.0	1.18±.24
学生t检验		5.35	2.14	5.09	2.77
概率		<0.001	<0.03	<0.001	<0.01

转到测试 2，同时屑和有透长石玄武岩的查科灰陶与楚斯卡斯陶器的陶胎平均值的对比结果在第二个图表中（图 4）。很明显，这两种陶器的平均值几乎相同。表 2 记录了这一观察结果。

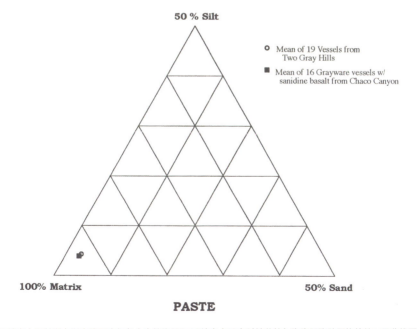

图4 19件出土于楚斯卡斯山脉两座灰色小山的陶器和16件出土于查科峡谷的灰陶陶器陶胎平均值的三元曲线图对比。35件陶器都屑和有透长石玄武岩

表2 出土于查科峡谷和两座灰色山峰、屑和有透长石玄武岩的陶胎平均值

类型	切片编号	陶胎百分比	粉砂百分比	砂粒百分比	砂粒大小指数
楚斯卡白陶	14	93.2 ± 3.7	3.8 ± 2.7	3.0 ± 1.4	1.20 ± .17
楚斯卡灰陶	5	95.4 ± 1.3	2.6 ± 0.9	2.0 ± 1.2	1.13 ± .18
所有楚斯卡陶器	19	93.7 ± 3.2	3.7 ± 2.6	2.6 ± 1.3	1.08 ± .30
查科灰陶	16	93.7 ± 3.6	4.4 ± 2.2	1.9 ± 2.0	1.18 ± .24

　　总而言之，定量数据证实了谢泼德当初根据定性观察结果得出的结论，即出土于查科遗址、带有波纹的灰色陶器最有可能从楚斯卡斯山脉传入。与定性结果一样，这些发现并不能成为陶器传入假说的证据，但是它们的确增加了可信度。

利用岩相学评估关于圣洛伦索是中美洲形成期晚期奥尔梅克式陶器

唯一的生产者和传播者的假设

　　2005年，《科学》杂志（布洛姆斯特等，2005）发表了题目为《通过元素分析确定古代墨西哥奥尔梅克陶器的生产和出口》的文章。在这篇文章的摘要中，作者声称，"出口的奥尔梅克式陶器源自墨西哥湾沿岸的圣洛伦索地区，这一现象支持了奥尔梅克文化在中美洲第一个统一风格和图像系统的创造和传播中的优势地位。"这个说法建立在中美洲七个地区的725个陶器和陶土样品的中子活化分析（NAA）基础之上。一开始，这篇文章受到了特别关注，首先在《科学》杂志同期刊物开篇页上刊登了相同问题的序言（迪尔，2005），之后出现于大众媒体，例如《纽约时报》的主要文章（2005年3月15日），并配有地图和相关图片。

　　理查德·迪尔在文章中通过将其置于所谓的"母亲文化/姐妹文化"辩论的背景下，指出了上述文章所包含的更大影响。迪尔认为（2005：1055）布洛姆斯特

等人的观点"为母语文化群提供了有力支持"。这场辩论涉及中美洲中部和南部复杂城市社会的发展是否为多个当代社会之间密集交流的结果（姐妹文化观点，如弗兰纳里、马库斯，2000年），还是源于奥尔梅克中心地带单一中心（母亲文化视野）的争论。

重要的是，需要注意，在这种情况下，陶器的组成分析承担了重要任务，因为它被用来解决中美洲史前史上的一个重大辩论，其中涉及整个图像系统，而陶器是一个次要的组成部分。本场讲演的目的不是考虑这个更大的问题本身，而是展示如何通过岩相学有甄别地评估这些陶器数据的可靠性，即适用性，以支持这些宏观的结论。

支持解释的基本数据如上表所示（布洛姆斯特等，2005：107），一共分析了725片陶片和羼和颗粒样品的区域化学特征。在这个表中，203片陶片来自圣洛伦索，皆具有本地，即墨西哥湾沿岸的化学特征。然而，在其他六个地区的遗址有一些可能带有圣洛伦索化学特征的陶片。除了墨西哥湾沿岸，其他六个地区都没有显示与其他地区陶器交换的证据。因此，我们得出结论：

我们的分析显示了圣洛伦索的奥尔梅克文化不存在奥尔梅克风格的外来变体形式；奥尔梅克人是输出者。暂且不论圣洛伦索样本的数量（样品数量为203个），没有一片陶片样品来自外地（布洛姆斯特等，2005：1071）。

从陶器的角度来看，本文提到的"风格和图像系统"（称为"奥尔梅克风格"，其他人称之为"泛中美洲"形式）具体表现在一系列磨光灰色陶器，上面刻划了广泛存在于中美洲的图案，其中每个区域都有自己的命名类型。例如，在圣洛伦索，这类陶器被称作"卡尔萨达刻划"类型，而在瓦哈卡州，这两种类型被称作"莱安德罗灰陶"和"德尔菲诺泥质灰陶"（弗兰纳里、马库斯，1994：157，259）。因此，无论是否能在陶器上找到这样的刻划图案，2005年刊载于《科学》的文章中利用的可试验的期待值是所有这些陶器起源于圣洛伦索或者其附近的墨西哥湾沿岸。

与上述期待值相反的是，纳内特·派恩于1976年发现，高地地区陶器刻划图案（沿着对角线刻划纹饰）与低地地区陶器刻划图案（水平刻划纹饰）之间存在明显的区域差异，这意味着这些陶器的来源并非单一。派恩的研究是对由迈克尔·科和理查德·迪尔（1980）始于20世纪60年代发掘、藏于耶鲁大学皮博迪博物馆的圣洛伦索卡尔萨达刻划纹陶片以及藏于密歇根大学、由肯特·弗兰纳里和乔伊斯·马库斯在瓦哈卡高地圣何塞石堆遗址发掘获得的莱安德罗灰陶和德尔菲诺泥质灰陶进行比较分析。虽然从事这项研究中，派恩从耶鲁大学的收藏中获得了她认为在刻划纹饰方面最具"瓦哈卡风格"的8片卡尔萨达刻划纹陶片，并把它们交给威廉·佩恩，一位致力于瓦哈卡项目的专业陶器学家。佩恩根据他对瓦哈卡高地陶器和陶土的熟悉程度，只利用了标准双目显微镜来观察这些陶片的物理特性。在对 8 片圣洛伦索陶片的观察中，佩恩发现其中 7 片在羼和料和陶胎方面与瓦哈卡陶器具有密切联系（弗兰纳里、马库斯，1994：263）。尽管在 2005 年之前发表了关于陶器形态和物质组成这两项单独研究的文章，但是布洛姆斯特等人（2005：1071）声称，"在圣洛伦索的奥尔梅克文化没有受到外来奥尔梅克风格陶器变体的影响；奥尔梅克人是唯一的输出者"。

2005 年，弗兰纳里、马库斯和我把岩石学证据引入这项研究。派恩将 8 片来自圣洛伦索的陶片中的 5 片提供给我作为切片的盲样。这 5 片陶片羼和有花岗片麻岩，或者可以简称为片麻岩（图 5），也就是花岗岩组成物的变质岩，即含有大量长石以及多晶体，含有一定石英，这是原产于瓦哈卡高地并且频繁用作本地陶器的羼和料（图 6）。这样的岩石不存在于墨西哥湾沿岸平原圣洛伦索所在的地方。

这些研究结果的报告发表在《美国国家科学院院刊》（史多盟等，2005），这篇文章提出后形成期社会中的陶器交流不是单向的观点受到怀疑，这导致 2006 年多篇发表于《拉丁美洲文物》中对这项研究赞成与反对的文章。在这里不展开

图5 出土于圣洛伦索、带有卡尔萨达刻划纹的陶器中羼和的片麻岩（TS#51-37），大型颗粒的最大长度为1.675毫米。图像为正交偏光镜10倍放大效果之下所呈现

图6 出土于瓦哈卡高地圣何塞石堆遗址的灰陶陶器中羼和的片麻岩（TS#51-30），大型颗粒的最大长度为1.825毫米。图像为正交偏光镜10倍放大效果之下所呈现

对这次辩论细节的讨论（值得注意的是，8 片由派恩提供的陶片中的 3 片可能已包含在中子活化分析研究；聂夫等，2006：60），请允许我指出正如我们于 2005 年提出的限制岩相证据的两点：

（1）正如谢泼德对佩科斯的研究，有可能是岩石，而非陶器传入圣洛伦索；

（2）没有明确来自圣洛伦索本地的陶器进行比较研究。

2005 年，这项研究得到一定补救，我的同事詹姆斯·伯顿从耶鲁大学获得了大量圣洛伦索陶片样品以进行陶器的成分分析，样品全部属于奥尔梅克时期。在这些样品中，我一共制作了 41 个切片样品，每个样品来自不同的陶器。因为已经掌握关于圣洛伦索陶器组成特性的确切证据，现在可以对组成特性进行三方面的比较·（1）41件圣洛伦索本土陶器；（2）派恩收集的 5 件霓和有片麻岩、来自圣洛伦索的陶器；（3）8件霓和有片麻岩、来自高地遗址的陶器，在 2005 年的文章中，为了比较已经被作为切片的样品。如果可以实现的话，从这三方面进行比较的目的是为了确定霓和有片麻岩的陶器是在圣洛伦索本地

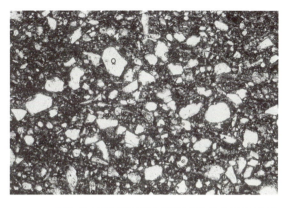

图7 出土于圣洛伦索的夹砂薄片白陶（TS#COO81）
Q代表测量的石英颗粒，275毫米
图像为正交偏光镜10倍放大效果之下所呈现

图8 出土于索奇特佩克未有羼和料的白陶（TS#COO99）
Q代表测量的石英颗粒，125毫米
图像为正交偏光镜10倍放大效果之下所呈现

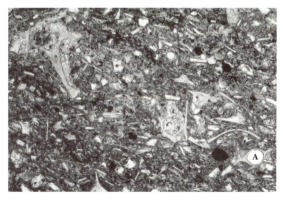

图9 出土于圣洛伦索、带有卡尔萨达刻划纹的白陶
（TS#COO78）
A代表测量的气泡，15毫米
图像为正交偏光镜10倍放大效果之下所呈现

生产还是从高地传入。截至目前，岩相学证据只是定性，希望定量证据可以解决是原料传入还是器物传入这个一直存在的问题。

在切片分析之前，在迈克尔·科和理查德·迪尔的遗址报告（1980：133）中记载了本土陶器器物组成的初步判断，其中指出"整个陶胎中存在的唯一羼和料是砂粒"。从 41 个圣洛伦索切片的岩相分析中，确定了三个岩相类别：（1）砂质（样品数量：11；图 7）；（2）不存在羼和料（样品数量：8；图 8）；（3）羼和灰烬（样品数量：22；图 9）。没有观察到只存在单一羼和料的陶片。因此，根据定性研究，假设来自圣洛伦索的 41 个陶器切片所属的陶器可以被认为是遗址陶器的典型样品，那么没有证据表明片麻岩或任何其他岩石被添加到本地生产的陶器中。

三方面比较的第一步是确定发现于圣洛伦索的 5 件羼和片麻岩的陶器是否与来自 3 个高地遗址的 8 件羼和片麻岩的陶器具有重大差异，或者这 13 件器物形成一个统一的物质组成组。如果它们是有关联的，那么这组陶器与圣洛伦索本土陶器的比较表明它们是否源于同一个地方。

这里的三元曲线图（图 10）显示了 13 个羼和有片麻岩的陶器的矿物学成分。矿物组成以点计数时记录的每个砂粒的定性分析为基础。具体鉴定后，将这些砂粒分为以下三类中的一种：（1）石英，即石英晶粒，无论是单晶体还是多晶体（包括燧石）；（2）长石，由正长石、微斜长石和斜长石组成的矿物；（3）RMMG，即岩石碎片（即多矿物颗粒），包含角闪石和非透明矿石的铁镁质矿物（即黑色或有色），云母和火山玻璃。从图 10 可以看出，13 件陶器的物质组成在如下的范围内：30% 的石英、40% 的长石和 18% 的岩石碎片。这些数据反映出稳定的组成成分，这一组样品可以与图 11 所示的 41 件圣洛伦索本土生产的陶器矿物学成分进行比较。通过对两组数据进行比较，可以看出 41 件圣洛伦索本土生产的陶器样品与 13 件羼和片麻岩的陶器的矿物组成成份不同。

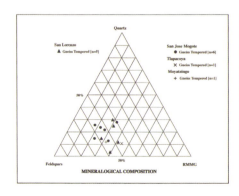 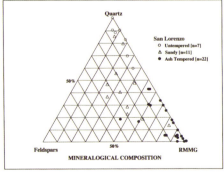

图10 三元曲线图展示了8件出土于圣洛伦索、羼和有片麻岩的陶器和3件出土于高地遗址、羼和有片麻岩的陶器的矿物组成对比　　图11 三元曲线图展示了根据羼和料划分的41件圣洛伦索本土生产的陶器的矿物组成

从这些数据可以看出，本研究中 13 件羼和片麻岩的陶器都采用了奥尔梅克式刻划纹饰，源于一个地区，起源地应该是具有这种岩石类型的高原地区的一个遗址或者多个遗址，这种岩石类型被用于陶器羼和料。尽管由中子活化分析中获得的数据得到关于"圣洛伦索的奥尔梅克式陶器没有受到奥尔梅克风格外来变种的影响，奥尔梅克人是其唯一的输出者"的推论难以接受，但是这些数据可能是丰富的。

更加先进的分析技术，例如中子活化分析，可以提供陶器的元素分析，有时学者会认为岩相学是多余的（中子活化分析通常被认为是一项独立的研究，不需要岩相学的帮助，例如在奥尔梅克研究中）。我希望这次演讲能够体现陶器岩相学这种"老式"技术的价值，作为陶器分析中新的高科技手段的重要补充，以更好地解决史前文化交流与互动问题。

参考文献

Bayly, M.B. (1960), Errors in Point-Counter Analysis. *The American Mineralogist* 45(3-4), 447-449.

Blomster, J. P., Neff, H., and Glascock, M. D. (2005). Olmec pottery production and export in ancient Mexico determined through elemental analysis, Science, 307,1068–1072.

Chayes, F. (1956), *Petrographic Modal Analysis.* New York: John Wiley & Sons, Inc.

Coe, M. D., and Diehl, R. A. (1980), In *The Land of the Olmec, Vol. I: The archaeology of San Lorenzo Tenochtitlan*. Austin: University of Texas Press.

Cordell, L. S. ((1991), Anna O. Shepard and Southwestern Archaeology: Ignoring a Cautious Heretic (pp. 321-153). in R. L. Bishop and F. W. Lange (Eds.), *The Ceramic Legacy of Anna O. Shepard*. Niwot: University Press of Colorado.

Diehl, R. A. (2005). Patterns of Cultural Primacy, *Science*. 307, 1055–1056.

Flannery, K. V., and Marcus, J. (1994). *Early Formative Pottery of the Valley of Oaxaca, Mexico*. Memoirs of the Museum of Anthropology, University of Michigan, 27. Ann Arbor.

Flannery, K. V., and Marcus, J. (2000). Formative Mexican Chiefdoms and the Myth of the 'Mother Culture'. *Journal of Anthropological Archaeology*, 19, 1–37.

Judd, N. M. (1954). *Material Culture of Pueblo Bonito*, Smithsonian Institution Miscellaneous Collections, vol.124. Washington, D.C.

Morris, E. A. (1939). *Archaeological Studies of the La Plata District*. Carnegie Institution of Washington Publication, 519. Washington, D.C.

Kidder, A. V. and Shepard, A. O. (1936). *The Pottery of Pecos, vol.* 2. Papers of the Phillips Academy Southwestern Expedition 7. New Haven: Yale University Press.

Neff, H., Blomster, J., Glascock, M. D., Bishop, R. L., Blackman, M. J., Coe, M. D., Cowgill, G. L., Diehl, R. A., Houston, S., Joyce, A. A., Lipo, C. P., Stark, B. L., and Winter, M. (2006). Methodological Issues in the Provenance Investigation of Early Formative Mesoamerican Ceramics. *Latin American Antiquity*, 17, 54–76.

Pyne, N. (1976), The Fire-Serpent and Were-Jaguar in Formative Oaxaca: A Contingency Table Analysis, in K. V. Flannery (Ed.), *The Early Mesoamerican Village* (pp. 272–280).

New York: Academic Press.

Shepard, A.O. (1936), The Technology of Pecos Pottery. In *The Pottery of Pecos, vol.* 2, by A. V. Kidder and A. O. Shepard (pp.389-587). Papers of the Phillips Academy Southwestern Expedition 7. New Haven: Yale University Press.

Shepard, A.O. (1939), Appendix A—Technology of La Plata Pottery. In *Archaeological Studies of the La Plata District* by E. H. Morris. Carnegie Institution of Washington Publication, 519 (pp. 249-287). Washington, D.C..

Shepard, A.O. (1954), Letter excerpt. In *Material Culture of Pueblo Bonito*, by N. M. Judd (pp.236-238). Smithsonian Institution Miscellaneous Collections, Vol.124. Washington, D.C..

Shepard, A.O. (1963), Beginnings of Ceramic Industrialization: An Example from the Oaxaca Valley. *Notes from a Ceramic Laboratory, No 2*. Carnegie Institution of Washington, Washington, D.C..

Stoltman, J. B. (1989), A Quantitative Approach to the Petrographic Analysis of Ceramic Thin Sections, *American Antiquity 54*(1), 147–60.

Stoltman, J.B. (1991), Ceramic Petrography as a Technique for Documenting Cultural Interaction: An Example from the Upper Mississippi Valley. *American Antiquity 56*(1), 103–120.

Stoltman, J.B. (1999), The Chaco-Chuska Connection: In Defense of Anna Shepard. In J.M. Skibo and G. Feinman (Eds.), pp. 1-24. Salt Lake City: The University of Utah Press.

Stoltman, J.B. (2001), The Role of Petrography in the Study of Archaeological Ceramics. in P. Goldberg, V. Holliday and C. Ferring (Eds.), *Earth Sciences and Archaeology* (pp. 297–326). New York: Kluwer Academic/Plenum.

Stoltman, J.B. (2011), New Petrographic Evidence Pertaining to Ceramic Production and Importation at the Olmec Site of San Lorenzo. *Archaeometry 53*(3), 510-527.

Stoltman, J.B. (2015), *Ceramic Petrography and Hopewell Interaction*. Tuscaloosa: The University of Alabama Press.

Stoltman, J.B. (2005), Marcus, J., Flannery, K. V., Burton, J. H. and Moyle, R. G. Petrographic Evidence Shows That Pottery Exchange Between the Olmec and Their Neighbors was Two-Way. *Proceedings of the National Academy of Sciences*, 102(32), 11213-11218.

主讲人简介

吉姆·史多盟教授，于1957年以优异成绩获得明尼苏达大学本科学位，于1967年获得哈佛大学人类学博士学位。进入哈佛大学之前，他曾在美国海军部队服役过三年（1957—1960年），并且执行过七次出海任务。1960年，史多盟教授开始在明尼苏达大学人类学系进行考古方向的研究生学习（1960–1962年）。于1966年进入威斯康辛大学人类学系执教之前，史多盟教授曾在杜兰大学执教。1981—1984年，史多盟教授担任威斯康辛大学人类学系主任。除此之外，史多盟教授还分别担任由威斯康辛州州长提名的保护历史古迹审查委员会委员和墓葬遗址保护委员会委员，威斯康辛州考古调查协会主席和威斯康辛州考古协会主席等职务，并且还担任多本重点杂志的编委。他曾在美国西南部和中西部地区以及法国、墨西哥和中国进行过考古研究。史多盟教授的研究专长是美国史前中西部地区考古学，并且通过岩相学研究世界各地古代陶瓷技术、文化交流和区域互动。他分别出版了专著《明尼苏达劳雷尔文化》（1973年）、《格罗顿庄园：一处南卡莱罗纳地点的考古学研究》（1974年）、《陶器岩相学和霍普韦尔地区交流》（2015年），编辑出版了《关于卡霍基亚的新视角：从边缘获取观察》（1991年）。同时，史多盟教授还发表了大量学术文章和评论。

吉姆·史多盟

汉代以前的丝绸之路

王巍（中国社会科学院考古研究所）

说起丝绸之路，大家都会想到西汉武帝时期派遣张骞出使西域，从此开通了中国王朝与西方交流的官方通道。丝绸之路在中西文化交流史上具有十分重要的意义。

那么，生活在古代中原地区的人们和西域及以西地区人们之间的交流是不是自汉代才开始的呢？

一、古代文献中的重要线索——西周穆王与西王母的交往

在著名的《穆天子传》里就记载着西周穆王游历四方的事迹。《穆天子传》卷三记载着穆王西行途中会见西王母的事："吉日甲子，天子宾于西王母。乃执白圭玄璧，以见西王母，好献锦组百纯，□组三百纯，西王母再拜受之。"关于穆王与西王母会见的地点究竟是现在的哪里，学术界众说纷纭，莫衷一是。诸多观点中，近者认为是在甘肃青海至新疆一带，远者以为在黑海甚至更西，迄今尚无定论。据《汉书·地理志》记载，临羌西北至塞外有西王母石室，仙海，盐池……这是汉代史籍中唯一明确与西王母所在有关的记载。临羌在今青海湟源东南。从《穆

天子传》等文献的记载，考虑到当时的交通手段，我认为，西王母在甘肃青海至新疆东部的可能性较大。从考古学文化来看，西周时期这一带是寺洼文化的分布范围。从文化面貌来看，寺洼文化与西周文化之间存在着密切的交流。西王母很可能是创造寺洼文化的创始集团首领。根据这一文献记载，中原王朝与西域地区的交流至迟在西周中期之初的穆王时期已经开始。值得注意的是，这一文献记载中，穆王赠送给西王母的物品为"锦组百纯，□组三百纯"。锦组应为带有花纹的丝织品，纯则为丝织布帛的单位，一段为一纯（音"屯"）。就是说，穆王赠送给西王母大量的丝织品。这应当是文献中有关丝织品赠送最早的记载。那么，在考古学上有没有能够说明汉代以前东西方文化交流的证据呢？下面，我就根据最新的考古发现，来探讨汉代以前中原地区和西域乃至以西地区的文化交流。

二、考古学所见汉代以前东西方的文化交流

（一）黍的原产地之争——万年前黍的发现和传播

至 20 世纪末，国际学术界的主流观点认为，黍最早是在西亚栽培的，根据是西亚出土了距今 7000 年（当时是世界上年代最早的）的黍。2003 年，北京东胡林遗址出土了少量的栽培粟和黍，其年代在距今 10000—9000 年，这是迄今世界范围内发现的年代最早的栽培粟和黍。东胡林遗址发现的粟和黍两种栽培作物遗存表明，至迟在距今一万年前，在中国北方地区已经开始栽培粟和黍了。2003 年，在内蒙古赤峰敖汉旗兴隆沟遗址的发掘中，在多座兴隆洼文化的房址中浮选出相当数量的粟和黍。在房址和墓葬中，也都出土了加工谷物的工具——石磨盘与磨棒，表明这两种农作物在当时已经成为人们食物的重要组成部分。

那么，中国北方史前时期 8000 年前的粟和黍与西亚地区 7000 年前的黍之间是否存在关联呢？换言之，两地的黍是各自独立起源还是两者之间具有传承或影响的关系呢？中国社会科学院考古研究所的赵志军研究员和英国剑桥大学的马丁·琼斯教授以及现任美国华盛顿大学助理教授的刘歆益的合作研究为解决这个问题做出了重要贡献。根据他们的研究，在西亚地区出土的早期黍中，发现了与兴隆洼文化的黍一致的基因。目前，西亚地区的黍经过精确测年，年代没有早于距今 5000 年的。这些研究表明，西亚地区的黍很可能是接受了中国北方黍的影响而产生的，黍极有可能是起源于中国华北地区。

研究结果表明，早在新石器时代，生活在中国北方地区的先民们就与黄河上游乃至以西地区的居民发生了交流。黍大约就是在这一交流的背景下被中亚和西亚地区的居民们所接受并栽培的。

（二）彩陶传播方向的争论——彩陶文化西来说的终结和仰韶文化彩陶的西进

1921 年，瑞典学者安特生在河南渑池仰韶村发掘了史前时期的遗址，当时，

因部分出土的陶器上有彩绘，故称之为"彩陶文化"。新中国成立之后，根据最先发现这个遗存的仰韶遗址命名了"仰韶文化"。仰韶文化的特点之一是其彩陶，即在陶器烧造之前，在泥坯上利用矿物质颜料绘出图案，陶器烧成后，就在表面形成美观的图案，被称为"彩陶"。这种彩陶区别于青铜时代及在陶器烧制完成后再在陶器表面绘出彩色图案的"彩绘陶"。安特生当年发现仰韶文化彩陶时，由于不了解其年代，错误地提出仰韶文化的彩陶是接受了来自西亚地区彩陶的影响而产生的，并以此作为中国原始文化接受来自西方文化影响的证据，这就是"彩陶文化西来说"。

新中国成立之后，多处仰韶文化的遗址和墓地被发掘，地层学和类型学特别是科学测年数据表明，彩陶出现在黄河中游地区的年代可以早至距今6600多年，不仅比西亚地区彩陶出现的年代要早，而且自成体系，存在一个由简到繁，再由繁到简的发展演变过程，从而使"彩陶文化西来说"不攻自破。

在距今5500年前后，以绘有花瓣纹的彩陶为特征的庙底沟文化达到高峰，并向周围地区扩散，形成强烈的影响，南达长江中下游，东到黄河下游，北至内蒙古河套地区，向西则抵达了黄河上游的甘青地区，出现了更加繁缛的彩陶纹饰的马家窑文化。这是中原文化第一次明显向周围地区包括向西的挺进。至于甘青地区乃至以西的新疆地区的彩陶和西亚地区彩陶有无关系，由于新疆地区尚未发现这一时期的文化遗存，目前难以断定。

（三）小麦的传入

小麦是原产于西亚地区的农作物。距今5000—4500年前在甘肃青海东部地区的马家窑文化遗址中开始出现小麦，此后在黄河中下游地区距今4500至4000年的遗址中也有少量发现。到了距今3500前后的商代前期，在黄河中游地区，小麦显著增加，成为北方地区的主要农作物之一。

（四）令人吃惊的DNA分析结果——来自西亚的黄牛和绵羊

在黄河中游地区出土的部分黄牛和绵羊的骨骼中，发现了原产于西亚地区的黄牛和绵羊的DNA，说明这些家畜来自西亚地区。它们可能与小麦一道，通过丝绸之路传到黄河流域。

（五）冶金术的传入

冶铜术发明于西亚地区，距今已有七八千年的历史。在甘肃东乡林家马家窑文化遗址中，出土了铜刀，其年代为距今约5000年。在山西襄汾陶寺遗址，出土了铜铃、铜环等铜器，其年代为距今4300—4100年。我国西北地区出土的早期铜器都是小件铜工具、兵器和装饰品。从形制和种类来看，与中亚和西亚的铜器都别无二致。因此，有理由认为冶铜术是通过丝绸之路传入我国的。

冶铁术在公元前三千纪中叶已经出现于西亚地区。在我国，迄今发现最早的人工冶铁制品的年代为公元前两千纪后半叶，均为块炼铁，多出土于与西亚地区最为接近的我国西北部的新疆和甘肃地区。有理由认为，冶铁术也是从西亚经丝绸之路传入我国的。从这个意义上说，丝绸之路也可称为"早期金属之路"。

（六）四千年前生活在西域的人们——安德罗诺沃文化

距今 4000—3500 年前，居住在中亚到新疆地区中部及以北地区的安德罗诺沃文化的人们成为连接黄河流域和西亚地区交流的重要媒介。他们的居住址和具有特色的石板墓群在这一地区广泛分布。新疆各地发现的这一时期的墓葬中出土的人骨，既有欧罗巴人种，也有相当数量的蒙古人种。而且可以看到，在一个墓地中既有欧罗巴人种，也有蒙古人种，还有两者之间通婚导致的体质特征和遗传基因出现混合的现象。

（七）玉石之路——商代玉器中的和田玉

商代晚期首都——殷墟出土的玉器中，包含着少量产自青海至新疆一带的和田玉，表明商王朝时期存在着一条"玉石之路"。说明这一时期起，中原地区与西域的文化联系逐渐增加。生活在甘肃、青海地区的古羌人可能发挥了重要的媒介作用。

（八）中国古代家马和马车的来源之谜——3000 多年前在中国华北地区突然出现马车

在商代晚期都城殷墟，出土了数十辆马车，是两匹马或四匹马拉的车子，车子的构造相当成熟。然而，令人不解的是，在黄河流域各地商代之前的遗址中，既未发现家马的骨骼，也未发现马车的踪迹。在夏代后期都城的二里头遗址的道路路面上，虽然发现了车轮碾扎造成的车辙痕迹，但是两轮之间的距离是 1 米，殷墟马车的两个车轮之间的距离达到 2.4 米，两者迥然不同，显然前者不是马车留下的痕迹。因此，目前在我国境内没有发现早于商代晚期的马车踪迹，而在俄罗斯高加索地区至西亚地区，早在公元前 2000 多年便发明了车子，马车至迟在距今 3500 年前的时候已经被发明。不仅如此，在欧亚草原地区，发现了与商代晚期马车结构非常相似的马车。因此，商代晚期的马车很有可能是接受了来自欧亚草原的影响而出现的。

（九）欧亚草原风格青铜器和动物纹饰的流行

在我国，一些从内蒙古到甘肃、青海到新疆地区的距今 3000—2400 年的墓葬中出土了为数众多、具有欧亚草原风格的青铜武器、工具，以及具有强烈时代和地域风格的动物纹饰，主题往往是卧鹿、立羊、野兽猛扑或撕咬马等家畜。反映出这一时期欧亚草原文化的一致性。根据我国古代的文献记载，这一时期活跃在西域地区的居民有乌孙、月氏等。他们应当就是这些青铜器和墓葬的主人。

（十）玻璃器的传来

玻璃最早发明于西亚地区。中国境内最早的玻璃出现在春秋末年的贵族墓葬中。其玻璃成分为钠钙玻璃，显然是通过丝绸之路传来的外来品。

春秋末战国初，伴随着中亚游牧民族的迁移，西亚玻璃珠饰——"玻璃蜻蜓眼"，作为贸易品进口到我国中原地区。玻璃珠饰的突然出现暗示了中国最早的玻璃很可能是舶来品。

至战国中晚期，我国已经能够制造外观上与西亚相似，而成分又完全不同（铅钡玻璃）的玻璃珠，而且这种受西亚影响新建立起来的玻璃业很快就与中国的文化传统相融合，开始生产制造玉的仿制品。

（十一）丝绸之路由东向西的主要出口物品——中国丝绸的发明和西传

值得注意的是，在前面谈到的《穆天子传》记载中，周穆王赠送给西王母的物品为"锦组百纯，口组三百纯"。锦组应为带有花纹的丝织品，纯则为丝织布帛的单位，一段为一纯（音"屯"）。就是说，穆王赠送给西王母大量的丝织品，这应当是文献记载中有关丝织品赠送最早的记载。在中亚、西亚地区，在这一时期大量贵族墓葬中，常常可以看到中国古代的精美丝绸，它们显然是通过丝绸之路被运抵各地的。

三、结论

早在距今五六千年的史前时期，即新石器时代晚期，生活在黄河中下游的先民们就与西域地区的居民发生了交流。黍大约就是在这一交流的背景下被中亚和西亚地区的居民们栽培的。与此同时，在这一时期长江中下游的居民还发明了丝绸，并随稻作传播至黄河中下游地区。

大约在距今5000年前，在西亚地区发明的冶铜术、小麦、绵羊和黄牛的某些种类传入我国西北地区，后通过河西走廊，约在4500年前传入中原地区。

距今4000—3500年前，居住在中亚到新疆地区中部及以北地区的安德罗诺沃文化的人们成为连接黄河流域和西亚地区交流的重要媒介。

距今3300年前的商代晚期，商王朝的首都——殷墟的贵族们使用的玉器中，有少量和田玉，表明商王朝时期，曾经存在一条连接中原地区与甘肃、青海、新疆一带的玉石之路。这一时期生活在甘肃、青海地区的古羌人可能发挥了重要的媒介作用。

商代末期，周人崛起。周文王时期，占据了关中及陇东地区。西周时期，羌人和周人通婚，分布于关中地区以西的辛店文化和寺洼文化应当就是羌戎集团。他们充当了沟通中国中原地区和西域地区交流的媒介。

大约3000年前，发明于西亚地区的冶铁术经过丝绸之路传入我国新疆地区，至迟在西周晚期传入中原地区。

到了距今600—400年期间，活跃于西域地区的乌孙、月氏等部族成为连接中原与西域的"中介"。西亚产的玻璃器和具有欧亚草原特征的动物纹青铜器及金器通过西域传入中国内地。

此后，秦人兴起于陇东，其势力逐渐强大，至秦穆公时成为春秋五霸之一。秦占据了大片原属西戎的土地，河西走廊被其控制。

至迟在西周时期，中国内陆生产的丝绸已经经过丝绸之路被运到西域。春秋战国时期，中国丝绸已经在西域乃至西亚地区受到广泛的喜爱，并且可能已被销往地中海沿岸。

秦始皇统一中国后，在全国建立驰道，设置郡县，为西汉武帝时期张骞通西域奠定了基础。

总之，丝绸之路历史悠久，中西文化交流源远流长。汉代张骞通西域，并非丝绸之路的开始，而是开启了古代东方与西方交流的新时代。即由零星的、断续的、小规模的民间交流转变为大规模的、持续的、官民结合的交流，对于促进丝绸之路沿线国家和地区的政治、经济和文化的发展发挥了极为重要的作用。

丝绸之路自史前时期就是中华民族的先民与生活在中亚、西亚和地中海沿岸地区的人们友好往来之路，互通有无之路，相互学习之路，共同发展之路！

丝绸之路是世界各大古代文明汲取营养的通道。博大精深的中华文明是植根于中华大地的土生土长的原生文明，其主要文化内涵来自自身的发明和创造。同时，在其起源、形成和发展过程中，不断地吸收了来自其他古代文明的文化因素，并将其融入自身的文明体系之中。这些来自其他文明的文化因素在很大程度上是通过丝绸之路传入的。

中华文明正是由于同其他文明的不断交流才能够保持活力，蓬勃发展，生生不息。这也是中华文明得以连绵不断、延续至今的重要原因之一。

如今我们研究丝绸之路的历史，传承丝绸之路的精神，具有十分重要而深远的意义！愿丝绸之路的精神不断发扬光大，深深扎根于丝绸之路沿线国家和地区人民的心中！

主讲人简介

王巍

　　王巍，1954 年出生于中国吉林省长春市。1982 年毕业于吉林大学历史学系考古专业，进入中国社会科学院考古研究所工作。1995 年获得日本九州大学文学（人文）博士学位。1996 年获得中国社会科学院研究生院历史学博士学位。现为全国人大代表、中国社会科学院学部委员（院士）、中国社会科学院考古研究所原所长、中国社会科学院外国考古研究中心主任；中国社会科学院研究生院历史学部主任、教授。享受政府特殊津贴，中国社会科学院有突出贡献专家。中国考古学会理事长、第七届国家学位委员会委员兼考古学科评议组组长、国家社科基金考古学科评审组组长、德国考古研究院通讯院士、美洲考古研究院终身外籍院士、国家重大研究项目——"中华文明探源工程"总负责人、国家社科基金重大项目——蒙古族起源研究首席专家。《考古》杂志主编、《中国考古学大辞典》主编、《中国大百科全书》考古卷第三版主编。王巍教授曾先后主持过 1996—1998 年河南偃师商城宫城内宫殿区的发掘，2000 年陕西周原西周宫殿基址的发掘以及 2003—2004 年河南安阳殷墟孝民屯的发掘。其专业领域为夏商考古、东亚地区文明起源研究、东亚地区古代文化交流的考古学研究。迄今发表专著多部，主编多部，发表论文百余篇。

聚落的发展轨迹：
低密度聚落发展中的联系、多样性和结果

罗兰·弗莱彻（澳大利亚悉尼大学）

摘要

    在过去的 15000 年中，人类聚落量级有三次明显可辨的转变：第一次发生在距今约 1 万年前以后，即定居的农耕聚落的发展；二是距今 5000 年前以后，以农耕为基础的城市聚落的形成；最后是在过去的 200 年间以工业为基础的城市聚落的形成。在这三个阶段，聚落量级和聚落规模增长速度存在巨大转变。通过物质材料的新结合，例如工业革命中诞生的铁路和印刷机，每一次密集聚落规模的转变都突破了以往对交流和沟通能力的限制。这些物质特性是先于它们所带来的聚落大幅扩张而存在的。整个文化区域内的交流促进了这些物质材料的结合，为在持续增大的聚落中开展管理行为提供了物质先决条件。就那些紧凑的、高密度聚居区而言，每次变革都使得在最大的聚落范围内增加一个数量级成为可能。

    当小型聚落规模发生首次转变之后，产生了两个主要的发展方向：普遍的一种是发展为低密度的聚落，另一种则是成为大型的高密度聚落。后者较为罕见，也需要更多能源。因而，变革导致了聚落形态和发展模式的多样化。以农耕为基础的中国城市，是朝着大型紧凑聚落发展的代表。世界范围内，向着分散的、低

密度的聚落发展，则有三种途径：其中著名的一种是在过去的 200 年形成分散的特大工业型都市和城乡融合区；第二种是以公元 9—13 世纪东南亚的吴哥以及公元 4—9 世纪晚期中美洲玛雅城市为典型代表的较早的扩散型低密度聚落；第三种途径的例子很多，从公元前四千纪到至少公元 16 世纪，包括乌克兰特里波耶大型遗址、中国龙山时代聚落、欧洲铁器时代的欧匹达姆防御聚落、北美的卡霍吉亚和查科峡谷，以及非洲的大津巴布韦。

这些不同途径的重要性在于低密度分散聚落不像以往认为的那样是工业化过程中的特殊现象，而是人类聚落形态的常见特征。因此，过去的知识要求我们重新反思关于现在的假说，并且要认识到，聚落发展的轨迹，而不是聚落类型的定义，将成为我们了解文化行为动态的关键。

主讲人简介

罗兰·弗莱彻，悉尼大学考古学理论与世界考古教授，分别于1970年和1975年在剑桥大学圣约翰学院获学士和博士学位。弗莱彻教授自1976年开始在悉尼大学工作，以全球性的、多等级、交叉学科的途径来开展考古学研究，是悉尼大学吴哥研究项目的主要负责人。1995年，剑桥大学出版社出版了弗莱彻教授的著作《聚落发展的限制》，这本书关注于过去15000年以来聚落增长的限制。这项研究促进了悉尼大学内部以及世界范围内广泛的跨学科研究与合作。2000年，由澳洲研究委员会资助，与法国远东学院、柬埔寨吴哥地区管理局合作，弗莱彻教授发起了大吴哥项目，并在世界范围内被邀请作为学术嘉宾和特邀报告人。2007年，他成为德班大学高级研究所杰出研究员；2014年11月，在柏林落墙会议上做特邀发言。

罗兰·弗莱彻

非洲与欧洲的链接：
距今15万年的利比亚哈华伏泰洞穴遗址

格雷姆·巴克（英国剑桥大学）

摘要

　　哈华伏泰是一处位于利比亚东北的洞穴遗址，地处绿山山脉边缘，俯瞰地中海。20 世纪 50 年代，剑桥大学的查尔斯·麦克伯尼在北非发掘，发现了一系列规模空前的人类居住遗存。他将这批材料分为以下七期：距今 8 万—6 万年的前奥瑞纳期（旧石器时代中期）、距今 6 万—4 万年的勒瓦喽哇—莫斯特期（旧石器时代中期）、距今 4 万—1.4 万年的达班期（旧石器时代晚期）、距今 1.4 万—1 万年的奥拉尼亚期（后旧石器时代）、距今 1 万—7000 年的卡普萨期（中石器时代）、距今 7000—5000 年的新石器时代以及距今 2500 年到现在的希腊—罗马和历史时期。2008—2015 年这里重新进行的发掘验证了上述年代序列，将人类遗存的年代上限前推至距今 15 万年前。遗址地层展现了从现代人出现之初到新石器时代整个史前时期穴居人与南到撒哈拉以南、西到马格里布、东到尼罗河谷、东北到地中海沿岸广大区域同时期社会之间复杂而且移动的文化交流模式。本文将探讨哈华伏泰洞穴遗址居民与同时期沙漠海洋之外的绿山山脉地带居住的人群之间的联系及其原因。

主讲人简介

格雷姆·巴克,剑桥大学迪士尼考古学荣誉教授和麦克唐纳考古研究所高级研究员,并在2004—2014年担任迪士尼教授和研究所所长。1972—1984年在谢菲尔德大学担任讲师、高级讲师,1984—1988年任罗马不列颠学院院长。1988—2000年担任莱斯特大学考古学系主任,2000—2003年担任研究生院院长,2003—2004年曾任该校副校长。他侧重于对"人类景观"的研究,即对古代人类社会以及他们的居住环境相互影响的方式的研究。除此之外,他还对如何理解历史遗存与塑造现代社会以及未来的关系投入了巨大的关注。通过从人类起源到罗马最早农耕者的出现以及与当今热带雨林农人和采集—狩猎者的关系,探索不同生态系统(如温带、半干旱、干旱、雨林)和不同社会层次的社会复杂化。多年来,农业变革(史前农业革命)一直是他的研究重点。最近,他的研究重点是现代人类在全球范围内的起源和扩散引起的人类行为的适应性。此外,他还积极投身田野工作,领导了在婆罗洲(尼亚洞穴)、利比亚(哈华伏泰洞穴遗址)的田野考古工作,目前在伊拉克库尔德斯坦(峡尼达洞穴遗址)进行田野工作。

格雷姆·巴克

再访中亚腹地：
内亚山地廊道的古代文明

迈克尔·弗拉凯蒂（美国圣路易斯华盛顿大学）

摘要

　　著名中亚研究专家安德烈·冈德·弗兰克早年就曾指出，中亚是包括从中国到近东在内的亚洲文明崛起和繁荣的关键。不过，在其成书之年，中亚和亚洲内陆的考古工作尚未揭示出一个事实，即中亚本地也是一个重要文化区。在过去20年中，由多国合作的考古工作取得重要进展，新发现表明，中亚地区形成了自己独有的、具有影响力的文明模式。我们不能仅仅将亚洲内陆地区简单地视作东亚和西亚文化交流的十字路口，而应看到，该地区在创新发明、商品生产和机制设置等方面都有许多贡献，也曾对周边地区和邻近文明产生过重大影响。本次演讲将介绍其中一些重要发现，并探讨如何重新认识中亚本土文明的内涵。

主讲人简介

迈克尔·弗拉凯蒂，美国圣路易斯华
盛顿大学人类学系副教授、空间分析实验室
主任。弗拉凯蒂教授主要的研究方向为古代
欧亚草原中部和东部地区草原、山脉和沙漠
地带游牧社会的生态和社会策略。他的研究
阐述了早在公元前 2500 年，经济和政治策略
是如何影响从东亚到西南亚地区间的交流以
及这些网络如何为之后的丝绸之路奠定基础。
2008 年，剑桥大学出版社出版了弗拉凯蒂教
授的著作《欧亚大陆青铜时期的游牧景观与
社会交流》。他目前在哈萨克斯坦东部和乌兹
别克斯坦指导考古发掘与研究工作。

迈克尔·弗拉凯蒂

公元前一千纪欧亚大陆艺术风格

克里斯·戈斯登（英国牛津大学）

摘要

　　从大约公元前700年开始，从西到爱尔兰、东到中国西部边境的欧亚大陆地区兴起了一系列相近的艺术形式。西边的称之为凯尔特文化，东边的则称为斯基泰文化。尽管某些图案中的艺术形式会有所区别，但在设计构成方面仍然存在许多相似点，诸如对称布局、超出一个平面的立体构图，以及一系列人与动植物混合和互相变换的变体。本文将讨论这种总体风格的性质与年代，以及其共性之所在，并探索这种风格如何产生及其影响。虽非所长，但是我仍将尝试其与中国艺术风格的比较，希望读者们能从中发现一些有趣的相似之处。

主讲人简介

克里斯·戈斯登，牛津大学欧洲考古研究中心主席。在此之前，戈斯登博士于1994年至2006年任牛津大学世界考古学讲师和牛津大学皮特河博物馆考古部负责人。他还是英国科学院院士和"艺术基金"董事。戈斯登博士在英国进行了一系列田野工作，主要关注于景观历史问题；在巴布亚新几内亚和婆罗洲，主要关注于殖民化问题和热带雨林的人类历史等。他还对博物馆和博物馆历史，尤其是牛津大学皮特河博物馆有所研究。其他研究还包括景观和身份认同、考古和理解力、欧亚大陆之间的联系、铁器时代英国和土库曼斯坦的联系等。戈斯登博士已经出版了多本不同主题的著作，比如社会考古学、殖民主义和博物馆学、物质性和凯尔特艺术等。

克里斯·戈斯登

古代南非的全球化

伊诺桑·皮基拉伊（南非比勒陀利亚大学）

摘要

从第一个千年纪元之后，非洲南部越来越置身于连接亚洲与欧洲中部和地中海世界的贸易网络中。在印度洋贸易的推动下，这种进展的一个重要特点是津巴布韦高原及相邻地区政治体制的产生和发展。前现代世界体系通常被认为主要由东亚、中亚、西亚以及地中海地区那些开发甚早、更加占据统治地位且疆土广袤的帝国所推动，但是对这一过程的重新审视表明，与之前的结论恰恰相反。古代以早期国家为基础的世界体系变革的主要动因是那些被主流全球发展观所认为的外国社会。

主讲人简介

伊诺桑·皮基拉伊，南非比勒陀利亚大学人类学与考古学系主任，考古学教授。他的主要研究方向为公元两千纪非洲南部城邦社会的兴起、发展和消亡，特别是大津巴布韦地区以及在赞比西河与林波波河之间的其他城邦系统。皮基拉伊教授目前的研究为通过地理考古和历史考古方法评估水在复杂社会系统发展和消亡时所扮演的角色。他最近的成果是通过在大津巴布韦地区进行区域调查，并记录这座古代城市的居民如何管理和利用水资源。调查发现大津巴布韦位于一系列相互连接的泉水区之间，泉水经由坚硬的花岗岩流入人造水库之中，其中一些还建造了水坝以确保持久的供水量。如今在大津巴布韦附近居住的聚落通过控制这些水源进行密集且高效的农业。皮基拉伊教授还将他关于社区和公众参与方法的研究与非洲南部正在转变和非殖民化的考古目标相结合。

伊诺桑·皮基拉伊

古代文化遗产与现代社会的关联——迎接挑战

瓦萨·辛德（印度德干学院）

摘要

　　关于将考古应用到现代社会和国家建设中一直存在许多误区。人们普遍认为，古代文化遗产研究与现代社会并没有什么关系。任何国家的根基都立于其早期文化或文明中，在此不必赘述。要了解一个国家对人类文明的历史贡献，首先需要认识它的根之所在，然而离开考古，这是无法实现的。基础科学技术已出现于早期文化之中，常常被称为"传统知识体系"，成为早期文化的重要组成部分，特别是在亚洲。世界各个考古组织应该联合起来，解决与古代文化遗产相关的三大问题。第一，可以通过组织公众讲座、出版通俗读物、举办相关展览和发展遗产地旅游业的方式向人们宣传本地、地区、国家和世界历史的重要性和贡献。从旅游业角度出发建设考古博物馆和遗址，能为国家的经济发展带来巨大收益。第二，不管现在还是未来，考古遗址保护和遗物保存工作都面临着巨大挑战。如果离开当地居民的参与和社区考古学方法，保护工作将难以为继。第三，复兴传统知识体系，并将其用于现代社会的发展。在主题演讲中，将讨论其中一些相关问题。

主讲人简介

瓦萨·辛德教授是国际知名的考古学家，现任印度德干学院副校长，自1982年起教授研究生考古学课程。除了教学活动外，他还是40名硕士生和29名博士生的导师。辛德教授已完成16项重要研究项目，在此期间，他与世界各地的学者和研究机构合作，合作机构包括美国宾夕法尼亚大学，英国剑桥大学、牛津大学，日本东京人文自然研究中心、东京国际日本文化研究中心，韩国国立首尔大学医学院等。他曾多次指导印度各地的考古发掘工作，目前在哈里亚纳邦拉齐加里遗址——哈拉帕文化中规模最大的遗址主持重要的国际研究项目。

辛德教授举办过大量讲座，其中在印度各地超过140场，国外研究机构35场。迄今为止，他已出版8本著作，主编10种书籍，在国内期刊发表文章125篇，国际期刊发表研究论文60篇。

瓦萨·辛德

伊纽伊要塞——来自两个不同民族的祖先神庙

马里奥·托雷利（意大利林赛国家科学院）

摘要

2006 年，意大利考古局（Italian Archaeological Service）研究员弗朗西斯科·迪·马里奥（Francesco Di Mario），主持发掘了拉齐奥（Latium）南部海岸的一处遗址。该遗址地处英卡斯特罗河（Fosso dell' Incastro）河口（后者亦是火山口湖内米湖的出水口），靠近古罗马城市阿尔代亚（Ardea）。马里奥很快辩认出，这就是学者苦苦找寻的伊纽伊要塞（Castrum Inui）。古罗马诗人维吉尔诗中的一个预言提到，伊纽伊要塞是安喀塞斯（Anchises）为其子埃涅阿斯（Aeneas）在未来"另一个世界"的拉齐奥所建的城市之一。该城镇显然是阿尔代亚的港口、卢图里（Rutuli）的首府，而卢图里是古意大利拉丁语部落分出的一支。

要塞建于英卡斯特罗河的左岸，由护城墙环绕，极具防御性。Castrum 在拉丁语中系小要塞、小堡垒之义，Fosso 在意大利语中意为小河，而 Incastro 在拉丁语中写作"in castro"，即"在要塞边上"的意思，保留了一部分该城镇最早期的名字。在要塞内，考古人员挖掘出一处圣所，包含三座庙宇，年代可追溯至公元前 4 世纪前半叶。神庙 B 年代最早，供奉一位鲜为人知的神：伊努斯（Inuus），而要塞便是以他的名字命名的。考古人员清理出庙宇地基，年代在公元前 540—前 530 年（第一阶段），伴出部分墙体和少量的陶质护墙，可能属于一个小型建筑。公元前 480—前 470 年（第二阶段），庙宇经过一次大整修，到公元前 280—前 250 年第三阶段时，尚能看出之前整修的痕迹和遗迹：一小部分内殿、侧翼和地板构造，以山形墙高浮雕饰板为主的大量陶质建筑构件等，均属于公元前 5 世纪初。整修数年之后，卢图里在面临与沃尔西人（Volsci，古意大利部落）的战争时，被迫以严苛的条件接受罗马共和国的帮助：其首都阿尔代亚沦为拉丁殖民地，只有赞同罗马统治的人才可以留下。这也是圣所际遇的转折点：因政治形势的变化而遭遗弃，在此后长达两个世纪的时间里，没有出土像样的遗物。

第三阶段，神庙被改建为罗马—伊特鲁里亚式，建于一高台上，保存完好。此时期最具特色的发现是神庙前的新祭台，上有两座祭坛，一座面向日出方向，另一座面向日落。这一对祭坛有重要的标尺作用，因为古希腊历史学家，哈利卡纳苏斯的狄奥尼修斯（Dionysius of Halicarnassus）在约公元前 20—前 10 年的奥古斯都时期（Augustan age）见到并著录过它们。并且他称，这是埃涅阿斯为献给太阳神所建，感谢他从一口圣泉中引水洒下大雨，从而阻止了特洛伊舰队。狄奥尼修斯还说道，在他生活的时代这口泉已几近枯竭，剩余的水被保存在一个"洞"（hollow place）中。史书所载的这两个细节都经考古发掘证实：一口古代泉眼在公元前 50 年左右被封，神庙 B 南边有一处拱形蓄水池（即狄奥尼修斯所说的"洞"）。神庙的重建和祭坛的增加都表明了对伊努斯神信仰的衰退，代之而起的是有着特洛伊血统的拉丁人所信奉的特洛伊神话，因为阿尔代亚一半的居民已是罗马人。阿尔代亚人的最终目标是信仰埃涅阿斯，该信仰曾流行于日前人数渐少的拉维尼姆（Lavinium）城市的对手、一个古意大利部落中，并一度是重要的政治宣传手段。对埃涅阿斯信仰的转变同样体现于神庙 A，年代在公元前 2 世纪前半叶，位于伊努斯神庙前方。神庙的东北朝向、山形墙的陶板装饰都表明它是用来祭祀埃涅阿斯的：这位特洛伊英雄以英帝格斯神（Pater Indiges）之名进入了罗马万神殿。再从词源学角度分析，不难看出其真实含义就是卢图里部落的祖先神——伊努斯。而英帝格斯在罗马语中指成为英雄的男人，在共和国晚期则指代埃涅阿斯。伊努斯和埃涅阿斯都代表冥界的太阳神，而古代文献证实"伊努斯"的含义就是太阳。

此外，圣所还包含一个奥古斯都时期、祭祀医神埃斯库拉庇乌斯（Aesculapius）的小神龛，埃斯库拉庇乌斯信仰在希腊化时期非常流行。该神龛建于一个公元前 3 世纪的蓄水池之上，当时所有大型蓄水皆为医用。与小神龛同建者为一大型海事站，旨在给船员提供短暂的休憩。它包括一间大接待室、一间带有取暖设备的餐厅、一间浴室、几个储物间和一个大型蓄水池，而在海岸和英卡斯特罗河的左岸都建有停泊处。此外这里还有供服务休息室的奴隶使用的专用区域。这处新的奢华场所显然是埃涅阿斯信仰的世俗化体现，并说明伊努斯泉在当时有丰足的水量。

注：关于此项研究，我的最新发现和相关历史学结论已经发表，请参考：

Lar, Indiges, Inuus, Aeneas, in M.Torelli-E.Marroni（edd.），*Ardea.*
Atti delle giornate di studio "L'archeologia del sacro e l'archeologia del
culto. Sabratha, Ebla, Ardea, Lanuvio, Roma 8-11 0ttobre 2013（Atti dei
Convegni Lincei, 295），Roma 2016，195-205."

主讲人简介

马里奥·托雷利教授曾在卡利亚里大学和佩鲁贾大学执教，并在全世界最有声望的大学里主持开设过多门课程，包括美国、英国、法国和加拿大。他是意大利林赛科学院资深院士，同时在欧美多个研究机构担任职位。他曾被德国图宾根大学（2007年）和西班牙哈恩大学（2013年）授予荣誉博士学位。马里奥·托雷利是一位影响深远的考古学家，对于考古材料如数家珍；他同时也是一位杰出的、敏锐的学者，有着出色的分析和诠释能力；对于古代文化的历史演进，从古希腊到伊特鲁里亚，再到罗马世界的诸多重大问题，他都有着原创性研究和广博的认识。他曾经获得过多个学界重要的奖励和表彰，包括卡达雷利奖（2002年）和巴尔扎恩奖（2014年）。马里奥·托雷利教授撰写过23本专著以及超过300篇研究论文。

马里奥·托雷利

世界考古论坛

公众考古讲座

泰国、柬埔寨和中国：三种不同的公众考古角色

查尔斯·海曼（英国剑桥大学圣凯瑟琳学院）

摘要

　　一般而言，公众对人类历史，尤其是关涉自身社会和起源的历史抱有浓厚兴趣。考古学家也因此肩负着向公众告知和引导的责任。

　　虽然一项田野发掘常会吸引络绎不绝的参观者，但相关报道却局限于小部分专家学者。众所周知，公众的支持无论对研究资助还是对文物保护都至关重要，然而长久以来并未得到足够的关注。这种强烈的反差在以下两个遗址中表现尤为突出。在柬埔寨，当地村民将铁器时代的聚落和墓地蓬斯奈盗掘殆尽，并将大量珠子出售给古董商和收藏者。反观泰国的班农瓦遗址，非但未遭盗掘，当地居民还与国家、地方政府一道支持田野发掘，并在考古学家工作长达十余年的区域建造了一个宏伟的研究中心。这个中心旨在教育、告知和引导生活在遗址周围的居民，同时吸引更多来此参观的游客。考古遗址是一种珍贵且稀有的资源，它们记录了人类的过去，因此只有通过公众参与才能得到真正的保护。

介绍

公众考古学正经历着学科历史上最快的变化。一方面，一些大型建筑的破坏引起公众的震惊，另一方面，对过去的了解随着新技术和新发现的激增而迅速发展。因意识形态偏见而破坏文化遗产的事情并不鲜见。任何一个访问英格兰伊利大教堂礼拜堂的游客都会注意到，所有石制雕像的头部都已经不在了。随着亨利八世时期修道院被取缔，大量建筑物及内部设施被无情摧毁。我们所熟悉的巴米扬大佛，在 2001 年被塔利班炸毁。与此形成鲜明对比的是，中国四川的乐山大佛的保护措施令人印象深刻，人们致力于保护和维护这一重要的朝圣中心。最近，我们不得不忍受巴尔米拉被破坏的样貌以及在伊拉克及叙利亚捣毁雕像的行为。

相比之下，这种肆意的破坏正发生在考古研究比以往任何时候都更快速、更密集发展的时候。这种发展不仅包括现场勘探，而且包括新的研究方法。其中最重要的一点是测年，即通过加速器质谱技术进行测年。正如莫维斯曾描述欧洲旧石器时代晚期的那样，"唯有时间可以倾注关注"。另外一点是 DNA 的新一代分析。只有在过去的几周里，我们才看到关于可能被称作史前全球化的一个典型例子，例如通过对史前水稻和人类 DNA 的分析，可以看出今天的东南亚地区农业聚落向南部的扩张，从而认识到青铜时代欧洲中部人群的主要迁徙活动。

在这次演讲中，我将总结并评述我所熟悉的三个不同地区的公众考古的发展情况，这三个地区分别是：泰国、柬埔寨和中国。每一地区都有其独特的特征，而结合起来，又会呈现出有趣的对比。在每一地区，公众考古的角色都由四个外在因素决定。第一是政府对文化遗产的政策；第二是全球化和文化旅游的影响；第三是来自遗址地居民的贡献；第四是有关历史遗迹的公共教育，这面向的不仅是当地居民，也包括到遗址旅游的游客们。

柬埔寨

柬埔寨因其最近的政治历史及其考古遗产而具有独特性。红色高棉统治年代几乎将所有受过教育的阶级都消灭了，他们的消失形成了一个学术荒地。他们把吴哥窟当作堡垒，并布上地雷作为保护。然而，比较幸运的是，吴哥和省中心的庙宇群并未因意识形态的巨变而遭到破坏。

随着红色高棉政权的结束，有必要重新建立考古管理。在吴哥，这已经通过吴哥窟遗址保护与管理局而得以实现。伴随着这次重建，吴哥的游客数量空前增长，2014 年游客数达到 235 万人，平均日游客量 4500 人，为暹粒带来了 6000 万美元的经济收入。庞大的游客量为维护脆弱的遗迹带来了许多后勤方面的问题。

吴哥王朝有非常广泛的影响力，柬埔寨乡村、泰国和老挝都有许多大型而令人印象深刻的寺庙遗址，其中包括柬埔寨的贡开遗址群、崩密列和卜迭色玛寺，泰国的披迈历史公园和帕侬蓝遗址公园，老挝的瓦普庙。像许多在柬埔寨的其他遗迹一样，这些遗迹地处偏僻且易受破坏。

柬埔寨也拥有丰富而鲜为人知的史前遗址。事实上，在成为法国的保护国之后，于19世纪70年代在三隆森地区进行了最早的东南亚大陆史前史研究。铁器时代的聚落和墓葬与历史悠久的寺庙一样容易被盗掘或破坏，因为其中包括玻璃、玛瑙和黄金制品做成的精美装饰物等随葬品。遗址通常位置都较偏僻，并且位于现代村庄之下。此外，村民普遍受教育程度不高、生活贫困，会把史前墓葬的随葬品当作一种收入来源。在柬埔寨南部和西北部的艾罗威和蓬斯奈有记录显示，一个新发现的铁器时代遗址不得不赶在被盗掘一空之前的几周内完成测量工作。

贡开遗址

贡开遗址在公元928年被阇耶跋摩四世定为吴哥王朝的新都城。它作为都城时间并不长，其艺术风格包括刻有铭文的巨大雕像。21世纪初，我曾在此参观，当时正值地面排雷之际，并拍摄制作了一部纪录片。其间我注意到一些刻有浮雕的石头在近期曾被石材切割机切下并盗走。当地村庄受贫困侵扰。我们乘坐当地仅有的牛车这一交通工具沿着暹粒沿途穿过丛林小径。但是，它是一条可以让游客远离暹粒熙攘人群来到这里从而带动旅游发展，并且有可能帮助当地居民脱贫的道路，路线合理且车程仅需一个多小时。

"守护遗产"组织是一家私人成立和赞助的非政府组织，成立于2003年，由加拿大考古学家多伽德·奥莱利创立。他在蓬斯奈对铁器时代遗址进行了抢救性发掘工作，并且意识到迫切需要开展保护柬埔寨文化遗产的工作。贡开被确定为发展公众考古紧急计划的候选地，希望可以通过旅游将游客和当地居民的教育和可持续经济增长联系起来。奥莱利在文章中（2014年）描述了这一计划的目标、成效以及弊端。然而情况并不是很好。这项计划从2007—2008年度开始实行，然而95%的村民未受过教育，他们并不了解家门口这些巨大的石制庙宇的重要性。其中许多人之前来自红色高棉，适应十分缓慢。他们在与外国人互动方面没什么经验。盗掘现象在该地区很常见，并且此地遗址吸引了外部高层人士的支持。金边、曼谷和其他地区的古物市场正在蓬勃发展。

现在有道路通往贡开，可以作为暹粒至贡开的一日游的路径。"守护遗产"组织明白要想早日实现这一项目，首先必须向当地居民讲授寺庙群的历史意义，并给他们提供英文培训，使他们从旅游中获益，这部分的经费已经到位了。接下来需要确定如何建立一种持续性的模式得到稳定收入，包括乘坐传统牛车去寺庙，鼓励当地陶瓷工业出售商品，养蜂巢采蜜代替收集野生蜂蜜以供给暹粒酒店，用当地的棕榈汁制作糖果。

公众考古的尝试在多大程度上获得了本土利益的成功？从游客报告中可以看出一致强调贡开对游客的吸引力。它被描述为一个神奇的地方，一个不像吴哥那样到处都是游客的地方。一些举措并没有像当初希望的那样立即有成效：牛车对于乘坐公共汽车的游客来说太慢了；人们对于养蜂巢采蜜替代传统采集野生蜂蜜持保守态度；用棕榈汁做糖果并未成功。然而，对遗址重要性的教育和认知很有益处，吴哥窟遗址保护与管理局正在雇用并培训当地人来维护现场，以面对日益增长的游客数，保持这一趋势是必要的，同时还要确保村民享有经济效益。

卜迭色玛寺

这座神庙和住宅群是由阇耶跋摩七世在柬埔寨西北偏僻的角落修建的。曾经在其重要的浮雕上建造了 12 米长的墙壁，此举在国际上臭名远扬，无疑是工业规模的文化强奸，之后军方在 1998 年移除该墙壁。这些雕刻物被装载到货车上，并被带到距离此地 22 公里的泰国边境，目的地是曼谷的古物市场。一个从卜迭色玛寺运出来的铭文碑刻在这儿经碑铭研究家克劳德·雅克的鉴定后以 8000 美元的价格出售。2001 年，当我第一次来到这个遗址时，它处于被遗弃的状态，被植被和神庙中胡乱堆叠的石头覆盖，墙壁刻有精美的浮雕。一小群顽童加入我们，并把我们带到了盗墓者留下的盗洞的墙边。

这之后，公众考古的两个项目改变了这个遗址。2008 年，该倡议由全球文化遗产基金会和地球观察研究所提出。正如在贡开，一个基本的要求就是让当地居民参与遗址保护的各个方面以及一个为整个社区带来经济利益的计划当中，其中英语教学的费用被视为首要任务。这得到了上到文化艺术部、下到村长，由中央到地方政府的支持。在卜迭色玛寺的转型中可以看到这一举措的成功实施。现在遗址区有当地训练有素的导游，并收取寺庙群入场费。当地的文化活动是向游客介绍高棉文化，包括音乐、舞蹈和工艺展示。一些村民刚开始犹豫不决，而现在会提供寄宿和餐饮。现在，遗产被视为可持续性创收的来源，而且对当地居民和游客都有教育意义。

史前历史：艾罗威和蓬斯奈

柬埔寨史前遗址的情况非常糟糕。蓬斯奈是吴哥西北约 80 公里的一个村庄，它位于连接泰国边境城镇亚兰和暹粒的主干道上。随着从泰国通往吴哥的新道路增加，通过该村庄的车辆数量也增加了。2000 年，在该村进行的建筑施工过程中发现了一座铁器时代的墓葬，墓中包含一系列引人注意的珠串和青铜器在内的随葬品。在这个贫困的村庄，墓葬的事情在村民之间口耳相传，大家开始疯狂地盗掘。我参加了这一墓葬的发掘工作，试图在无可挽回之前取得遗址的相关信息。我第一次来探查的场景看起来像是遭到了炮轰，这个地点遍布盗洞。墓里的珠串被以低价卖给中间人，中间人再卖给古董商人。但是也有排列得整整齐齐的盗洞：调查显示，警方已被派去制止盗掘，但结果他们用木桩在遗址区划界，进行监督管理，并扣除所得。不过幸好在多伽德·奥莱的指导下，仍然在部分未被盗掘的地点进行了抢救性发掘，并获取了许多有价值的信息。一些完好无损的墓葬有幸被发现，但大量被遗弃的头骨和破碎的盆罐堆放在村庄里，像是在提醒人们这些丢失的信息。简单地说，盗掘确实让村民得到了钱，但如果可以制止盗掘，获取更多的信息，并且开设一个遗址博物馆和周边商店，以便利用现在每月增长的往返于吴哥的车流量，那么就可以获得持续性的收入。

这种情况在柬埔寨全国大部分地区都有发生。例如，柬埔寨远南部的艾罗威是另一个重要的铁器时代遗址，遭受了同样的命运。在那里，安德烈亚斯·雷内克在村庄的主干道下进行一项科学发掘，那里没有发生盗掘，并且能够调查包含精美青铜器、铁器、金子和玛瑙珠宝的墓葬。像艾罗威和蓬斯奈这样的铁器时代遗址是一种有限的文化资源。它们的破坏反映了农村地区的贫困和教育的缺乏，并且遗憾的是失去了为公众带来持续利益的机会。

泰国

泰国有着丰富的文化遗产。吴哥王朝时期曾包括泰国东北部和中部的大片土地，主要古迹与柬埔寨相似，包括披迈历史公园、帕侬蓝遗迹公园。在素可泰，大城府和曼谷也有一些历史遗迹，还有大量史前遗址，其中只有一小部分经过科学调查。５０年前，目前在柬埔寨发生的类似情况同样在泰国东北部的班清遗址也有发生，此地有人在销售铁器时代的陶罐，一旦有利可图，盗掘团伙会在村庄里蔓延，寻找并盗掘其他类似遗址。尽管这些活动现在更为隐蔽，但盛产异国珠串和其他装饰品的泰国中部和半岛上史前时代晚期的港口城市仍是盗掘的热点地区。

肖康德总结了泰国的公众考古实践。精美艺术部（简称ＦＡＤ）是泰国一个管理考古资源的中心机构，涉及遗址地的保护和维护，通过博物馆部门进行公众教育。泰国有着遍布全国的省级博物馆网络。研究也都在ＦＡＤ的管理下进行，同时它也是全国少数几个开设考古课程的大学。少数外国考古学家需要得到ＦＡＤ颁发的许可证才可进行研究。

在泰国，主要的历史遗迹被建设为遗址公园，属于国家资源，由ＦＡＤ经营，每个遗址公园都有一个常驻董事和工作人员。这些遗址公园对公众开放，并采取分级收费方式：本国公民票价低，外国公民票价高。1968 年，我第一次到访披迈历史公园，主要的吴哥时代寺庙正在重建，那会儿看上去就像一团杂乱堆积的石块。而现在，它已经变成了令人印象深刻的旅游景点。它吸引了许多游客来到这里，因此这里每年增加了一个额外的庆典活动，时长为一周，用来展现遗址历史、追寻历史源头。帕侬蓝遗迹公园是第二个主要的吴哥时代寺庙遗址，同样被 FAD 建设为遗址公园。在我第一次到访时，它实际上已经荒废了，而来自披迈的 FAD 官员在这里负责向当地村民和游客讲授这里悠久的历史。现在这里是一个繁荣的旅游地，有一队队的小贩，且与该地的玛穴寺第二个遗址相搭配。类似的遗址公园吸引了许多游客到大城府和素可泰。这些遗址公园不仅是经济资源，也是教育资源。门票收入由 FAD 用于泰国考古方面的维护和发展。

泰国没有像邻国老挝和柬埔寨一样遭受过战争的创伤，而且当地居民有着更高的教育水平，因此泰国史前遗迹的命运更有希望和前景。和我的研究相关的一个调查表明盗掘在泰国东北部城门上游是一个严重的问题，因为该地区青铜时代的墓葬中常常包含完整的精美陶器。两个重要遗址——帕萨和帕劳库——在 2 0 世纪 9 0 年代被严重盗掘，出现于曼谷周末市场的所盗物品来自东北部的遗址。FAD 主持了前期的发掘工作，我主持了后半部分。之后，FAD 在帕萨保留了三个探方，将人骨原地展示出来，当人骨磨损时就被模型替换掉。这个大村庄紧邻主要的公路，现在在这里建有一座遗址博物馆以吸引游客，周围还建有商店，以期为旅游市场服务。

1998—1999 年度，我们在附近发掘了铁器时代的侬乌洛。这是一个大型堆积遗址，是一片无主之地，被附近的村民占据。我们希望开展第三个季度的发掘工作，当时的发掘是非常丰富的。获得村长和村委会的批准需要两个条件：一是修建通往遗址的公路；二是在帕萨建造一座遗址博物馆。通过这些，他们可以清楚地认识到侬乌洛的遗产价值。但我们不能在财政或法律方面遵守他们的条件，所以我们在西向 2 公里处的班农瓦遗址进行发掘。在那里工作的时候，侬乌洛的村长在本地筹集资金，并在遗址周围围了一圈带倒钩的栅栏。在这件事上，班农瓦遗址在许多方面比侬乌洛遗址更有钱。我们雇用了大量村民来开展发掘工作，告诉他们发掘内容，同时向地主付了租金，并为小学生们在遗址区提供讲座。为了吸引更多的游客以及为当地居民提供继续教育，村长同 FAD、省级当局，与当地大学合作，开始在发掘中心建造一座优质的博物馆和研究中心。这是一个公众考古在教育、引导遗址地居民方面卓有成效的例子，这或许跟泰国的文化遗产资源主要被视为用于教育和开发的资源有关。

中国

中国地大物博、历史悠久，有众多少数民族，使得提炼公众考古学的本质特别具有挑战性。所以我将我在中国访问的经验和一些基本的观点分享给各位。早在商代时期的妇好墓，就可看出中国贵族对祖先和收集他们的遗留物感兴趣。从第一批在中国进行田野考察的外国考古学家开始到安阳为止，田野考察开始由中国考古学家承担。与当时情况矛盾的是，1966年开始的持续十年的"文化大革命"期间，考古并未如其他学科一样受到破坏性的影响，反而在此期间，马王堆墓开始发掘。我有幸见过对辛追进行解剖的首席病理学家，他明确表示政界领导们对他的工作十分重视。

当我1969年开始在东南亚进行研究时，中国在考古学上有大段的空白。但像其他地方一样，公共资金主要用于资助研究，因此专家必须对其赞助者有所反馈。在山东省文物考古研究所和中国文化遗产研究院组织的大运河南旺枢纽遗址会议上，总结了以下主题（王涛，2011）：

1. 公众考古学的历史，以及中外考古学的基本观点。

2. 考古学的当代意义，以及考古学家的责任和义务。

3. 考古学的社会角色，以及考古学家、媒体和大众之间的关系。

4. 关于考古学的畅销读物、项目和活动的评论，特别是有关考古发掘的电视广播直播节目的评论。

5. 考古学的大众化或文娱价值是什么？

6. 公众考古学是否应该成为考古学的合法组成部分？我们应如何建设中国的公众考古学？

7. 探索考古知识转化和普及的方法和形式，找到考古学和公共知识之间的交汇点。

总结了中国考古研究和公众之间关系的一些情况后，我选择参与制作关于考古遗址的电视纪录片来作为向世界宣传的方式，这是将博大精深的中国文化展现给全球大众的载体。

马王堆汉墓

我想从个人经验谈谈上面的第7个主题，也是借鉴于第2、3和6个主题的话题。总而言之，涉及考古学、行政与公众之间的关系。马王堆汉墓位于长沙市郊区，是一个标志性的遗址。三处墓穴各自葬有古代贵族，并有无与伦比的精美随葬品。辛追墓室是保存最好的，已经向公众开放。发掘物在湖南省博物馆以高水准展出，吸引了许多中国游客前来参观。

徐州汉楚王陵墓

中国当局不轻易允许打开帝陵。你可以进入北京北边的明代万历皇帝的帝陵，今天我们可以看到兵马俑的唯一原因是因为它并非秦始皇陵的实际帝陵，这也使得徐州汉楚王陵墓更加特别。在这里，汉楚王陵墓已被发掘，出土物被放置在一座美丽的新博物馆展出。徐州实际上是西汉第一位帝王刘邦的出生地（公元前206年），后人称其为汉高祖，刘邦任命亲属为诸侯王来治理国家，其中最重要的一位是他的弟弟刘交，其封地都城为今天的徐州。他是汉代统治这一区域的十二代楚王之首。

即便被盗掘过，狮子山汉墓丰富的出土物也反映了皇室在丧葬祭祀上的奢侈。墓中的出土物包括一整套金缕玉衣，一个玉棺，还有一队小型的兵马俑，墓室之间的塞石封堵得十分深。目前该墓已向公众开放，这里还有一座不错的博物馆来展示这处皇家墓地的出土物。

西安大明宫

唐大明宫遗址于1957年发现，并在国家文物局和联合国教科文组织的赞助和支持下进行发掘，并制订保护和重建计划。该遗址区于2010年正式开放，除了欣赏整个遗址区外，还有一座大明宫遗址博物馆展出相关的考古发现。

总结

我最熟悉的三个国家中公众考古发展既有共性，也有特性。中国的工业、经济、文化等各方面都在蓬勃发展，而它的考古遗产是无与伦比的，随着中国考古的建设发展，越来越多的遗址被发现并且需要抢救性发掘。将这些发掘的结果引入公众关注的领域有很多种方式，除了之前我提到的那些例子之外，还有例如像首届上海世界考古论坛时参观良渚遗址等诸多方式。在这里，我们发现了受公众瞩目的城墙和世界级的博物馆。还有一处典型河姆渡文化的遗址——新石器时代早期的田螺山遗址，该遗址区的博物馆用巨大的圆顶保护棚遮住，为游客带来了良好的游览体验，也为考古工作带来了便利。我在中国参观的第一座博物馆是明万历皇帝陵，里面的物品有些已经复原了。此外，我了解到中国正在付出巨大的努力来保护乐山大佛和唐长安城。

在泰国，国家政策除了围绕保护主要城市的历史遗址公园和寺庙遗址外，还为当地社区制定了大量政策。在这里，文化遗产不仅是教育当地民众和游客的素材，还给当地民众带来了经济效益。FAD的办事处遍布全国，并负责保护和维护所有考古遗址和历史遗迹。在披迈举行的一年一度的庆典总能吸引许多观众到场，庆典会持续好几天，整座城市都充斥着闹嚷的游客。

相比较中泰两国考古的发展，柬埔寨正在奋起直追。鉴于柬埔寨早先的历史，其考古事业几乎是从零开始也就不足为奇了。因其农村地区的贫困现状，遗址被当作赚钱的捷径也并不令人惊讶。不过，在当地有美好初衷且组织良好的教育项目正在稳步施行中，卜迭色玛寺15年前和现在的情况对比就是一个不错的例子。曾被废弃在森林中并且遭到当地武警文化强奸式盗掘的寺庙，现在被视为一种可持续收入的来源。比如一个提供寄宿服务的家庭在之后得以用赚来的钱将子女送入大学念书。我与副首相宋安博士的交谈表示出他坚信柬埔寨将进一步发展考古事业，会有更多伟大的遗迹得到修复并超越吴哥的杰出地位，同时将遗迹向公众开放并得到联合国教科文组织等国际组织的认可。

主讲人简介

查尔斯·海曼教授是奥塔戈大学前研究员、剑桥大学圣凯瑟琳学院荣誉研究员。他自45年前开始在东南亚进行田野考古，参与了泰国境内的多项重要遗址的发掘，目前主要的研究是泰国东北部铁器时代的农班扎遗址。海曼教授是英国学术院、新西兰皇家学会和伦敦古物学会成员。他的研究曾荣获英国社会科学院格雷厄姆·克拉克奖、新西兰皇家学会梅森·居里奖，并在首届世界考古论坛中获奖。

查尔斯·海曼

史前考古所揭示的人类生存境况

科林·伦福儒（英国剑桥大学麦克唐纳考古研究所）

演讲摘要

　　考古学一度被视为单纯出于好奇心而对老式过时的事物、失落文明的遗迹进行的研究。本次演讲试图说明，考古学一直处于人类科学的中心，它向现代文明提供了回答诸如"我们从哪儿来？""我们是谁？"等生命最基本问题的唯一途径。

　　讲座将回顾存在于时间和空间中的人类与所处环境以及人类起源、农业革命、国家社会及早期帝国等话题。此外，宗教的不确定起源也应当被考虑在内。在世界宗教产生之前，各种各样的仪式行为确有很大的发展。中国新石器晚期良渚文化中玉琮和玉璧的使用就是很好的例子。这些特殊物品的生产和礼仪化的使用可与国家社会发生前夕的许多象征性现象相联系。它们在世界考古范围内提供了一个平行演进的实例，使我们不必考虑早期文化的交流就可洞悉文化的多样性。

主讲人简介

科林·伦福儒，1965年获得英国剑桥大学博士学位，先后任教于谢菲尔德大学和南安普敦大学。1981—2004年，供职于剑桥大学，任迪斯尼考古教授。伦福儒教授在希腊基克拉迪群岛主持了大量考古发掘工作。他在爱琴海史前文化、语言多样性及人类认知的起源、考古遗传学和考古理论等研究领域取得了举世瞩目的成就。伦福儒长期以来不遗余力地推动反对非法倒卖文物及盗掘遗址的国际运动。因其在基克拉迪群岛的重要发掘、富有深远影响力的理论研究以及在提升公众对濒危文化遗产的保护意识方面的不懈努力，伦福儒教授已屡获殊荣，其中包括1980年被选为英国科学院院院士，1996年当选为美国科学院外籍院士，2003年获得欧洲科学基金会拉齐斯奖，2004年荣获巴尔扎恩奖，2007年被选为美国考古学会外籍荣誉院士和2009年获得文物保护组织SAFE灯塔奖。

科林·伦福儒

从考古材料看中国经济的早期鼎盛期

罗泰（美国加州大学洛杉矶分校）

演讲摘要

从过去半个世纪以来的考古发现中，我们越来越清楚地认识到，公元前221年中国政治的统一，得益于之前数个世纪生活水平的稳步提升。本次演讲将探索先秦时期的物质文化所体现的经济发展，以及由此产生的一个空前鼎盛期，其盛况在当时的世界其他地域亦罕有匹敌。本次演讲将考察大量材料，其中包括用于大规模高质量生产的新技术。

主讲人简介

罗泰自 1993 年起执教于加州大学洛杉矶分校（UCLA），是中国考古学与艺术史教授。他是该校扣岑考古研究所东亚研究室主任，并于 2004—2014 年担任该研究所副所长。他曾先后就读于波恩大学、北京大学、京都大学和哈佛大学，并于 1988 年在哈佛大学获得人类学博士学位。他关注中国青铜时代考古，尤其重视通过考古学研究解决重大跨学科的历史问题。他的著作《宗子维城》[又名《孔子时代（公元前 1000—前 250 年）中国社会的考古学研究》，2006 年]一书荣获美国考古学会年度最佳图书奖。罗泰是长江流域古代盐业生产国际考古项目（1999—2004 年）的主要负责人之一，2010 年至今担任西安杨官寨国际田野考古学校导师，他还是法国远东学院科学委员会委员、奥巴马总统文化遗产咨询委员会委员，并兼任德国考古研究所研究员、陕西考古研究所的荣誉研究员、浙江大学荣誉教授和美国艺术与科学学会会员。

罗泰

大会分组讨论摘要

中国古代玻璃研究的新进展

安家瑶（中国社会科学院考古研究所）

本文综述中国近年来古代玻璃的新发现和研究的新进展。新发现包括近年出土的罗马玻璃、萨珊玻璃和伊斯兰玻璃，丰富了丝绸之路的物证。新发现的古代国产玻璃使中国古代玻璃的起源及发展等问题渐显清晰，并且反映出各地区玻璃使用和来源的复杂性。

波斯对花剌子模的影响：索罗亚斯德教的早期证据

艾莉森·贝茨（澳大利亚悉尼大学）

乌兹别克斯坦西北的阿克查汗—卡拉遗址被认为是花剌子模皇室的所在地。近期的考古工作发现了一些描绘了阿维斯陀神灵巨大形象的壁画。这些壁画清晰地展现了索罗亚斯德教的相关主题，年代为公元前 1 世纪末期，是目前所知最早的阿维斯陀题材的肖像绘画。这项惊人的发现揭示出了索罗亚斯德教在中亚地区的发展历程，虽然目前还不清楚该教是如何传入花剌子模地区的。本文将讨论波斯对于该地区可能存在直接统治的相关问题。

主食的问题：玉米农业什么时候以及为什么从墨西哥传播到整个美洲？

迈克尔·布莱克（加拿大英属哥伦比亚大学）

对主食作物农业不断增加的依赖，是大部分社会复杂化考古学理论的基础。在这里，我将介绍玉米农业在分布于南美洲和北美洲的美洲土著人群社会和经济历史中扮演的不同角色的新研究。数千年间在各大洲，关于利用玉米在象征意义以及在加工和营养方面的差异研究，表明玉米种植并非一个统一的现象，而是如同许多出现玉米种植的文化一样，非常复杂。演讲通过对古代早期中美洲和北部相邻地区，以及南美洲安第斯地区和南部相邻地区土著居民的玉米的种植和食用路径进行简要比较来观察它们之间的不同。

内蒙古自治区文物考古研究所重大考古发现（2013—2015年）

陈永志（中国内蒙古自治区文物考古研究所）

　　近三年来，内蒙古考古获得了许多重要新发现，包括霍洛柴登古城发现铸钱的窑址，伊和淖尔墓群出土了金项圈、金腰带等。裕民遗址是内蒙古中部新发现的一处新石器时代遗址，时代为距今8400—7800年。小王力沟辽墓是内蒙古首次发现的辽代贵妃墓葬，出土器物精美异常。

天山为桥：亚欧草原视角下的阿敦乔鲁

丛德新（中国社会科学院考古研究所）

　　阿敦乔鲁遗址是近年新疆西天山地区发现的青铜时代遗存，距今3900—3700年左右，遗址中包含有居址和墓葬，以及大石遗迹、岩画等多样考古学文化遗存，均以大石（块）作为主要建筑材料。该流域出现了多处包括具有中心建筑的聚落群，以及具有军事性质的高台遗迹，体现了当时社会的复杂化程度。在七河流域乃至叶尼塞河下游及中国的北方找到相似的文化"因子"，折射出了天山作为沟通东西方文化融合的桥梁作用。

黄河中游早期国家形成的背景

戴向明（中国国家博物馆）

　　石峁很可能是在黄河中游的北方地区形成的另一个早期国家社会，其城址的年代约相当于陶寺中晚期到二里头早期。本文重点讨论二里头遗址、陶寺遗址和石峁遗址形成过程中共有的特征和背景，包括相似的生业经济，贵族对高等级奢侈品的控制和垄断，聚落与人口的核心化，不同社会集团间的竞争与战争等，并对这几个早期国家形成的差异性进行比较。

编钟音乐发展历程和周代诸侯曾国完整历史的全面揭示

方勤（中国湖北省博物馆）

近年来，随州叶家山曾侯墓地、郭家庙以及文峰塔曾国墓地的考古发现，以及早年曾侯擂鼓墩墓地的发掘，极大地丰富了我们对西周曾国历史的认识。以这四个墓地为代表，曾国的历史可大致划分为三个阶段，分别为西周早期、春秋时期和战国早期。新的考古发现同时丰富了我们对早期中国礼乐制度的认识，并由此摸清了先秦时期音乐演奏上一脉相承的变化。

早期游牧王国的通天之地
——新疆阿勒泰地区青河县三道海子遗址群考古新发现

郭物（中国社会科学院考古研究所）

2013—2015 年，中国社会科学院考古研究所、阿勒泰地区文物局和青河县文物局在青河县三道海子遗址群开展了考古发掘工作。发掘了花海子三号遗址、美依尔曼四座遗址、成拜特七座遗址。在上述遗址中均发现有大量的遗存和石堆遗迹，属于早期游牧王国的最高级夏季托也勒萨依遗址礼仪中心，可能是西方文献中的"独目人"，中国文献中的"一目国"的相关遗存。它的强盛导致了斯基泰人的西迁和西周的灭亡，促进了草原丝绸之路的形成。

河南省郑州市西北郊周代考古发现与研究

韩国河（中国郑州大学）

近年来，郑州大学对官庄遗址和车庄遗址进行了考古发掘。官庄遗址调查和发现了遗址的外壕，其内有大城、小城，出土有青铜器、玉石器、陶器、骨蚌器，年代为西周晚至战国。车庄遗址发现有两周、隋唐和明清时期的遗址，其中又以西周时期的遗址为主，为了解这一时期的文化面貌和文化变迁，提供了重要的资料。

先秦时期阿尔泰及以西地区陶壶的来源
——兼论公元前一千纪中叶阿尔泰地区和阴山—天山地区的文化交流

韩建业（中国北京联合大学）

在新石器时代以来的阿尔泰山脉及以西地区，陶器以装饰压印纹、刻划纹的罐类为主，而早期铁器时代偏晚的公元前一千纪中叶却突然开始盛行束颈圆弧腹的壶类陶器。本文认为其出现与以南阴山—天山沿线地区的文化影响有关，而且这种影响更可能就在邻近地区之间发生。

罗马世界中的匈奴
——考古学所见公元 5、6 世纪的文化接触

拉提·海蒂格尔（挪威奥斯陆大学）

在一个世纪之内，欧洲经历了匈奴这一强盛政治体的兴盛与衰落，这种情况在地中海地区之外的欧洲未曾出现过。作为一个不断迁移的游牧文化，匈奴人没有留下太多的物质证据。如果不是因为古风晚期和中世纪早期的文字记载，可能没有人知道这一文化的存在。历史上，他们改变了后罗马时代的世界，并且促进了中世纪早期王国的出现。这一时期的考古证据可以间接地反映亚洲草原人群和日耳曼人群的文化交流。

古代以色列地区一神宗教的出现在考古学中的证据

泽夫·赫尔佐克（以色列特拉维夫大学）

传统观点认为《圣经》将亚伯拉罕认为是第一个一神论者。然而，包括在泰勒阿拉德遗址皇室古堡内发现的一处宗庙遗迹，在泰勒贝尔谢巴遗址暴露在外的大型祭坛，以及记录耶和华和阿瑟拉是一对神灵夫妇的铭文和这一观点相左，并且证实了在铁器时代第 1 阶段和第 2 阶段的大部分时间内并不存在一神论。在泰勒阿拉德和泰勒贝尔谢巴遗址，这些宗教性质的遗迹在公元前 8 世纪末期被有意破坏，用以表明单一宗庙以及一神论，即耶路撒冷地区耶和华的合理性。由于这种破坏活动发生在公元前 8 世纪，这也恰好契合了《圣经》中关于希西家王宗教改革的记载。

塞内冈比亚巨石传统：地域性与祖先结构

奥古斯丁·费迪南德·查尔斯·霍尔（法国巴黎第十大学）

塞内冈比亚的巨石分布于西非地区一个比较大的范围。2002—2011年进行的塞恩纳耶尼考古项目（简称SNAP）既包含了丰富的新资料，也给我们提供了验证新假设的机会。在演讲中，讨论的问题包括两个不同但互补的方面。第一是关于空间的社会化——领土标记。第二是关于社会的归化——人们的祖先和祖先繁衍后代。换句话说，巨石只是用于维持生活聚落成员的另一种方法。

西天山地区安德罗诺沃类型的地方特征：中国新疆近期的发现

贾伟明（澳大利亚悉尼大学）

在乌拉尔和哈萨克斯坦发现的安德罗诺沃类型是国际研究的重点，不仅因为它的地理分布横跨欧亚大草原，还因为它对旧世界史前社会拥有的重要影响。安德罗诺沃类型向东的扩张，辐射至新疆西部，直至甘肃西部、内蒙古西部和黄河的中原地区。近期在新疆地区的发掘，与先前在乌拉尔和哈萨克斯坦的发现十分不同，展现了地方性的文化特征，这些现象为研究史前文化交流、地方环境适应和大规模的复杂社会提供了可能。

公元前2600—1900年印度河流域文明及邻区的石珠贸易与表现：文化联系与文化多样性的证据

乔纳森·克诺耶（美国威斯康辛大学）

关于在印度河流域手工业作坊石珠生产的新研究可以帮助我们理解印度河流域聚落中作为公开展示行为的变化情况。我们对印度河流域以及同时期或者稍晚时期在美索不达米亚和阿曼发现的石珠进行形态和技术特征比对，以确定石珠是在印度河流域本土制作的还是在印度河流域之外采用印度河流域技术制作而成的，从而判断文化交流路线并定义装饰的文化差异。结合陶器及其他出土物，这些资料可以为理解古老聚落互动以及文化认同的维持提供新的视角。

人类时代的根基：一场考古学的探讨

基德尔（美国圣路易斯华盛顿大学）

人类活动已经对地球自然环境产生了巨大的改变，并由此进入一个新的所谓的人类时代。通过关注早期人类对环境改造的时间，考古学家对于这样一个时代的研究做出了巨大的贡献。

然而，尽管考古学对于界定人类时代的起点十分重要，学者们关注于早期人类时代出现的时间以及人类何时开始对自然进行改造，十分重要，但是很少有学者关注这些变化是如何重塑人类社会和他们的历史。本研究希望从长时段出发来考察人类对自然环境的改造，以及周边自然的变化是如何改变人类社会、政治和经济的发展。

东西之间：中世纪早期丝绸之路的北高加索部落

德米特里·科罗博夫（俄罗斯科学院考古研究所）

在匈奴入侵之后，部分阿兰人经西欧迁移至南西伯利亚和北非，仍有许多人继续留在北高加索山脉。中世纪早期，由一位强大的国王领导，阿兰社会出现复杂化进程，最终形成阿兰王国。王国西至欧洲，东至亚洲，阿兰族人控制了大高加索山脉主要的贸易要道。许多考古遗存还体现了在公元前 500—1000 年间，阿兰人与拜占庭王国、伊朗萨珊王朝、粟特古国，甚至中国在内的区域间的文化交流。

俄罗斯与德国的联合研究：外乌拉尔地区南部的青铜时代防御聚落

柳德米拉·科里亚科娃（俄罗斯科学院考古研究所）

这次演讲介绍俄罗斯与德国在卡拉盖雷—阿亚特盆地大草原青铜时代聚落联合开展的多学科研究项目。这个项目主要针对新塔什塔文化（公元前 2100—前 1700 年）聚落，研究团队获得了公元前两千纪开端之时重要的年代学、自然资源与环境条件、经济状况和居民的生活方式等十分有意思而且重要的信息，并且揭示了传统与创新对于文化的贡献。

吐鲁番吐峪沟石窟考古新发现（2013—2015 年）

李裕群（中国社会科学院考古研究所）

吐峪沟石窟位于新疆吐鲁番鄯善县吐峪沟。洞窟现存百余座，始凿于公元 5 世纪前后，一直延续到唐西州（7—8 世纪）。自 2011 年，中国社会科学院考古研究所边疆考古研究中心和吐鲁番学研究院等组成考古队对该遗址进行了保护性发掘，这对于重新认识洞窟的年代、形制、组合具有重要的学术意义。

良渚古城 2013—2014 年考古新发现

刘斌（中国浙江省文物考古研究所）

近年的考古工作，进一步摸清了良渚古城的平面布局。2014—2015 年，我们在莫角山宫殿区顶面平台上发现成排分布的 9 座大型土台建筑基址，宫殿区内的宫殿基址大莫角山上发现两排 7 座大型土台建筑基址。同时，对良渚古城的水利系统进行调查，我们认为其距今约 5000—4800 年，属于良渚文化早期，有可能是世界上最早、最完备的水利系统。

为什么叫"小麦"：反向驯化综合症？

刘歆益（美国圣路易斯华盛顿大学）

公元前五千纪到两千纪的时候，与驯化相关的谷物和种子大小正常增长不同，统称为自由脱粒小麦的一种小麦物种，在向欧亚大陆传播的过程中长度减少了大约 30%。放射性碳测年与谷物测量表明，公元前 1800 年的时候，在向南、向东的传播过程中，当谷物到达"美食地带"（傅稻镰和罗兰兹于 2011 年提出）边界的时候被中断。尽管谷物变小了，但是约 200—300 年之后开始继续传播，我们认为这是为了满足烹饪需求主动选择作物的证据。

近东新石器时期文化多样性的产生

埃瑞克·马齐尼亚克（波兰波兹南大学）

新石器时代以出现新的定居生活方式、大型居住和仪式建筑、独特的艺术形式、植物的栽培和动物的驯化以及技术的革新为特征。在 4000 年的演进过程中，这些不同特征经过了重要的转变，特别是最后的 500 年间，本地人群的凝聚与结合不断加强，也为这些特征在更广泛的范围内传播提供了基础，并且最终导致近东和周边地区文化多样性的出现。

琼邑克的陶器生产

蓬·喀塞卡（柬埔寨科学院）

琼邑克，位于柬埔寨南部，是湄公河下游最重要的考古遗址之一。据碳元素放射测年，陶窑的年代可追溯至公元 5 世纪。在该遗址发现有大量的陶器，例如陶罐、大小陶瓶以及制作精美的黄褐色手持壶等，均是该地区文化最常见的陶器类型。由于对陶器需求的增长，在烧制过程中，陶器破损量也会相应增加。在一个土墩底部，我们发现了大量精致的黄褐色陶碎片，上部被较晚阶段的陶瓷窑覆盖。该土墩的重复使用表明，在琼邑克遗址陶器生产经历了从普通陶器到瓷器的长时段发展过程。本文探讨琼邑克遗址陶器生产技术方面的演进，包括独特的呈堆积形状的陶窑，以及面向该地区陶器日常需求的工业化生产的重要性。

早期的书写系统：一段由涂鸦到婆罗米文的旅程

拉詹（印度德哲里大学）

在库堵马纳遗址居住区域的早中期地层中出土的大量陶器上发现了"涂鸦"信息，可识别的涂鸦由许多符号和几何图像组成，另有可形象识别的婆罗米文字母被解读为古印度语梵语的名字。虽然这些符号无论是单独存在还是组合出现，其实际含义可能并不清晰，但是对这些符号本身以及它们出现的位置和频率的观察清晰地展现了它们被用于传递一些信息。连续地按照顺序排列一个或多个复合符号表明了当时存在一种语言沟通系统。

瓦哈卡牙坤达遗址的西班牙影响：从当地文化到殖民文化

妮莉·罗伯斯·加西亚（墨西哥国家人类与历史研究所）

演讲围绕瓦哈卡牙坤达遗址考古项目展开，这个项目始于 2004 年，由我和范德堡大学的名誉教授罗恩·斯泊尔一起负责。牙坤达遗址是瓦哈卡殖民时代晚期最重要的"caciazgo"（一种当地政府区域）之一。在物质文化方面，西班牙对当地的征服造成了很多深刻变化，从建筑乃至食物，以及由于疫情所造成的人口下降。本项目的重要性在于首次发现以及向大家展示这个区域在生活方式方面发生的重大变化。

泰国西北部高地郎艾克洞穴的铁器时代墓地组织和社会记忆

瑞斯敏·淑孔洁（泰国艺术大学）

独木棺葬是一种独特的礼仪活动，被认为与泰国西北部邦马帕区高地的铁器时代文化相关（约距今 2600—1100 年）。其棺材通常是由一种柚木制作，放置在洞穴内部陶器和木材之上，靠近石灰岩峭壁顶部。郎艾克（距今 1960 ± 30 到 1634 ± 44 年）是一处洞穴遗址，位于石灰岩山顶，在那里发现有 12 个不同式样的悬挂棺木。本文试图通过对考古遗存 A1 和 A2 进行时空分析以探索郎艾克洞穴墓地的构成，同时将风格和埋葬类型作为分析单元，分别探讨墓地组织和社会记忆。分析的结果将会促进我们理解东南亚史前晚期高地人群的丧葬和社会组织形式。

南非北部岩画中蒸汽火车、士兵和枪支所体现的文化交流

本杰明·威拉德·史密斯（西澳大利亚大学）

南非林波波省 19 世纪末岩画传统以暴力和枪支图片为主，其中火车图像是其重点。本文讨论了这个岩石艺术传统，并解释了图像对白人殖民聚落发展的回应。艺术并不仅仅阐述了殖民统治，也在抵抗殖民统治中发挥了积极的政治角色。本文探讨这种艺术考古以及我们当今如何解读它的含义和象征意义。

日本早期弥生时代稻田

菅谷文则（日本奈良县橿原考古所）

奈良县橿原考古所对秋津遗址和仲西遗址的稻田遗迹进行了持续发掘，这两处稻田遗迹属于弥生时代（约公元前5—前3世纪），目前已发掘的面积达25000平方米。我们从稻田取得泥土样本进行分析，并通过农学与考古学结合的跨学科研究方法，获取了该时期水稻栽培特征及其发展状况的相关信息。

新大陆考古所见的文化多样性和人类的宇宙观

杉山三郎（日本爱知县立大学）

人类首次在新大陆的生活，无疑需适应不同的地理环境和生态环境，同时随着人类逐步迁移到中美和南美地区，不同的族群和语族进一步加剧了文化的多样性。本项目认为新大陆的考古学能够推动文化多样性形成过程的研究，同时探讨人类共有的独特性（复杂的交流和技术的调整）。已有证据表明，这些特性在新大陆与旧大陆未建立联系之前就已经被独立创造。对于人类这种独特性进化历程的重大问题和挑战，我们可能需要跨学科的研究策略，并由此更好地了解我们自身和目前社会与政治冲突。

中国史前良渚玉器的符号象征与制作工艺

邓聪（中国香港中文大学）

良渚玉器的研究主要从与人类文化相关的三个方面入手：技术、社会和精神世界。近来良渚玉器研究的突破点包括：（1）通过墓葬 M12 的出土遗存了解良渚文化的王权和珍贵玉器的雕刻工艺之间的联系；（2）良渚玉器上分离的生产顺序与社会等级制度的关系；（3）由 M12 反映了不同工匠设计风格的差异；（4）对 M12 中玉器价值等级的识别，表现了不同工艺以及制作中不同的精细程度；（5）良渚玉器置于中国与东亚文化大背景之下的意义。这些玉器研究体现了人类文化三个最重要的方面——技术、社会和精神。

中国人民大学考古学科的建设与发展

魏坚（中国人民大学）

中国人民大学考古学科经过十多年的建设与发展，取得了令人瞩目的成就。一方面，在人才培养和教学上，逐步建立起了考古学与博物馆学本科、硕士、博士完备的培养体系，同时建立了多处相关的实习基地；另一方面，在科研上，努力推动学术研究向高层次发展，在继续加强北方民族考古研究的基础上，确立了"立足北方，重视西域，挺进中原，发展长江流域"的长远战略方针。

阿塞拜疆共和国噶巴拉遗址的考古发掘：阶段性报告

李鲜馥（韩国国立首尔大学）

受阿塞拜疆政府的邀请，自 2008 年始，一个由韩国考古学家组成的小组前往噶巴拉市的撒尔比耳遗址展开发掘，其中包括一个高加索阿尔巴尼亚古代城市，一处青铜时期墓葬遗址第乍克里。不同时期的出土器物和建筑基址揭示了这个古代城市曾经是一个重要的中心，拥有跨越地域的社会经济网络，自公元前 1000 年开始被持续使用，直至大约 12 世纪。第乍克里墓葬区域直径大约 40 米，是当地最大的土墩墓。尽管许多出土物遭到盗掘破坏以及保存条件很差，研究当地复杂化结构仍然非常具有意义。

走马岭史前城址 2014—2015 年考古调查、发掘的收获

余西云（中国武汉大学）

走马岭遗址位于湖北省石首市东升镇走马岭村与屯子山村交界处，始建年代应该不晚于距今 5300 年前的屈家岭下层文化，走马岭城的废弃年代大致为夏代早期，是国内发现的最早的城之一。走马岭城墙及城壕的外围有一周防御性"墙体"，应主要承担军事防御功能。内侧的平台上普遍分布有文化堆积，包括房基和灰坑等，应该为居住地所用，还承担了防御洪水的功能。

盘龙城遗址考古工作的新进展

张昌平（中国武汉大学）

盘龙城遗址位于湖北省武汉市东北郊，是公元前 16—前 13 世纪中国中原王朝政治势力向南扩张、在长江流域形成的规模最大的一处中心城市。盘龙城形成于二里头文化至二里冈文化早期，面积不超过 5 万平方米；繁盛于二里冈文化早期至晚期，兴建大型夯土公共建筑，外围营建了城垣与城壕；贵族生活区域废弃于中商文化时期，同时在此阶段，城市面积进一步扩大，局部人口密度很大，新贵族的权力和地位降低。

舞阳贾湖遗址 2013 年秋季发掘收获及该聚落生业模式分析

张居中（中国科技大学）

2013 年秋，中国科学技术大学科技史与科技考古系与河南省文物考古研究院等单位，对贾湖遗址进行了第 8 次发掘，揭露房址 8 座、灰坑 24 个、墓葬 97 座，出土了大量的陶器、石器、骨角器等文化遗物。其中重要的发现包括室内葬人现象、多个墓葬随葬大量绿松石装饰，以及象牙雕板和多孔骨笛等。通过对炭化植物遗骸的研究，这一阶段贾湖地区人类获取食物资源的方式仍以采集为主，而以水稻为主的农业种植只是人类一种辅助性的食物来源补充方式。而石器、骨器的研究表明到贾湖三期时（8.0-7.5ka BP），农业生产有了明显发展，其在人类食物结构中所占的比例已经开始超过采集、渔猎业。

南京大学在俄罗斯和伊朗的考古工作

张良仁（中国南京大学）

近期南京大学先后在俄罗斯和伊朗做了考古工作。2015 年 7—8 月，南京大学在伊朗东北部和中部考察了 59 个土丘遗址，推动了中伊在考古和文物保护领域的合作。2015 年 9—10 月，南京大学与俄罗斯阿尔泰国立大学两校组成的联合考古队在阿尔泰边疆区南部蛇山镇附近发掘了青铜时代的卡勒望湖－Ⅰ遗址，目的在于探索该地区古代人群迁徙、家畜和冶金技术的作用。

西坡墓地再讨论

张雪莲（中国社会科学院考古研究所）

西坡墓地位于河南省西部灵宝地区，在 2004—2006 年的发掘工作中共发现墓葬 34 座。通过碳氮稳定同位素古人食物分析和相关考古学研究，本文认为西坡墓地可划分为三部分，其中主要的又分为两部分。这样的划分不仅有利于理顺食物分析关系，而且可以得到随葬器物的使用及其摆放位置的考古证据支持。

东魏北齐邺城遗址：北朝佛教考古研究

朱岩石（中国社会科学院考古研究所）

邺城遗址位于河北省临漳县西南，是南北朝时期中国北方的政治中心、经济中心，同时也是佛教文化中心。该地区的考古工作对中国早期佛教考古研究具有重要意义。其中发掘的赵彭城北朝佛寺是迄今发现的中国古代最高级别的佛寺遗址之一，丰富了对于北朝晚期寺院平面布局的认识；北吴庄佛教造像埋藏坑的发现为研究北朝晚期至隋唐时期邺城地区佛教造像的类型和题材提供了可靠的标本。

论坛总结发言

尊敬的各位代表：

下午好！

第二届世界考古论坛在大家的共同努力下，已经接近尾声。

在本届论坛上，获得第二届世界考古论坛田野考古发现奖和考古研究成果奖的项目代表在论坛上报告了各自的成果。这些获奖成果中，既有近三年取得的重要考古发现，也有十几年乃至几十年长期坚持开展的专题和综合研究项目；既有距今 330 万年、迄今发现的最早的石器，也有距今二、三百年前的历史时期的遗存；既有对某一时期、某一区域内古代宫殿、神庙、墓葬等遗存的发现，也有对长时段、大范围的古代文化的考察和研究。这些报告让与会学者了解了这几年考古项目取得的丰硕成果，从这些考古项目秉持的理念、采用的方法中得到了丰富的启示。

在分组讨论中，很多学者介绍了最新的考古发掘和研究成果。无论是获奖成果还是分组交流的研究成果，都有一些共同的特点：

1. 具有广阔的视野。即便是发掘一个遗址，也把该遗址纳入一个大的区域之中去研究。

2. 注重聚落内部、聚落与其他聚落、这个人群与其他人群之间的联系与互动。

3. 对古代遗存做动态的考察。

4. 注重多学科的研究，尽最大努力从古代遗存中获取各种信息。

5. 注重对导致考古遗存产生、发展的背景、原因和机制的思考。

6. 注重考古研究成果对民众的宣传和文化遗产的保护。

这些成果在一定程度上反映了当今世界考古学的现状和特点，为我们做出了榜样。

晚上，我们请部分与会的外国学者就论坛今后的发展和运作方式进行了座谈，大家就论坛的颁奖仪式、论坛在国际学术界的宣传、吸纳更多年轻学者参与、加大专题讨论环节、在论坛间歇年开展小型的专题研讨会等方面提出了许多很好的建议，我们将认真梳理、积极吸纳，争取把论坛办得更好。

借助这次机会，我就这次论坛关于文化多样性和文化交流的主题阐述一下自己的认识，以就正于国内外同行和前辈。

一、关于文化多样性

1. 文化多样性是一个客观现实。

不同的生态环境、生业形态、文化传统和社会机制等，导致了各地区、各人群的文化具有不同的特色。

2. 应当尊重和保护各地的文化多样性。

文化多样性使世界范围内文化呈现出丰富多彩的景象，如同一个万紫千红、争奇斗艳的百花园。如果丧失了这种多样性，就如同花园里千篇一律只有一种花朵，就是开得再盛，也无法与姹紫嫣红的百花园媲美，也失去了活力。

3. 各地多种多样的文化都有其产生的条件，也有其存在的合理性，彼此之间只有面貌的差别，并无美与丑、高与低、贵与贱的差别，虽然各自的喜好不同，但任何人都没有权利要求别人一定要放弃自己的文化传统，改弦更张，转而尊崇其他文化。

4. 在经济全球化的过程中，不应以消除文化多样性为代价，不应人为地以某一个区域的文化取代其他区域的文化，应当尊重和保护不同文化的传统和格局。

5. 应当注重加强文化多样性产生的原因以及变化的研究。

二、文化交流

1. 人与人的交流、文化与文化的交流，是人类最基本的社会活动内容。

2. 不同文化乃至文明的交流和互鉴是推动人类文化和社会发展的重要动力。

3. 文化的交流为各地文化和社会的发展提供活力。如果没有这种交流，那么文化就会停滞不前，如同一潭死水。而保持交流，相互学习和借鉴，文化就会持续发展，充满活力，就如同滚滚江河，不断奔流向前。世界上的几大古代文明都是在本文明区域内各个部分的交流以及与其他区域的文化和文明的交流中形成和发展起来的。中国的夏商周青铜文明如此，作为中国古代文化繁荣兴盛代表的汉唐时期，更是大量吸收了其他文化和文明的先进因素，将其融入中华文化之中，才迎来了文化的大发展、大繁荣。历史经验证明，文明因交流而多彩，因互鉴而丰富。文明的交流和互鉴，是推动人类文明进步的重要动力。

4. 世界各地的文化尽管历史有长短，内涵有差别，但却是平等的，不存在高低、优劣之分。应当推动不同文明相互尊重、相互包容、相互交流、相互借鉴，不应当相互隔膜、相互排斥、相互攻击、相互取代。

三、关于文化交流的考古学研究

1.文化交流的两类基本方式：和平的（贸易、结盟、通婚、迁徙等）和非和平的（战争、征服等）。

2.文化交流互鉴具体情形的几个层次：

（1）物品的移动（贸易、掠夺、赏赐、馈赠、贡纳）。

（2）人的移动（征伐、迁徙等）时随身携带的物品。

（3）技术的传播（仿制、技术携带者的到来）。

（4）技术的进步——再创造。

3.对外来文化的态度。

（1）拒绝。

（2）选择：可以接受的和不可接受的（自己没有的或实用的往往会优先被选择）。

（3）继承本身传统基础上接受外来的影响（扬弃，一般不会全部放弃）。

（4）发展创造成为新的文化（传承、学习、改造、创新）。

4.交流是相互的，有来有往，双方都是参与者，从某种意义上来说，双方都是主动的。

5.要动态地研究文化的交流。

（1）交流的自然和社会的背景。

（2）交流的具体内容和形式及其变化。

（3）交流的路线及其变化。

（4）交流的承担者的变化。

（5）交流的变化（形式、内容）及其原因的变化。

（6）交流的作用及其历史意义。

王　巍

中国社会科学院考古研究所

后 记

今天我们生活在一个联系日趋紧密的世界里——充满着律动、交融、互动。这是一个全球化的时代。由于现代通信技术和交通的发展，当今世界地区间的沟通和人群迁徙往来之规模和幅度前所未有。但是，作为一种社会和文化过程，全球化并非新生事物。不管是在"旧世界"还是"新世界"，许多古代的区域体系也上演过类似的"全球化"过程，只是规模和幅度相对比较小而已。当代全球社会体系的形成正是根基于历史上地区间的相互联系。跨区域文化互动、经济往来和征服带来的是远距离的资源贸易、技术和文化的互动和传播，造就了古往今来亘古维新的文化多样性。

伴随着这场史无前例的全球化时代到来的，是人类历史上最大规模的人口迁徙和城市化，文化交流及其多样性的研究在诸如人类学、社会学、历史学、语言学、地理学、人类遗传学和政治学等学科中的重要性日益凸显。虽然有学者认为启蒙运动与现代化的出现标志着现代世界与古代世界的彻底决裂，但是过去与现在之间的紧密联系使考古学在今天显得尤为重要。文化交流的考古学研究，能提供独特与多元的视角，为我们所面临的诸多紧迫的全球化问题提出观照与借鉴，尤其有助于了解文化交流的长期过程和结果，认识保护文化多样性与物质、非物质文化遗产的紧迫性，以共创美好未来。

20 世纪 90 年代以来，文化多样性是联合国教科文组织活动的主要内容，坚信对不同人群、族群和文化多样性的基本尊重是人类发展和世界和平的基础。2017 年是联合国教科文组织通过《保护和促进文化表达多样性公约》的第十二年，自 2005 年至今，已有超过 120 个国家签署加入了该公约。第二届世界考古论坛的主题是"文化交流与文化多样性的考古学探索"，正是世界各国考古学家应该特别关注的议题。

第二届世界考古论坛既定目标是向优秀个人或组织颁发"世界考古论坛奖"，表彰其 2013—2015 年的重大田野考古发现或富有创新性、创造性和科学性的考古学研究成果；通过大会主题演讲和分会深入讨论，评估当下的理论切入点（诸如族群构成、文化互融、世界体系、政治经济学、混合杂交、物质性理论等等），探讨适用于文化交流与文化多元性考古学研究的方法；通过个案研究，探讨下述关键问题：社会与文化互动的各种具体方式、殖民

实践的时空变化、文化与社会认同的形成与转变、文化认同与权力关系的复杂性和模糊性、原住民能动性所起的积极作用、影响殖民互动的具体实践与意识形态、文化传统的持续性以及历史依赖性与本地具体场景的重要性；通过公众考古讲座，宣传日益增多的考古发现和研究成果，促进公众对其重要性的珍重，揭示考古学在文化交流、传承与嬗变的比较研究中的重要作用及其对当代社会的重要意义，引导人们欣赏与保护文化多样性，培养多元化的社会环境，守护在全球化进程中逐渐消失的文化遗产。

作为第二届世界考古论坛的重要内容，世界考古论坛奖旨在宣传世界范围内最新的考古发现和研究成果，积极推进考古资源和文化遗产的保护。世界考古论坛奖的评选，强调新思想、新理念，强调创新性，强调对当今世界和人类共同未来的重要性，以此推进考古学研究水平的提高和知识创新，提高公众对考古学重要性的认识，促进世界考古资源和文化遗产的保护，推动更加广泛的国际合作和交流。世界考古论坛奖包括重大田野考古发现和重大考古研究成果两类。重大田野考古发现指那些能够加深、甚至改变我们对特定地区或全球范围古文化认识的田野考古调查和发掘。重大考古研究成果主要针对的是专项课题或以实验室科学分析为基础的考古研究。可以是多年综合性的研究项目，也可以是理论、方法、技术上的重大突破，也可以是基于考古新发现的突破性研究成果。

第二届世界考古论坛共收到有效提名 93 项，这些项目是由论坛咨询委员会委员负责推荐的。咨询委员会是世界考古论坛的重要组成部分，该委员会由来自 45 个国家和地区的 150 位委员组成，他们是考古和文化遗产研究领域一流的专家学者。项目的评审则由世界考古论坛评审委员会负责，评审委员会由来自 16 个不同国家和地区的 38 位学术权威和专家组成。依据严格优选和公平公正的最高准则，35 位评审委员积极参与了第一轮评审，首先选出 40 个项目进行推荐；在此基础上，评审委员进行了第二轮评选，共收到 33 张有效投票，最终选出 21 项，其中 10 项获得重大田野考古发现奖，11 项获得重大考古研究成果奖。全部获奖者或者他们的代表参加了论坛期间的授奖仪式并做了精彩的报告。

围绕第二届世界考古论坛的主题，14 位来自世界不同地区的著名学者做了主题发言，其

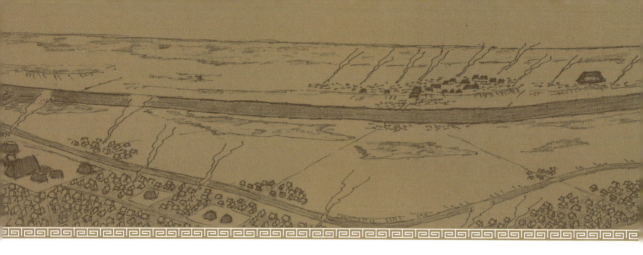

中包括世界考古学主题论坛演讲 11 个，公众考古学讲座主题演讲 3 个。另外 41 位国内外代表，在 4 个分会场做了发言，集中讨论了文化交流与文化多样性考古研究的理论、方法以及当今备受关注的热点问题。

第二届世界考古论坛的成功举办，得到多方面的大力支持，尤其是上海方面的同人，包括上海市文物局、上海研究院与上海大学的领导、老师、学生。我们要感谢原上海大学党委书记罗宏杰，校长金东寒，原党委副书记、原副校长李友梅的指导和支持，校长办公室、文学院、文科处、国际事务处、党委宣传部、党委研究生工作部、图书馆、后勤集团、乐乎楼集团、武保处、博物馆（筹）等部门也给予了大力协助，尤其是曹峻、魏峭巍、朱虹、郭骥、黄薇、张琨老师和他们带领的学生志愿者团队周密细致的后勤接待服务。还要由衷感谢上海市文物局褚晓波局长、李孔三处长、周丽娟老师，上海研究院的文学国常务副院长、秘书处杨会军处长、项青老师和陈瑶老师。感谢查建国先生为论坛提供的摄像服务。

最后我们要特别感谢为第二届世界考古论坛付出辛勤劳动的同人、同学，包括黄珊、董韦、张泉、武冰、莫阳、贺娅辉、朱彦臻、杨清越、付兵兵、汤超、张依萌、郭梦、汤毓赟、王祈、张莉、邓振华、冯玥、李楠、李可言、陈豪、沈翩、黄莹、达吾力江、刘瑞、季宇、丛诗音、郭子莉、陈筱、李丹妮、博凯龄、高俊熙、吴洁美、吴梦洋、陈晖、原海兵、孙卓、张一丹等。还要感谢中国社会科学出版社编审张林女士和美编张革立女士为会志的顺利出版所做的特别贡献。

我们再一次衷心感谢世界考古论坛的所有咨询委员、评审委员以及一如既往关心支持论坛的同人。

陈星灿　荆志淳